王照 著

张爱玲传

图书在版编目（CIP）数据

张爱玲传 / 王照著. -- 太原：山西人民出版社，2019.7
ISBN 978-7-203-10459-9

Ⅰ.①张… Ⅱ.①王… Ⅲ.①张爱玲（1920-1995）—传记 Ⅳ.① K825.6

中国版本图书馆 CIP 数据核字（2019）第 067269 号

张爱玲传

著　　者：王　照
责任编辑：魏　红
复　　审：吕绘元
终　　审：秦继华
装帧设计：三形三色

出 版 者：山西出版传媒集团·山西人民出版社
地　　址：太原市建设南路 21 号
邮　　编：030012
发行营销：0351-4922220　4955996　4956039　4922127（传真）
天猫官网：http://sxrmcbs.tmall.com　电话：0351-4922159
E-mail：sxskcb@163.com　发行部
　　　　　sxskcb@126.com　总编室
网　　址：www.sxskcb.com

经 销 者：山西出版传媒集团·山西人民出版社
承 印 厂：山东新华印务有限责任公司

开　　本：710mm×1000mm　1/16
印　　张：17
字　　数：224 千字
印　　数：1—5000 册
版　　次：2019 年 7 月　第 1 版
印　　次：2019 年 7 月　第 1 次印刷
书　　号：ISBN 978-7-203-10459-9
定　　价：48.00 元

如有印装质量问题请与本社联系调换

张爱玲祖父张佩纶和祖母李菊耦

张爱玲的父亲(左二)、母亲(右二)、姑姑(右一)

张爱玲母亲黄逸梵

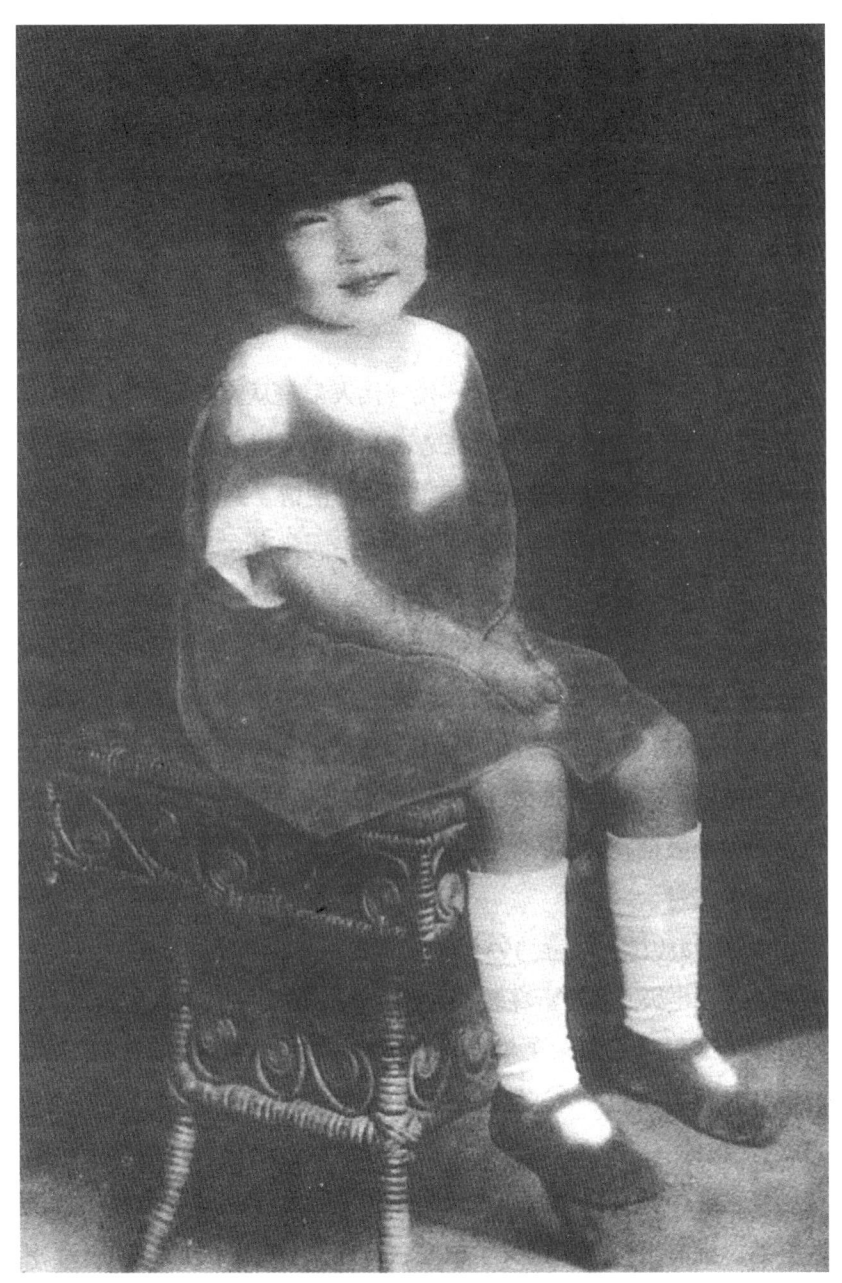

童年时的张爱玲

中学毕业时的张爱玲

张爱玲和姑姑张茂渊

张爱玲与炎樱

1944年的张爱玲

1944年的张爱玲

20世纪50年代中年时期的胡兰成

张爱玲离开大陆前留影

1954年张爱玲在香港留影

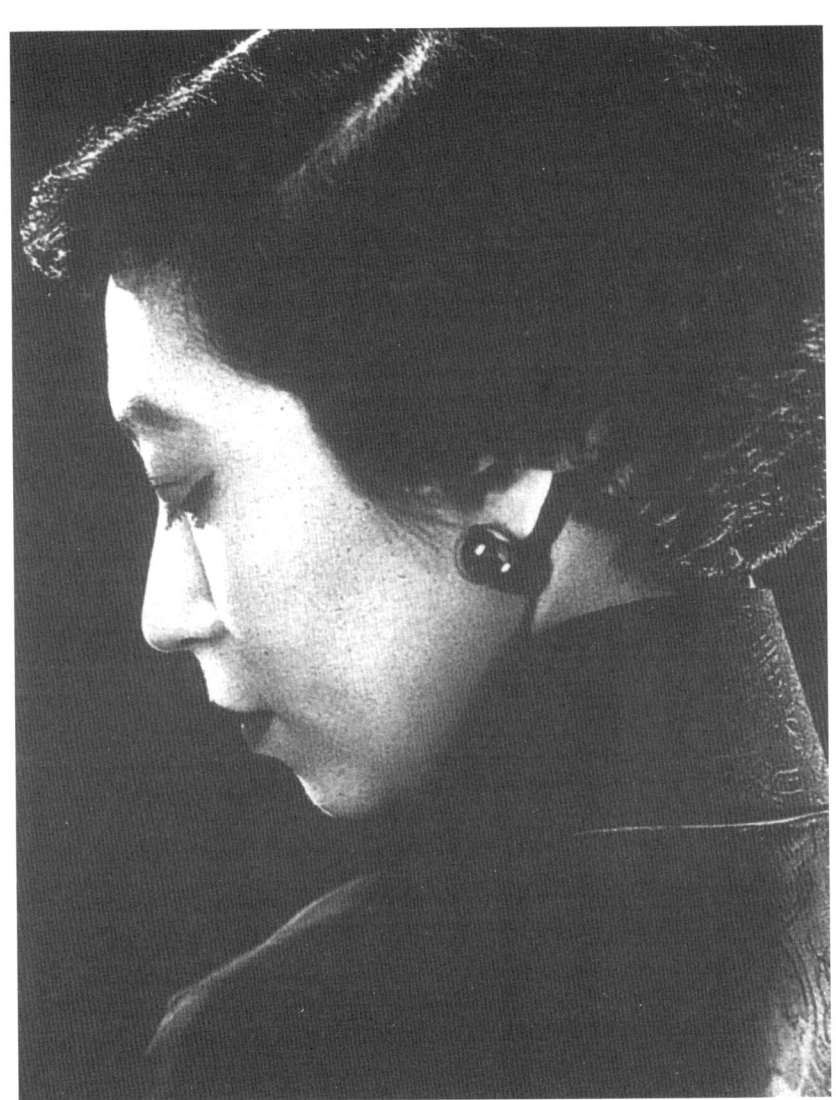

1955年张爱玲离开香港前留影

1966年的张爱玲

1968年的张爱玲

张爱玲与赖雅合影

1994年,张爱玲拍的人生最后一张照片

《天才梦》封面

《流言》封面,1944年由中国科学公司出版

1944年,《传奇》增订本封面

《红玫瑰与白玫瑰》封面

序

张爱玲是中国文学史上的奇葩，是民国世界的临水照花人，是自始至终为自己的梦想而不懈努力的传奇女子。她的心灵不停，脚步不停，梦想指引着她尝尽人生百味而沉淀了更多的精彩。月亮湿了，唇儿暖了，风儿轻了，孤独的她醉在了迤逦的岁月深处……

白雪之狐吞吐过月亮，轮船的汽笛搅碎过伤口。彩虹初霁，梦中的张爱玲变身为蝴蝶纵情地舞蹈。她纤细的腰肢上裹着曼妙的长巾，是新秀，是红人，是文学城堡里高高在上的公主……

张爱玲的作品有时明亮妩媚，有时冷艳孤绝。读她的文章有时如同在黑白键上行走，每一步都有音乐诞生；有时又如同聆听大提琴的低诉，音乐没停，自己却先流了泪。但不管怎么样，读她的作品就是这样欢喜，这样疼痛。你心里震颤着，还不忘与之一起安抚那受了伤的男男女女。

她在情感婚姻方面几经挫折，因了痴绝而萎谢了下去，但她绝不会在人生谢幕之前选择跌倒，她是一个刚强又柔美的女性。

她的笔流转如踢踏舞，她曾恍惚于盛名与热恋之间，她受过伤，但她永不放弃写作，无论是在青年、中年，抑或老年。

正如她自己所说：我是一个古怪的女孩，从小被目为天才，除了发展我的天才外别无生存的目标……

其实,她和她的作品早就是绝响,无论怎么写也无法超越她本人。正因为此,我才不敢写她,不敢说她,生怕一写就写俗了她,一说就说低了她,哪怕写得如何奇绝、美艳,也只是拾了张爱玲的牙慧而已。但她像镜子,可以反映出我们天性中最美的部分,所以执着地爱了,爱她像爱自己,不如她的,把她当了榜样,学习着,模仿着,没准有一天就成了她那个样子,那实在是一件令人欣喜的事。所以斗胆地写了,干一回蠢事,表一回真情,不在秋风中枯萎,不在泪水中停止呼吸,只在张爱玲的烂漫里勇往直前。

张爱玲的智慧,就如同是一柄利器,深入生活的角角落落,深入到灵魂深处,它搅开混沌,从那刃缘上带出明丽的火花来,然后形成燎原之势。

张爱玲喜欢写女性的"悲惨世界",喜欢写内心的疮痍,似乎她的作品总是充满了凄婉、哀怨和苍凉。张爱玲像一块磁石,还离得若干远,就把凡常如铁屑般的芸芸众生吸了上去,然后与她浑然一体,受她智慧的浸润,一下子优异起来……

更何况,她就是一个天才的女子;一个在任何环境下心灵都那么繁华的女子;一个从不认输还把坚实的能量举过头顶的女子;一个即使不开口说话,只消见了一点风骨,你也会知道她就是那个叫作张爱玲的女子。更有人说,文坛太寂寞,只出了一个张爱玲这样的女子!

她清晰,她耀眼,就像光芒万丈的太阳。

她一直华丽,一直苍凉,一直恬淡,一直痴绝……她好像是一个矛盾的综合体,但她避世而不弃世,她从未拒绝人生,只是选择了人生的犄角,在情感的冲撞中平衡着自我,她越是低到尘埃,越彰显出她的尊贵!

哪怕有时你觉得她的人与文稍显阴暗,那她也好像是月光下的青灰色,唯美浪漫,让人心生艳羡与流连。

生命就是醉花阴,爱情就是一段死生的契阔,但偶或也有风雨的侵袭……

张爱玲早就解剖过生活的真相，告诉我们生活的沼泽、情感的沟壑、时光的难熬、命运的颠覆，所有一切，都可以组合成岁月静好。生命就是这样，当你醉心于鸟叫时，会突然遭遇蛇蝎。是的，生命是一组爱的交响，有苦，有泪，有笑，有歌，才叫荡气回肠。哪怕世道动荡，家族没落，哪怕情感幻灭，所有该经历的苍凉总归要经历，该体验的悲壮也要体验！或痛，或喜，或悲，都陶然！

　　生者多么不舍她，而她的不舍似乎只是那或红或白的玫瑰花瓣，随着她孤独的灵魂在大洋深处越漂越远……她的悲剧对世人也是一个很好的警醒，她告诉你如何去爱，如何面对人生的坎坷与磨难。她帮你热烈婉约，助你安宁冷冽。波澜壮阔也好，销声匿迹也罢，她总能让你收获生活的真谛与平静！

目 录
CONTENTS

第一章 | 懵懂初心
与生俱来的灵性　　　　　　　　002
春之迟暮　　　　　　　　　　　009
红楼遗梦　　　　　　　　　　　016
是雨痕还是泪痕　　　　　　　　023
逃离　　　　　　　　　　　　　032
香港韶光　　　　　　　　　　　039

第二章 | 求索青年
天才之梦　　　　　　　　　　　048
乱世硝烟　　　　　　　　　　　055
出名要趁早　　　　　　　　　　063
做个特别人　　　　　　　　　　071
夭折的《连环套》　　　　　　　077
海上姊妹花　　　　　　　　　　085

第三章 | 倾城之恋
临水照花人　　　　　　　　　　094
尘埃里开出的花　　　　　　　　101
红玫瑰与白玫瑰　　　　　　　　108

我将只是萎谢了	116
情深不寿	124
幸亏有你	133

第四章 | 生命华彩

十八春	142
华美而悲伤的城	149
罗盘飞扬	155
"克利夫兰总统"号	160
华丽地俯身	166
客中送客	172

第五章 | 孤独情怀

安稳世界之赖雅	180
相逢何必曾相识	188
互为锚	195
因为爱过,所以慈悲	201
无法解剖的心	209
生命之中的"贵人"	216

第六章 | 最后的世界

请许我被遗忘	224
现代曹雪芹,隐身《红楼梦》	231
生命像诗歌一样	238
被蚕食的命运	244
传奇湮灭	249
爱恨如汪洋,她却了无生息	253

张爱玲年表   259

第一章｜懵懂初心

　　我是一个古怪的女孩，从小被目为天才，除了发展我的天才外别无生存的目标。然而，当童年的狂想逐渐褪色的时候，我发现我除了天才的梦之外一无所有——所有的只是天才的乖僻缺点。

——张爱玲《天才梦》

与生俱来的灵性

命运参差,灵性与生俱来,她是一位心灵的守望者,心似梨花雪,破蕊自在开。

她固执地坚守着每时每刻的灵性,固执地提高着灵性的高度,像一匹小马,身上背得满了,但从没想过要把这些卸下来,也从没想着偷懒,她不觉得累,反而万分欣喜。爬山,蹚河,她总是关注着不能触及的人生彩霞。她知道,奔它而去,就得执着于一条天路,没有跟随做伴者,途中自会孤独寂寞,会迷茫彷徨,甚至会受伤,但有心灵指引,又有何畏惧?

她就是张爱玲,书写一生传奇的天才。她1920年出生于上海,祖父张佩纶,性情率真,满腹经纶,不仅熟读汉晋隋唐诸子百家,还写成《管子学》二十四卷。他的优异,被写进《孽海花》之中,被后辈和世人津津乐道。祖母是李鸿章的女儿李菊耦,出身书香世家的她才华横溢,年纪轻轻就曾写下"痛哭陈辞动圣明,长孺长揖傲公卿;论材宰相笼中物,杀贼书生纸上兵。宣室不妨留贾席,越台何事请终缨;豸冠寂寞犀渠尽,功罪千秋付史评"的诗句。当年,年仅二十二岁的她满心喜悦地嫁给了已经仕途不济的张佩纶。张佩纶的成熟与厚重深深地吸引了她,虽然母亲不同意,但她宁愿听从父亲李鸿章的安排。正所谓一日花烛娇羞,成就一世恩怨……

张爱玲与生俱来的孤傲性格与其祖父极为相像,灵性与早慧又像极了祖母,只可惜父亲张廷众在时代的更迭中失去了方向,整日里与鸦片为伍,纳妾浪荡,一生凄惶。他跟随着腐朽没落的家族,一起被时光所消弭。

作为前朝名臣后裔的张廷众由于受封建观念的制约,坚持沿用私塾教学的方式教导一双儿女。张爱玲三四岁时,家里请了私塾先生,认字,背诗,读四书五经,讲授些《西游记》《三国演义》《七侠五义》之类的故事,后来也学一点英文和数学。这个套路是张廷众幼小时就顺延下来的,被他坚守着。所以,张廷众对女儿接受新式教育之事,一直不太上心,甚至发展到横加阻挠的地步。他不拿学费出来让女儿上学,也不给女儿学琴的钱,是张爱玲的母亲将女儿"抢夺"出来,才得以送到黄氏小学,直接插班到六年级,还把她的名字由"张瑛"改为"张爱玲"。张爱玲在《必也正名乎》里特意提到这件事:"为了我母亲主张送我进学校,我父亲一再地大闹着不依,到底我母亲像拐卖人口一般,硬把我送去了……"她父亲怎么也不会想到,就是这个偶尔在他书房里跟他探讨《红楼梦》的女儿,有朝一日会成为上海滩的红人,会在文学领域名噪一时。也不会想到,女儿会把他写在书里,不仅写尽家族衰亡,写尽那个从鼎盛到没落的大宅子,也写父亲吸鸦片时那令人沉迷的凋敝之气,当然也写他对女儿的种种不公。张廷众纵是气恼万分,也没有丝毫办法。

父亲吸着大烟,屋里堆着各式小报,屋子昏暗得只有开了灯才能看见人,这种环境，在张爱玲口里是一种"要沉下去的境遇"，而张爱玲就是在这种境遇里成长的。黑黑的夜里，家里的大宅变成了一个巨大的"缝隙"，她担心自己会落下去，就在晨光来临时化成一朵露水，向光明里飞去……

因为与生俱来的灵性，张爱玲被誉为天才，她刚刚三岁时就能把唐诗背诵得朗朗上口。

1923年，张爱玲跟随父母举家迁到天津。夏天的中午，她穿着白底红花短衫、红裤子，坐在板凳上，喝完满满一碗淡绿色、涩而微甜的"六一散"，就饶有趣味地翻着一本谜语书，唱念着："小小狗，走一步，咬一口。"然后自己回答谜底说："剪刀"，接着就是表扬自己"聪明"的咻咻的笑声，猜谜开启心智，给小张爱玲带来莫大的欢乐……

天井的一角架着个青石砧，有个略通文墨的下人时常用毛笔蘸了水在那上面练习写大字，还给张爱玲讲述《三国演义》。他讲的所有内容，张爱玲都听得津津有味。黑瓦屋脊上长着飘摇的草，上面沾满张爱玲欢快的笑声，鸽子扑打着翅膀飞远又盘旋着回来，鸽哨声直穿到云霄里……那是张爱玲童年少有的祥和时光。

1924年，充满新观念的母亲离开天津去了国外，下了狠心要去"浪迹天涯"，从此远离腐朽没落的家族。临行前，母亲因为对儿女的不舍，趴在床上哭，是仆人一而再再而三地拉起才离开。张爱玲虽然有仆人照顾，生活无忧，但是也敏锐地感到家庭的现状与母亲的无奈，领会到母亲和父亲之间的剑拔弩张。一种情怀深埋在她的心中，郁郁而不得解。

七岁时，张爱玲写下了第一部小说，写的是关于一个家庭的悲剧。她的悲郁气质，在那个时候就已经显现出来。有些生僻的字，她不会写，就跑去问厨子怎么写，张爱玲用一个指头在掌心里练习着，非常认真。厨子第二天再问起字的写法，张爱玲都能准确地写出来，令厨子啧啧赞叹，夸她是天才。

之后，年少早慧的她竟然还写了一个女孩失恋自杀的故事，自以为天衣无缝，编得像真有其事。可母亲看了之后笑说：如果她真的要死，就会早早地死，而不会选择坐火车跑到西湖去自杀，难道她不嫌费事吗？可张爱玲自小就有浪漫情怀，深信哪怕自杀，肯定也会选个诗意的背景，所以执意不去改变写法。

在文学造诣方面，张爱玲三四岁时就具备相当的才气和灵性了，可谓神童。小小的她，吸纳着，吞吐着，以显现灵性的美，以显现天才成长的欢愉与哀伤。她以无穷的精气神儿让自己迅速成长、丰满，哪怕是一句独语，她也要说出自己的心声，让自己更加坦白。人生到底是金色的花朵还是凄婉的冰霜？人生是因为神秘而高洁，还是因为琐事而苦闷？少年早慧的张爱玲是不是一根弦呢？因为生来的灵性，而让心在弦上磨来磨去？

虽然那时她的课外读物非常少，但丝毫不影响她灵魂的高飞与游荡，也影响不到她的奇思妙想。甚至在八岁的时候，她竟然还尝试写过乌托邦似的小说，并起了一个很喜气的名字，叫《快乐村》。说的是一个高原民族，因为立了战功，然后蒙皇帝特许，不用交税，还可以自己管理村庄，这个村庄类似于陶渊明的世外桃源。幼小的张爱玲虽然还不知道"作家"这个词，但是却煞有介事地将半打练习本订在一处，准备好好成就这个伟大的题材，还事先画好文章中要用到的插画……

灵性是不用人教的，是骨子里的东西。仿如白雪，轻灵地飞舞于山间；又如驼铃，在风中与月高歌。是的，张爱玲的灵性如歌，不驰骋亦能唱一回瘦马狂沙；灵性如火，纵没山柴，也能星火燎原。灵性，让张爱玲时时苏醒，刻刻更新，并于人生旅途中发生自己也意料不到的巨变。

虽然她和弟弟张子静是一母所生，但二人却性格迥异，弟弟子静就完全不像她那般具备灵性。她从小立下志向要超过弟弟，而她的各种聪明敏锐也总令弟弟望尘莫及。张子静在七十多岁高龄时曾撰文说姐姐不必想事事超过他，事实上，她本来就比他天资聪慧，她的灵性是与生俱来的。

1928年，张爱玲八岁的时候，因为父亲"官位不保"，失去了津浦铁路局英文秘书的职位，张爱玲又与父亲回到了上海。当然，父亲事先给远在国外的母亲去了信，不免情深义重、婉转缠绵一番，还告诉她，自己赶走了姨太太。当然对于姨太太如何用痰盂把他的脑袋砸得鲜血直流，他是不会说的；对于他因为自己的潦倒浪荡如何影响到堂哥张志潭的声誉，同时影响到自己的工作，也是不会说的。

被张爱玲称为"姨奶奶"的父亲的姨太太，曾经给张爱玲吃奶油蛋糕，还打包给她旧衣服，还带她去看跳舞，但她终于还是带着张家的银饰和一些珠宝离开了……而母亲也当真从海外归来，让张爱玲蓦地想起几年前母亲离家时哭红的双眼，心下哀伤，却不提起。她又可以依偎在母亲身旁，念诗，唱歌，再说说自己的新作。她把自己的小小手掌塞进母亲温暖的手里，感到如此新鲜和刺激……她和弟弟在这座四层洋房的楼梯间跑来跑去，逗着狗玩，这是不可多得的快乐。

20世纪二三十年代的上海是一座传奇的城市，而张爱玲就是这座传奇城市的一朵奇葩，上海是她灵气与造诣的场，也是她创作的重要源泉。她后来写了很多小说，都以上海为背景，比如《沉香屑·第一炉香》《沉香屑·第二炉香》《茉莉香片》《心经》《琉璃瓦》《封锁》《倾城之恋》等。而这些成果与她童年时期的经历及对上海的好奇、揣度、感受密不可分。

她用稚嫩的眼睛观察着家里的众多房屋和仆人，众多金钱进出，她与各种各样的新奇相遇，内心浅唱、伤怀。厨房里香气阵阵，厨子们正为中午的佳肴做准备，廊前老树被春风吹拂，释放出动人的清香。

但游玩的间隙，或者午睡未醒时，她总能听到父母激烈的争吵声，看到父亲与母亲因为立场不同而交锋。大意是父亲说好了远离大烟，不再纳妾，但还是犯了老病，又开始吞云吐雾，母亲不免指责，或者因为绝望而无言。争吵声、摔东西的声音……成了小张爱玲说不出来的伤痛，她似乎看透了大人的世界，看透了男女婚姻，看透了繁华背后的悲凉。她的直觉是，母亲肯定还是会出国的，而且，她的心，是真的要冷掉了……也难怪后来她能说出："生命是一袭华美的袍，爬满了蚤子。"

海明威说过，一个文人最好的训练是给他一个不快乐的童年。

是的，张爱玲幼时所处环境的尴尬与无奈，让她不免又成熟了几分。她把更多情绪放在遣词造句上面，因为悲伤，激发了她对文学的热爱，还让她从这种热爱之中得到安慰。

她心里热爱的是鲜艳的东西，比如说很有个性很冷艳的词汇，比如花红柳绿的画报，比如让人心灵为之一颤的音符。张爱玲的心总是敏锐的，也许一枝花、一棵树就可以给她安慰，让她如释重负，也许一滴落在泥里不见的雨露又让她悲悯不止……

对于张爱玲的这种灵性，母亲黄逸梵和姑姑张茂渊都看在眼里，对她也有很多的指点和提携，给予了满满的爱和呵护，就像爱护着一朵即将开放的蓓蕾。特别是母亲，她甚至刻意地"开发"女儿，思想西化的她坚持让女儿接受学校的群体教育，认为只有学校教育才是健康多元的，为了女儿的教育和未来的前途，她可以不顾一切……外人看来，好像她们都不太爱张爱玲的弟弟张子静，其实不然，因为在那个时代，封建男权意识非常浓厚，张子静作为一个大家族的男性继承者，无论是财产继承还是家族地位，他都必将得到这个大家族的优待，"不爱张子静"只是对他的未来心中有数罢了。唯有女性，如果没有个人的崭露头角，就要被时代生生地埋没了下去。

母亲黄逸梵对张爱玲的"过度呵护"也与自己的身世有关，因为她自己品尝过男女不平等的苦楚。她虽然出身豪门，但却是小妾所生，父母又早早地离开人世。和弟弟黄定柱一起分家产时，弟弟分得了大部分的房产地产，而她只有陪嫁和古董，虽然她也心有不甘，但谁让她是一个女儿家呢？

所以，黄逸梵知道女人要坚强独立，而有灵性和才华那简直就是上天的恩赐了，一定要好好把握，靠自己内在的"资本"打拼出一条路来，这也是她对女儿"优待"，对儿子"冷淡"的原因了。她非常希望女儿能像自己这样好学、聪敏，能依靠自己的能力走进璀璨夺目的"新世界"。虽然她一生极力想要扭转自己的命运，颠沛流离于各个国家，寻找新的机遇，却终究是和丈夫张廷众一样，靠家族的遗产走到人生的落幕，但这不妨碍她对女儿寄予厚望。

黄家从明朝时就从广东搬到了湖南，黄逸梵也以湖南人自居，认为湖南人是最勇敢、最特立独行的。她虽然没有什么文化，还裹了一双令她一生都深恶痛绝的小脚，但她热爱自由，热衷于接受新生事物，学英语，学油画，忙得不亦乐乎。面对女儿的聪敏和跟她类似的掺杂了大量忧伤的"罗曼蒂克"，她心里别提有多高兴了。聪慧的女儿是她心头的一盏灯，女儿就是从她的灵魂里分出去的一股重要的力量！她觉得女儿像站在巍峨的高山上，而从高山上俯视下去，就能看到一望无际的大海……

几度春秋，张爱玲在成长，旗袍越穿越小了，她的灵性也在生长，她的情绪里不仅有伤春悲秋，也有对母亲的思念。面对母亲的一次次离开，张爱玲在心里无数次地问过：妈妈你在哪里？妈妈你还好吗？

而姑姑在母亲离开张爱玲的日子里，又充当了"母亲"的角色，给张爱玲提供了爱的港湾，所以张爱玲虽然缺失母爱，但对于姑姑却充满了感激："乱世的人，得过且过，没有真正的家。然而我对于我姑姑的家，却有一种天长地久的感觉……"

春之迟暮

1930年,父母的婚姻走到了尽头。

海上繁花落,这座城还是春天,但无奈春之迟暮,多少情怀注定随落花流水而去,只有张爱玲的命运注定与这座城有着千丝万缕的联系。黄浦江上客船往来,悠长的汽笛声似哀叹也似悲鸣,而她已经找不到,到底是哪一艘客船把她从天津载到这令她百感交集又五味杂陈的城……

离婚是一个什么概念?年幼的张爱玲无法给出准确的解释。只是觉得本来"郎才女貌"的父母是被一条美丽的丝带牵着的,可现在呢?不是父亲冷漠,就是母亲绝情,生生把这条美丽的丝带给剪断了。母亲的笑脸曾经多么美丽、温暖,但现在仿佛是灰烬,不能走近了,一走近,就受到气力的震动,扑打出许多悲伤的灰来;父亲的儒雅曾经多么高高在上,但现在却成了隐藏在烟雾里的悲壮。他卧在榻上,吸着大烟,仿佛只有从那些烟雾中才能体悟到快乐一样。他瑟缩得那么微小,不好好找,都要找不到了……

父亲一定许诺过母亲地老天荒、花好月圆的。但是现在,这些都不作数了吗?

前面的风景本来梨花开遍,本来香气袭人,张爱玲向前奔去,却发现前面已经塌方,所有美好的景致、美好的人儿都像掉进了悬崖里,她连探头去望一眼的勇气都没有了。是啊,毕竟她只是一个十岁的孩子。亲情是她神圣地捧着的东西,却自己碎掉了,不给原因,也不给回旋的余地。敏感又倔强的她,哪怕痛到无法呼吸,也不会去问询,去质疑,她的心里也只是这样的几个字:罢了,就这样吧。

张爱玲不免回忆起从天津回上海的日子,那段日子无疑是充满希望的。

因为等着她的,将是繁华的大上海还有她渴望已久的母亲。船舷外惊涛骇浪,像是一首首颂歌,有时激越,有时安详。她手里捧着《西游记》,揣度着,如果见到母亲,给她讲唐僧师徒的故事,母亲会不会非常高兴?

后来,她甚至想过,如果从天津回上海,竟然造成了父母的离婚,那倒不如留在天津,母亲仍旧在国外,虽然母亲不能守在自己身边,但毕竟这个家还是完整的……回到上海也不过两年时间,家就不再完整,人生最大的变数也不过如此吧。

越是没有完整家庭的孩子,越是对完整的家庭充满渴望,这也是张爱玲婚姻悲剧的一个重要的原因。她甚至为求完整,宁愿低到尘埃的深处。可是,婚姻,又岂是一厢情愿的坚守呢?

张爱玲希望父亲能有办法挽留住母亲,可是父亲的表现实在是太拙劣了,他竟然不给母亲生活费,然后让母亲自己补贴家用。他的意思很明显:"花光你的钱,看你还往哪里去?"

因为父亲的拙劣,张爱玲的许多小说里都写有这样的情节——男人通过各种各样的手段骗光女人的钱财……

父亲要的是一种"延续",可母亲想的只是一种"终止";父亲要的是一种"复活",母亲期待的只是"死亡后的新生";父亲给母亲捧来绽放的花,母亲早就砸碎了装花的瓶子;父亲跟母亲说自己的胸怀还是热的,可母亲说自己的心已经是一块木头;父亲让母亲抚摸自己赤裸的灵魂,可母亲都不屑给他一抹眼角的余光……当一个女人对男人彻底绝望的时候,男人越深情越显得像个小丑!父亲曾是疾风,母亲曾是烈焰,但总归失去了和谐,被一纸离婚协议促成陌路人。从此,花非花,雾非雾,如果对方从此生活在阴影之下,又有什么关系?哪怕对方离开了这个世界,让彼此来观葬都是一件困难的事了……最后作别那一刻虽戚戚然,但也决绝到了顶点!我爱你,直到海枯石烂——这是多么让人心动的情话,但请问,有谁看到了海枯?又有谁看到了石烂？都是没有的事情罢了，何必说得像个真事？

父母商讨离婚事宜时，商定张爱玲和弟弟张子静都归父亲监护和抚养。母亲特意提到张爱玲的教育问题，坚持无论什么时候，女儿上什么学校，都由她说了算，教育费用则全部由父亲负责。也许是想换取在母亲心中的一丝好感吧，封建思想非常严重的父亲竟然答应了母亲的要求……

但母亲去意已决，为了顺利离婚，还请了一个外国的律师，阵势很大。父亲几次拿起笔，都像被烫到了一样，几次把笔放下，不免长吁短叹，苦痛心酸。连律师都心软了，悄悄征询母亲的意见："要不就算了吧？"可母亲坚定地摇着头，父亲无奈，只好签了字，了结了自己的婚姻。父母都明白，不是不爱，也不是无缘，只是世间所有情感都有定数，该聚则聚，该散则散，又岂是人力所能扭转的？

宝隆花园里的欧洲洋房那么美，那么气派；穿着洋装的母亲那么美丽，那么和善可亲，母亲的一个小表演就能让张爱玲躺在狼皮褥子上打滚，那是多么快意的欢乐……可这一切，就像是一出皮影戏，乐器响起，有声有色地上演，乐器终止，所有美好的"角"都被拿走了，到底何时再上演，在哪里上演，谁又知道呢？你在那里百转千回，他在那里痛彻肺腑，互相都无力去打探了，深情和尴尬，都是一个"罢"字。

曾和母亲一起出国留洋的姑姑张茂渊和母亲情同手足，她看不惯兄长的堕落，在兄嫂离婚后，也从家里搬了出去，跟随嫂子一起暂时住到了法租界，只求一个"眼不见为净"。她和嫂子买了白色的汽车，雇用了白俄司机和法国厨师，过着非常西化的生活。张爱玲万分厌倦父亲的时候，就可以暂时躲到母亲和姑姑那里，那里成了令她心灵宁静的港湾。

而父亲愈发破罐子破摔，拼命地吸食鸦片，甚至达到了可怖的程度。他恨不得把鸦片拌在米饭里，恨不得把鸦片塞进食道里，恨不得让鸦片把自己埋葬……每当他吸得舒服的时候，就觉得自己的身体已经变成了一片轻盈的羽毛，就觉得是他主宰了这个世界，他爱上的女人无一例外，都对他百依百顺……在鸦片的作用下，他想自己成王，但他只是鸦片的奴隶而已！

家里繁华依旧，花园里的花儿竞相开放，香气扑鼻，用人专心致志地打扫着房间，把所有器皿都擦得闪亮，狗儿们懒洋洋地趴在门廊下面，寂寞的时候，就虚张声势地吠上一阵。但没有女主人的家是虚空的，是想逍遥也逍遥不起来的。父亲是想念母亲的，他越想念母亲，就越拼命地吸食鸦片，似乎鸦片已经成了他唯一的也是最后的寄托！在张爱玲的眼里，父亲越来越灰暗，越来越萎靡不振了，就像一幅画像，因为年代太久远，都已脱色。

受毒瘾的操控，父亲的面色灰白，眼神呆滞，还经常自言自语。极乐，极乐，怎么样才能找到最后的极乐？痴狂的父亲竟然聘用了一个男仆，专门为他打吗啡针，因为鸦片都似乎麻醉不了他了，他迫切要做的就是"更上一层楼"……张爱玲认为父亲的神志已经不正常，甚至以为，他如果再这么颓废、沉沦下去，就真的活不了几天了。

1931年的夏天，天气少有的炎热，父亲把冷毛巾覆盖在头上，两只脚浸泡在冷水盆里，浑身哆嗦着，坐也不是，站也不是，嘀嘀咕咕，高一声低一声，不知道他在说什么或者是在问询什么……那时，好像真的要有什么不好的事情发生吧？张爱玲和弟弟都吓得躲在房间里不敢出来。

仆人意识到问题严重，马上给姑姑张茂渊打了个电话，说父亲可能要出事，如果方便的话，马上来一趟。

姑姑为了挽救父亲的生命，把他送到医院，还花重金请了一位著名的法国医生给父亲治病，总算把父亲从死亡线上拉了回来。

虽然父亲的生命得到了挽救，但他还是继续抽着鸦片。他吸得那么坚决，那么悲壮，完全忘记了自己是怎样从死亡线上回来的。姑姑气得不断地说，如果他再吸出什么事来，就再也不管他了。父亲执拗地希望通过这种方式减轻自己的痛苦，但却有更大的痛苦繁衍出来。他想到自己迎娶妻子时的情景，想到自己掀起盖头的那一刻，自己的欣喜，妻子的欢颜。虽然妻子好像从来都没有真正看上过他，但她也终是给过他许多次机会。她给过他坚贞，只是，这坚贞被他给摧折了……自己的浪荡、鸦片、姨太太，哪一种不是残忍的刀片，刀刀见血呢？

因为失去伴侣，父亲的心一直耿耿于怀，所以他花更多的时间来跟张爱玲的舅舅来往。父亲出院后，搬到了另外一所小洋房里，和舅舅家只有几步之遥。舅舅也是靠继承遗产活着的，舅舅和舅妈也都吸食鸦片，也算是父亲的"知己"了。当然，父亲之所以把家搬到这座小洋房，还有两个原因：一是可以常去找张爱玲的舅舅一起吸食大烟；另一方面是舅舅家孩子比较多，张爱玲姐弟俩可以跟表姐表哥玩耍。

无限悲伤中的张爱玲，和表哥表姐玩耍的时候，能够暂时忘记父母离婚的悲戚。失落曾经掏净她的胸膛，但少年的灵魂很容易就点缀出通往未来的路。她玩一会儿就偷偷地看看和舅舅一起卧在榻上的神情愉悦的父亲，心想，要是他能多给自己一些关爱就好了……

时光荏苒，张爱玲小学毕业了，就读于上海圣玛利亚女校，开始跟白俄老师学习钢琴。她学得兴致盎然，在琴声中，她体会着自己半明半暗的年华，苦涩又欣欣然……但父亲认为学费太高了，自私的他宁愿把钱付给鸦片。每当张爱玲向他开口要学费时，他都推三阻四，极为不情愿，张爱玲不得已停止了学琴。那时的张爱玲就真真切切地知道，父亲不爱母亲，不爱儿女，他爱的只有自己。

世间父母哪有不爱儿女的？但父亲真的就是一个另类，这让张爱玲悲凉又无奈。

不能学琴本来令张爱玲非常痛苦，好在父亲当时聘请了一位六十多岁的朱老师，在家里教弟弟念古文。张爱玲经常和他谈天说地，非常喜欢他的博学多才。有一回，张爱玲从父亲的书房里找到一部《海上花列传》，书中妓女的故事让张爱玲很感兴趣，她就缠着朱老师用苏州白话朗读书中妓女的对白。朱老师被逼无奈，只好捏着喉咙学习妓女的说话，张爱玲听了大笑不止。也就从那时开始，张爱玲开始痴迷《海上花列传》。

1932年，母亲又一次去了欧洲，为了学习绘画。临行前，母亲到学校来看她。许是怕母亲难过，张爱玲没有表现出伤感，直到母亲渐渐远去，她才大声地抽噎起来，她把这哭声给了命运，也给了她自己，剧痛背后隐藏的是无奈和清醒。她爱母亲，但母亲总归有她自己的生活。除了坚韧和淡漠，她又能做什么呢？

在圣玛利亚女校，张爱玲首次发表短篇小说《不幸的她》，这是她在圣玛利亚女校校刊《凤藻》上发表的第一篇，也是唯一的一篇短篇小说。巧合的是，《不幸的她》似乎可以关联到张爱玲的母亲，因为母亲和这篇小说的主人公一样，面对命运，选择了逃避，在四处漂泊中度过了自己的余生。张爱玲在文章中这样写道："别了！人生聚散，本是常事，无论怎样，我们总有藏着泪珠撒手的一日！"多么惨痛的文字啊，从一个年仅十二岁女孩的心海里流出，也许从那个时候，张爱玲就已经意识到，未来的长路，并没有什么人能陪她走到最后，为她擦拭泪水的，只能是自己。

随着年龄的增长，张爱玲越发地了解了父亲，所以她更加理解母亲了。同时，张爱玲对家庭的思索越来越多，敏感的她感到家里的一切都是有呼吸的。树叶枯黄的时候，八哥落在她肩上的时候，父亲因为鸦片吸食过量，脸色越来越灰的时候，弟弟子静穿着不干净长衫的时候，甚至想起姨奶奶的时候……所有的一切让她又爱又痛，让她感到自己虽然年纪尚小，但是她的心已经老了。她明明跟自己的童年相遇过，却已是春之迟暮，她太轻了，轻得不留任何痕迹。但不妨碍她动情于家人，动情于已经仙去的祖先。她曾经直抒胸臆："他们只静静地躺在我的血液里……我爱他们……"对于冷冽的张爱玲来说，这样的话语真的是足够深情，足够悲伤。

因为家，因为个人的情绪，张爱玲的文学兴趣开始爆发出来，她甚至自己编制了一份报纸，主写自己的家事，文字异常唯美，故事异常生动。同时，她还给这些文字配上了许多美妙的插图。因为张爱玲对家庭的美化，父亲很是高兴。每当亲朋好友来串门，父亲就忙不迭地拿出张爱玲制作的报纸给他们看，父亲甚至还亲昵地称呼张爱玲的小名"小瑛"，说大家都看看，这是小瑛写的文章，是不是还像那么回事？父亲慈爱的眼神好像一缕春风，一抹流光，让她倍感高兴。也就在那时，张爱玲有一种错觉，父爱是绵亘的。只是遗憾，它稍纵即逝……

张爱玲十三岁时，已经到了爱美的年纪。她画了一幅漫画，投到上海《大美晚报》，得到了五元钱的稿费，用这稿费，她为自己买了一支唇膏。坐在梳妆台前，她仔细地把唇膏搽在唇上，心里一边隐隐作痛，一边哼着歌。她觉得东风是冉冉地来，认为桃花的酡颜正倚在人们的臂弯里。少女怀春，真的是又孤独又浪漫。

她长得不算美，但却偏偏有那种夺人魂魄的风骨，那是血脉里的贵族气，与生俱来，自然而高贵，不容亵渎。而她对文学创作，已经达到了迷恋的程度。她还是一棵小小的秧苗，但她却满怀着希望发力成长。她想要开出一朵苍凉的花，体验世界的雾光与闪电、风雨与彩虹。她要走出贵族家庭，拾级而上，看到天空对自己俯身，看到天宇之上的悲郁清澄……

1933年，张爱玲写了一篇散文《迟暮》，刊登于圣玛利亚女校的校刊上，这篇散文正是对张爱玲当时情怀的真实的写照："只有一个孤独的影子，她，倚在栏杆上；她的眼，才从青春之梦里醒过来的眼还带着些蒙眬睡意，望着这发狂似的世界，茫然地像不解这人生的谜……"不是张爱玲少年老成，不是她"为赋新词强说愁",只是她在怅惘黄金时代的遗失,怅惘春之迟暮罢了。她虽然还没有进入暮年人的园地,但她生于那样的家庭,早已体验到了人生的艰难。父亲看完《迟暮》,赞赏不已,认为女儿是块"料",开始带着女儿写旧诗。

写完《迟暮》之后,张爱玲开始写长篇,写了类似于"鸳鸯蝴蝶派"的长篇章回小说《摩登红楼梦》,她把曹雪芹笔下的悠悠红楼,改变成另外的花和鸟、风和日、才子与佳人……

红楼遗梦

张爱玲在《私语》里说:"我把世界强行分作两半,光明与黑暗,善与恶,神与魔。属于我父亲的这一边必定是不好的……"

如若真的把偌大的世界分成两半,一边飞翔着苍鹰,一边是胆小甚微的麻雀,张爱玲宁愿做苍鹰去把阴霾擦亮,而不去做唯唯诺诺的麻雀,在屋檐下脆弱。虽然苦楚大抵都是一样的,但她的心灵永远在一个别人无法企及的高度。她被黑夜注视着,但她克制了自己的哀叹与呻吟。她的伤,她的痛,都等待时光的河流慢慢地冲刷。如果人生的嬗变是一种必然,那也只有立于苍茫之上,等待月光的安抚……

父亲认为,虽然自己离婚了,但他已经尽了父亲的责任,所以完全不顾他在女儿眼中的"罪恶"与"丑陋",好像女儿的"控诉"说的都是外人,与他没有丝毫关系一般。提起女儿,最令他难忘的就是女儿跟随他写旧诗的日子,那段时间,张爱玲腻在他的书房,看了大量的中国古典文学作品和西洋小说,而她写的旧诗,风骨凛然,有板有眼,每一句诗都像一匹黑马,所到之处,激起幻象,荡起尘烟。它时而隐现,时而奔腾,执着梦想时它是热烈的，选择落幕时，它又是淡泊的……读了这样的诗歌，父亲纳闷女儿小小的心是如何装下了整个的世界，内心不免肃然，同时也想当然地认为女儿并没有受到自己离婚的打击。他坚定地认为，能写出这样"硬朗"旧诗的孩子不会软弱，不会不堪一击……

当他折断女儿亲情羽翼的时候，当他令女儿在人生的春天里逐渐萧瑟的时候，当他令女儿的骨头越来越硬的时候，当他看见女儿的身影在廊前伫立成一抹剪影的时候，他……残忍地平静着。父亲是不是因为重男轻女才会这样的呢？不，对待张家的继承者，他也一样冷漠而决绝。为了不浪费自己的吸鸦片钱，张子静后来到了娶亲的年纪时，他也完全不为所动，张家的香火能不能延续下去跟他的烟瘾比起来，又算得了什么呢？父亲对于张爱玲及其弟弟，虽然有着血肉之亲，但充其量也只是一个空心的稻草人罢了，一个"父亲"的称谓罢了。

家里的钱没有败光的时候，张爱玲仍然坐着父亲的汽车去学校，周末的时候，父亲的司机又把张爱玲从学校里接回来。那时那刻，张爱玲看起来仍旧是大家族的小姐，虽然悲哀但也绚丽昂扬。保姆何干在天津的时候就尽心尽力地照顾张爱玲，到了上海，还是把她照顾得无微不至。每逢星期三，何干就给张爱玲送去换洗的衣服和她最爱吃的零食，蜜饯是万万不可少的。她看着张爱玲贪吃的样子，总是慈爱地说：慢点，慢点，别噎着……她万分心疼失去母爱的张爱玲，几乎把所有的关爱都给了她。她总是希望张爱玲像在天津时那样，做一个快乐的精灵，可是她看着张爱玲有时发呆，有时羞惭，有时湿漉漉的眼神，就知道，少年的懵懂虽然是闪亮的，但也是短暂的，野花虽然纯洁而顽强，无奈却被"蹄印"践踏，需要在漫长的时光里慢慢地恢复元气……

冗长的假期来临了，那是1934年的夏天，张爱玲即将升入圣玛利亚高中。

她忙不迭地把这个消息告诉姑姑，还让姑姑写信告诉妈妈，自己有一个非常宏大的理想，那就是高中毕业后，她想去英国读大学。她还有名有姓地提起林语堂，说她也要像林语堂那样，去念哈佛大学和莱比锡大学。当然不仅仅如此，如果有可能，她还要周游世界。姑姑把她的理想说给父亲听，父亲也只是笑了笑，只当是小孩子的玩笑话，因为如果让他出钱，就只能当作是"玩笑"了。

假期里，张爱玲和往常一样，看很多电影，看很多小说。她看似跟这个家是融为一体的，实际上，她讨厌父亲那迷乱和黯淡的生活。有父亲的家让张爱玲无法放飞歌声，无法接近阳光，她只感到自己每时每刻都要陷落在汪洋里，莫名的冷，莫名的黑……哪怕父亲的带着书卷气的书房，也让她感到山雨欲来风满楼，乌云压顶之前的窒息。父亲在鸦片的烟雾里醉生梦死，张爱玲一直担心父亲的脏腑会受到烟雾的侵蚀而变成骇人的黑。每每这时，她就恨不得马上离开这个家，无论贫穷还是富贵，都要有一个自己的江湖，这个江湖里，断然不能有父亲。郁闷到顶点的时候，她会去找表姐聊天，好奇地问表姐，舅舅和舅妈整天吸大烟，就不怕被大烟给"杀害"了吗？表姐只是淡淡一笑：他们早就习惯了，早就不害怕了。

好一个"习惯了"，也许人生中许多恶劣的嗜好就是这样吧，如同温水煮青蛙，最后烫死了青蛙，但青蛙却根本没留意到自己的痛苦……

张爱玲在《私语》里说：有我父亲的家，那里什么我都看不起……

当然，张爱玲根本没有想到，这个被她"看不起"的父亲在她没有任何防备时，又给了她致命的一击。曾经思念母亲达到死去活来地步的父亲，竟然有了其他的女人，是的，他竟然有了其他女人。据说这女人虽然年龄不小了，但竟然新鲜得像莲藕一般，穿戴也是花红柳绿的。这个消息让张爱玲的大脑转得像陀螺，怎么也停不下来：这个女人哪里来的？父亲真的爱她吗？她真的要取代母亲的位置吗？她凭什么要横刀夺爱？是的，虽然父母离婚了，但在张爱玲的心里，自己只有一个母亲，母亲在她心里的地位是至高无上的，是任何人也不能取代的。对于父亲的移情别恋，她是深恶痛绝的，她觉得父亲背叛了母亲。但男女爱情哪有对等，当然，更没有什么永恒，废而不弃也只能是愚痴罢了。

张爱玲开始憎恨起父亲的狐朋狗友——那些"深山之外"的远亲。事情可以追溯到一年前，那时房地产的价格上涨了，父亲因为有一些房产，慢慢步入有钱人的行列，虽然是个"大烟鬼"，但突然就有了许多底气。那些势利的亲戚们见风使舵，马上跟父亲来往起来。这其中就包括在某银行做经理的表姑夫、在外商银行做买办的另一位表姑夫，还有一位律师。为了讨好父亲，他们把父亲介绍给银行的买办孙景阳做助理，处理一些英文书信。

张爱玲父亲的英文功底让孙景阳很是欣赏，由于每天的朝夕相处，父亲和孙景阳的关系也越来越好，无论什么酒宴，孙景阳都会邀请他参加。其中一个表姑夫见缝插针，建议父亲不妨跟孙景阳的妹妹多多来往，还说孙景阳的妹妹很是有些姿色。孤单寂寞的父亲不免春心荡漾起来，瘦弱而苍白的他开始在意起自己的衣着和胡须，甚至开始介意自己说话的腔调、自己走路的姿势，那种闷骚和"鸦片男人"的丑态是让自己的女儿都鄙夷的。

经过其中一个表姑夫的斡旋，父亲和孙景阳妹妹的婚事很快就敲定了下来。

要说这孙家也算是个大家庭，孙景阳的父亲孙宝琦有一个妻子四个小妾，要嫁给张父的就是孙宝琦的第七个女儿，叫孙用蕃，当时已经三十六岁了。除了有些姿色外，她也很精明能干，不仅擅长处理家务，还是一个交际花一样的人物。她和当时那个年代的才女陆小曼是非常要好的姐妹，因为她们两人都热爱吸食鸦片，所以被人称为一对"芙蓉仙子"。

当然，父亲最初是不知道这个情况的，如果他知道孙用蕃也吸食鸦片，估计也会踌躇一番，毕竟两个人一起吸鸦片，家就败得更快了。

父母离婚时，张爱玲只是觉得失去了母亲，但父亲还是在的。但现在，父亲有了新的恋情，她和弟弟最直接的感受就是，父亲也把他们抛弃了。但对中了魔一般的父亲，想必也是听不得任何反对声音的，要不然也不会不同张爱玲姐弟俩商量。看着擦着鼻涕的、身体状况一直欠佳的弟弟，张爱玲觉得自己和弟弟从此即将跌入深渊里。

父亲再婚那天，场面很隆重，一点不亚于父亲的初婚。为了讨孙用蕃的欢心，父亲确实浪费了很多银子。张爱玲参加了父亲的婚礼，姑姑和舅舅也参加了。张爱玲乖巧地立在那儿，似乎风平浪静，似乎还有淡淡的好奇和喜悦，但她的内心却在疯狂地思念着远在欧洲的母亲，埋怨母亲为什么要和父亲离婚，这下倒好，母亲的位置被别人给占了……

张爱玲在《私语》里描述了当时的感受：

我父亲要结婚了。姑姑初次告诉我这消息，是在夏夜的小阳台上。我哭了，因为看过太多的关于后母的小说，万万没想到会用在我身上。我只有一个迫切的感觉：无论如何不能让这件事发生。如果那个女人就在眼前，伏在铁栏杆上，我必定把她从阳台上推下去，一了百了。

是啊，这世间有几个后母会真心地对待非亲生的孩子呢？所有的悲剧都事先埋下了伏笔，所有的尴尬和落寞都有了前提条件。虽然张爱玲的心灵是坦荡如砥的，但也不能避免被后母的"不合时宜"给触犯。

不管怎样吧，这个家，自从有了后母孙用蕃，就再也没有了张爱玲值得依恋的人。面对后母时，张爱玲的目光是平和的，但她心里却被警惕和敏锐占满了。仅仅十四岁的她，该有多么狼狈，让人不忍去细想。她想要翩翩飞翔，可是经常觉得自己非常无力；她想要萎缩和退让，但骨子里的冷冽和刚强却不许她有半分的窝囊。张爱玲就是这样一个矛盾的女子，她明明是揪着一颗心，却要浅浅地笑；明明是被囿于围墙之内，却要一点点地爬出来。粗心的父亲，又怎么会在意她的心思呢？沉迷鸦片，让他形如残烛，但新婚的甜蜜，生生让他感觉自己是初升的太阳。他耳提面命地让张爱玲姐弟俩守规矩，生怕影响到孙用蕃的快乐和精力。他对孙用蕃进门就当妈感到愧疚，无以回报，但却从未考虑自己的一双儿女，突然多出一个没有任何血缘关系的妈妈来，心里会多么彷徨。

张爱玲觉得母亲正陷落在欧洲的人群里，生计维持不下去的时候，就不得不卖掉一箱古董。她的三寸金莲一定是酸疼无比的，可是，谁来搀扶她？谁来支持她？谁来疼爱她？父亲越是爱孙用蕃，张爱玲就越是替母亲不公，虽然她明明知道父母已经离婚了，但还是不能控制自己这样的想法。

后母跟父亲的婚姻对敏感的张爱玲来说，无异于是一种侮辱。她在《童言无忌》里写道：

> 有一个时期在继母的统治下生活着，拣她穿剩的衣服穿，永远不能忘记一件暗红的薄棉袍，碎牛肉的颜色，穿不完地穿着，就像浑身都生了冻疮；冬天已经过去了，还留着冻疮的疤——是这样的憎恶与羞耻……

也许男人都是如此吧，只闻新人笑，不闻旧人哭。后母孙用蕃每天都有一些新花样，而父亲对后母的耐心超出了张爱玲的想象。父亲极为顺从地听从后母的派遣，哪怕让他去摘下天上的星星，他也是断然没有二话的。难道，这就是爱情的力量么？张爱玲在自己的房间里走来走去，她的呐喊已经把房子填满了……

好在姑姑曾经答应过嫂子，要好好照顾张爱玲和弟弟。她很担心后母会亏待侄女和侄子，专门给侄女和侄子买了新床、衣橱、写字桌和椅子。张爱玲和弟弟生病的时候，姑姑还亲自请来外国医生给他们看病……

孙用蕃为了确立她在夫家的地位，"大刀阔斧"地进行了改革，不仅张家生活中的各种开支都由她说了算，还对张家进行了大换血：已经对张家有了深厚感情，并且工作都很尽心尽力的仆人，都被她辞退了，新选的仆人都是孙用蕃在娘家时知近的，能听她话的。

这还不算，孙用蕃为了远离张爱玲的舅舅家，非要从现在的洋房里搬出去，搬到更为宽敞的麦根路别墅，还找了个借口说，现在家大业大的，就不能住在这么小的洋房里，让别人笑话。对于孙用蕃的决定，父亲完全听之任之。

麦根路别墅本来是张爱玲的曾外祖父李鸿章给祖母的陪嫁，祖母在世的时候，二伯父和父亲、姑姑都住在那里，张爱玲也是在那里出生的，可是祖母去世后分遗产，别墅落在了二伯父名下。二伯父嫌房子太大，自己都不住，而是一直出租。孙用蕃非要住到那里去，也不管房租是不是非常昂贵，还不自量力地置办了许多家具。

为了进一步讨父亲的欢心，孙用蕃还在"新家"里为父亲操持了一场生日宴会，请了许多银行的朋友还有孙家的至交。风光倒是很风光，但一个生日宴，就花了父亲半年的鸦片钱……

麦根路别墅仿照西方建筑，在二十多个房间的下面还建有同样面积大小的地下室，这就成了张家的储物间，张爱玲经常自己来到储物间，一坐就是半天。在储物间里，令张爱玲有一种远离世界的感觉。在这里，她不必谨慎虽然笑靥如花但也有着各种怪癖的后母，她慢慢地给自己搽着胭脂，饶有趣味地看着阳光从圆圆的窗口里射进来，和尘埃纠缠。她不笑，也不叹，生怕一点点的声响就把阳光给吓跑了。她希望地下室里的时光是不朽的，她把手掌完整地印在杂物上的灰尘里，觉得自己已经穿越了时光，内心里荡漾起长醉不醒的涟漪。

孙用蕃带来的仆人因为对张家不熟悉，做事也不稳妥，他们脚步"咚咚"地在各个房间穿来穿去，仿佛是酒馆里刚到任的跑堂，又紧张又兴奋。孙用蕃吸鸦片吸得兴奋，咿咿呀呀地哼着叫不出名字的曲子，没有听到父亲赞许的声音，但她兴奋地咳着……这一切，好像都很热闹，但静坐在地下室里的张爱玲，内心里满满地都是薄凉。她觉得这人生是粗野的，是完全不听从个人的意愿，想要逆转就非要逆转的，明明渴望是永恒的，但伴随的失望也是永恒的。她想要那种勃勃的生机，但是时光却慢慢地荒芜……

有一种创伤叫成长，隐隐地疼痛，却不能让这种疼痛被其他人知晓。深陷下去的挣扎，慢慢浓稠的伤感，繁花开尽后的迷惘，破碎的亲情，凛冽的寂寞，红楼之中的遗梦……也许这一切，都将促成青春的坚硬，人生的百味！

鱼翔浅底，她对水而歌，山河寂静，她常常回首，虽然世俗尘埃总是挥之不去，但她的天空渴望着她的翅膀……

是雨痕还是泪痕

岁月如风，梦中星河灿烂，父亲的家里不会再有母亲，那是一种令人悲痛的失去！是她不得不接受的现实！而有后母的日子，充满艰辛和希冀！

麦根路别墅的花园里，喇叭花开得正热烈，蟋蟀很有节奏地叫着，保姆何干在花园里种了一种长豆角，它身姿细长而曼妙，轻轻一掐就会流出淡绿色的汁液，尝一尝还有淡淡的清香……那时，张爱玲的心海是晴和的也是惆怅的，那种酸酸的滋味也只有她自己能懂。

张爱玲在成年后曾经无数次地"批判"过后母，但在后母刚刚进了张家大门时，张爱玲还是非常隐忍的。对于出身于豪门的后母，张爱玲给足了她面子。似乎，后母除了跟父亲一样"嗜烟如命"之外，也没有什么其他更大的不妥。张爱玲只是看不惯她年纪轻轻的就和父亲一样缠绵于"烟榻"，所以，张爱玲跟后母保持着礼节性的交往，她会很客气地跟后母打招呼，实在没有话说的时候，就谈谈天气、谈谈旗袍、谈谈仆人天天捧在怀里的那只小猫。

孙用蕃甚至有一种错觉，敏感的张爱玲还是很依赖她的，甚至，张爱玲在刻意地巴结自己。这让她不免沾沾自喜起来，也不太忧虑她在张家的地位了。

暑假到来了，张爱玲在父亲的书房里看书，看书看累了就开始写文章，文章题目是《后母的心》。恰恰是这篇文章被孙用蕃看到了，让她生出许多感慨来，不仅感慨张爱玲小小年纪就能有这么好的文笔，还感慨张爱玲竟然玲珑细致又逼真地写出后母的处境和心情，细腻而传神，又那么合情合理，就像她自己做过"后母"一样。

孙用蕃唏嘘良久，认为张爱玲这篇文章精确地写出了她的心声，把她作为一个后母的所有无奈和心酸都写了出来。

为了表示自己真的是一个"合格的"后母，每当有亲戚朋友来串门，孙用蕃都把张爱玲那篇文章的具体情节说个不停，间接地表扬自己，给自己脸上贴金。其实只有父亲知道，张爱玲的本意并不是夸赞后母，而完全是为了锻炼自己的写作技巧，跟后母一点关系都没有，她也不可能通过这种方式来讨好后母。但为了使孙用蕃开心，对后母的说辞，父亲总是随声附和。父亲的心里最清楚，张爱玲和后母只是保持着一种最平常的关系，其实，她和后母之间存在着一条鸿沟。想要填平，谈何容易？

在这个特殊的家庭，后母就如同是一块石磨，沉重地压在张爱玲的肩上，她想要推下去，可是力量根本不够，只能忍受着，并冷眼看着它，看着这块石磨碾碎了自己青春的花朵。她的心颤抖着，明明感受到沉重，却不得不奋力地向前走，盘桓于心的是饱满的心事和数不胜数的谜团，一个个"为什么"幻化成她不可磨灭的忧戚……

冰雪聪明的张爱玲明白父亲的各种暗示，他暗示女儿要乖，暗示女儿要学会委婉和顺从，暗示女儿要无条件地接受后母……可是再怎么样，张爱玲也不会随便地巴结后母。不仅如此，她的话反而变得越来越少了，特别是看到年长于自己的或者平时没什么往来的人，她的话就更加少。孙用蕃有时跟父亲抱怨，说这个孩子怎么回事，越长大越失了礼节，问一句说一句，不问她话，她就像个哑巴。父亲则懒洋洋地回一句：搭理她干什么？

但只要有人跟张爱玲谈电影和小说，她马上兴奋起来，侃侃而谈，和之前的内向寡言判若两人。

是的，人也许只有与自己的灵魂相对的时候，才能表现出真正的自我。人只有面对自己的热爱，才能放弃自己的寥落与寂寞。

对于父母离婚了，父亲又给自己娶了个后母，张爱玲是感到耻辱和自卑的，所以涉及这样的话题，她绝口不提，就像她对这样的家事一无所知一般。麦根路别墅里充满父亲和后母的身影，张爱玲觉得父亲和后母是闪光的，但那种光彩是她破碎青春里带血的反光，又疼痛又残忍，但她也只能克制自己的情绪。因为张爱玲懂得人生中的许多事，总归是这样：明明令你痛彻心扉，但对于外人来讲，根本就是极平常的事情，所以干脆自己也假装什么都没有发生了。

张爱玲拼命地看书，恨不得把父亲书房里的所有书都看完。昏暗的书房，完全不停歇地阅读，让张爱玲得了严重的近视，只得戴着厚得像瓶子底的眼镜，眯着大大的眼睛。看着后母踮着小脚，摇曳生姿地走进父亲的房间，她无奈地摇摇头。她经常拒绝穿后母给她的旧衣服，而是穿上一件皮领子的呢大衣，那是母亲从国外给她带回来的，听说是欧洲最流行的款式。似乎穿上这件呢大衣，她就距离母亲更近了一些。

实在无聊了，张爱玲就逗猫玩，再不就教一个胖胖的小保姆唱歌，自己弹钢琴给她伴奏，教的曲子是王人美主演的电影《渔光曲》的主题曲。《渔光曲》在上海连续放映了八十多天，收音机里也天天在放这部电影的主题曲，不光是后母，连父亲都听得腻腻的了，偏偏张爱玲非要教会小保姆不可。无奈小保姆不认字，也几乎没有任何音乐的天赋，开头两句"云儿飘在天空，鱼儿藏在水中"学了整整一个上午，还没有学会。她跑调的歌声让父亲和后母听得头都要裂开了，忍无可忍的父亲把小仆人叫到房里大骂了一通，说你整天不好好干活，唱什么歌？不仅如此，父亲还惩罚张爱玲，让她以后早上不许弹钢琴。

张爱玲懊恼地躲到自己的房间，开始画画，保姆何干为了安慰她，就说已经跟后厨交代了，要给她准备一些好吃的，让她猜猜会是什么好吃的。张爱玲猜到是合肥丸子，何干笑了起来："就是这道菜！"什么是"合肥丸子"？原来张家有一个从合肥来的女仆，做这道菜最拿手，所以就给这道菜起名叫"合肥丸子"。其实做法超级简单，就是先把糯米饭煮熟，然后放凉，用手捏成一个个的圆丸子，把事先调好的肉馅夹进这些圆丸子里，丸子生坯就如同汤圆般大小。最后把这些圆丸子裹上鸡蛋液，放进油锅里炸熟就成了。这道菜香糯可口，绵软而不腻，是张爱玲的最爱。

但这么好吃的菜也不能多吃，因为张爱玲的身体虽然不错，但却经常便秘，特别是遭遇到不开心的事情时更严重。如果病情加重，吃药也不管用时，就不得不进行灌肠治疗，每当灌肠的时候，就是张爱玲最痛苦的时候。她忍着不哭，但是恐惧得脸色发白。每当这时，保姆何干都揪心地难受，恨不得要自己代替张爱玲经受这种痛苦。

生命的冷却之感往往来源于真实的病痛，疲倦的身体又往往经受不起任何风霜的洗礼。每当这时，都是张爱玲特别需要亲情和友情的时刻。

在圣玛利亚女校，张爱玲有一个非常要好的女同学，叫张如谨。张爱玲对她的文采非常欣赏，认为她是一个非常博学的女生，知识水平不在自己之下。性格也比较温厚、淳朴，还具备与生俱来的善良天性。张爱玲在《存稿》中提到她说："我有个要好的同学，她姓张，我也姓张；她喜欢张资平，我喜欢张恨水，两个时常争辩着……"

说起张爱玲和张如谨的友谊，还得从《凤藻》说起。是的，因为张如谨的文采飞扬，她曾经是圣玛利亚女校校刊《凤藻》的编辑。她不仅编辑过张爱玲的小说，还自己写过长篇小说《若馨》。张爱玲非常喜欢《若馨》，就忍不住写了《若馨评》。

张爱玲和张如谨在文学领域本来是并驾齐驱的，只可惜，后来张如谨没有走上文学道路，她结了婚，这让张爱玲非常遗憾，甚至还说："一个有天才的女子忽然结了婚……"张爱玲曾经说自己是天才，张如谨也被她说成是天才，可见张如谨当时该有多么优秀，可见一个女孩和另一个女孩的组合曾经深刻地温暖过张爱玲。青春的莫测需要友谊的安抚，也只有在那时才不会畏惧无法解读的命运。

当青春与沧桑擦肩，又会是一种什么样的结果呢？

张爱玲在圣玛利亚女校时，有一位老师叫汪宏声，他对坐在最后排的身材瘦高的女孩印象深刻。他曾经撰文这样形容张爱玲：

> 在最后一排最末一个座位上站起一位瘦骨嶙峋的少女来，不烫发（我曾经统计，圣校学生不烫发者约占全数五分之一弱，而且大半是虔诚的基督教徒或预科生——小学高年级程度），衣饰也并不入时——那时风行窄袖旗袍，而她穿的则是宽袖——走上讲台来的时候，表情颇为板滞。
>
> 张爱玲的文名在校内逐渐传布，教员休息室里也常常以爱玲为话题，于是我知道爱玲因了家庭里某种不幸，使她成为一个十分沉默的人，不说话，懒惰，不交朋友，不活动，精神长期的萎靡不振。

> 说起懒惰,她是出名欠交课卷的学生,教师问她,总是一个"我忘啦!"说的时候把两个手掌抓着,一副可怜相,使人对她毫无办法。

在汪宏声老师的眼里,张爱玲除了写作水平高超之外,似乎是个一无是处的女生,但实际情形呢?

首先,跟老师说的一样,家庭的不幸确实造成了她性格的改变,越来越内向的她不喜欢说太多的话,也不喜欢结交跟自己性格出入太大的人。因为悲伤,她的梦之船似乎正要沉下去,但春水东流,她只有屏住呼吸,拼力地划桨,以期看到未来的亮色。特别是对于看书、看电影、写作,她都爆发了超常的力量和超乎人想象的自觉性。

但说张爱玲懒惰却有些片面,因为张爱玲的"懒惰"是情有可原的。尽管父亲很少关爱她,但张爱玲专门的保姆何干却对她照顾得无微不至,几乎把所有事情都代劳了,她连手绢和袜子都没有自己洗过,房间也从来没有收拾过。当然,张爱玲是一个专心追求精神生活的人,对于整理内务这些琐事,她不会过多地放在心上。而不交课卷,也只是她对所学课程有所侧重罢了。

很长一段时间里,张爱玲似乎都在想办法修复自己那又疼痛又矛盾的内心,这需要她花时间、花精力好好地"熨烫",而"熨烫"的工具就是一篇接一篇的令人荡气回肠的作品……

1936年,张爱玲在《凤藻》上发表散文《秋雨》。她在《秋雨》中写道:

> ……在萧萧的雨声中瑟缩不宁,回忆着光荣的过去……宿舍墙外一带种的娇嫩的洋水仙,垂了头,含着满眼的泪珠,在那里叹息它们的薄命,才过了两天晴美的好日子又遇到这样霉气熏蒸的雨天……小心地隐藏在绿油油椭圆形的叶瓣下,透露出一点新生命萌芽的希望……

行文虽然稍显晦暗,但也终归让人看到她的心并未完全死去,她是为文字而活的,文字是精灵,帮她把心头的尘嚣一点点地抹去,是文字的精灵带领她在命运的迷宫中搜寻着出口……

同一年,张爱玲又写了小说《牛》,描写生活在农村的极为贫穷的禄兴夫妇,因为穷,陆续失去了家里唯一的一头牛、陪嫁的银簪子、好不容易买来的小鸡,最后,连丈夫的生命也失去了……张爱玲用细腻的笔触写了这家人的悲剧:

雨才停,屋顶上的茅草亮晶晶地在滴水。地上,高高低低的黄泥潭子,汪着绿水。水心里疏疏几根狗尾草,随着水涡,轻轻摇着浅栗色的穗子……牛栏里面,积灰尘的空水槽寂寞地躺着……栅栏有一面摩擦得发白,那是从前牛吃饱了草颈项发痒时磨的。

这一切都似乎是最美好的时光。然而牛没有了,有的只是鼻梁上的一缕辛酸味,想来想去,只能被迫借天贵家那头要付租钱的雄伟漂亮的黑水牛。而唯一能付租钱的,只剩那两只可怜的小鸡了……

"树丛中露出一个个圆圆的土馒头,牵牛花缠绕着坟尖,把它那粉紫色的小喇叭直伸进暴露在黄泥外的破烂棺材里去。"——禄兴的死被张爱玲写得很诗意,但越是诗意,越是让人发自内心地疼痛。这就是高中时代的张爱玲,虽然有着尊贵的家世,但却喜欢写底层人民的疾苦,喜欢写人生的真实与残酷,甚至是恐惧。她的心里满是浪漫,又满是悲悯。她在修复灵魂的时刻,才慢慢地高大起来,跟她笔下的人物相比,似乎有着后母的家,也算不得什么了。芸芸众生与这个阔大的世界,仿佛是张爱玲的镜子。在镜子中,她看到自己隐藏了伤疤之后,明明是完好无损的。这世间,并不是她一个人有悲剧，就像《牛》中的禄兴，他就为了摆脱贫穷，最后搭上了自己的性命，对于妻子来说，他曾经是可以依靠的城堡，但这城堡最后坍塌了……

后来，张爱玲又写了《霸王别姬》：

> ……她像影子一般地跟随他，经过漆黑的暴风雨之夜，经过战场上非人的恐怖，也经过饥饿，疲劳，颠沛，永远的。当那叛军的领袖骑着天下闻名的乌骓马一阵暴风似的驰过的时候，江东的八千子弟总能够看到后面跟随着虞姬，那苍白，微笑的女人，紧紧控着马缰绳，淡绯色的织锦斗篷在风中鼓荡。十余年来，她以他的壮志为她的壮志，她以他的胜利为她的胜利，他的痛苦为她的痛苦……

十七岁的女生，爱情观应该是很青涩、很稚嫩的，但张爱玲却偏偏选择了楚霸王和虞姬之间的爱情绝唱。也许从那时开始，张爱玲就相信真正的爱情是一种宿命，是无法抛弃的一世情缘，是为了自己最爱的人，可以付出生命的代价……虽然父亲和母亲的感情充满了破败和不堪，但越是这样，越激发了她内心里更执着的情愫。

汪宏声老师对张爱玲写的《霸王别姬》曾经大加赞赏：

> 与郭沫若的《楚霸王之死》相比较，简直可以说一声有过之而无不及，并且对她说，应该好自为之，将来的前途，是未可限量的……

1937年夏天，张爱玲创作颇丰的高中时代结束了，按照自己的理想，她想去英国留学。母亲为了女儿出国留学的事，特意从国外回到了上海，因为按照当初离婚时的约定，女儿将来到哪里读书，是由母亲说了算的。可是父亲根本不见她，更别提跟她商量女儿上学的事了。

万不得已，张爱玲只好自己向父亲提出了去英国的要求，可却被父亲一口回绝。那时，父亲和后母吸食鸦片是一笔巨大的开销，与其拿出钱来让她去英国读书，不如留着自己吸鸦片。

张爱玲的眼泪簌簌而下，热情的文学女青年一下子颓唐了，张爱玲觉得父亲和后母不为自己的前途着想，光想着自己享受，是不可思议的。更可怕的是，平时阴柔乖戾的后母竟然出言不逊，对张爱玲的母亲冷嘲热讽。张爱玲后来在《私语》中记录了后母当时说的话："你母亲离了婚还要干涉你们家的事，既然放不下这里，为什么不回来？可惜迟了一步，回来也只能做姨太太……"

英国梦成了张爱玲的一场虚构，脆弱的夜，深深的疼痛，父亲和后母在乱世里载歌，唯有她，不知如何安慰自己，如何劝导悲伤的母亲。家庭于张爱玲，是一处足以令人灭顶的泥潭，要如何做才能拔出腿呢？父亲和后母的绝情，让她直想报仇，可是如何报呢？

痛苦吞噬了张爱玲，也吞噬了繁花开尽的上海城，是的，残忍的日军开始攻打上海闸北，"八一三"淞沪抗战爆发了！大敌当前，生灵涂炭，整个上海都陷入空前的恐慌！张爱玲每天都看见大量的人为了躲避日军的狂轰滥炸，像潮水一般涌向租界。人之生命如同蝼蚁，又有谁能在国难面前完全安然？夜里的隆隆炮声，仿佛要把所有人的心脏震裂，令人万分恐惧……那时，舅舅一家住在淮海中路的伟达饭店，母亲也住在那里。因为极度担心女儿，母亲派人把张爱玲接了过去，在她那里住了两个星期。

因为不能去英国，也因为国家的灾难，张爱玲的情绪非常低落，除了画画就是写小说，就像她跟这个世界已经隔绝了一般。如果世界末日真的来了，那么也只能跟这个世界同归于尽吧！也许，只有用醉后的迷狂才能代替醒时的悲伤。

逃离

颠倒的日夜,恐慌的人群,乱世,满眼看去,似乎根本无处寻找人生的归宿。疮痍的大地,仓皇的国民,令人不忍目睹。只有数次出国又回国的母亲,身上沾满欧风美雨的气息,那么神秘,又那么浪漫迷人,与眼前的乱世形成了鲜明的对比。

母亲的一切都令张爱玲神往,她希望母亲能够改变她的命运,能帮助自己圆了出国留学的梦,所以尽管跟母亲待了两个星期,还是不乐意回到父亲的家。她恐惧父亲的屋檐下,没有温暖的降临,那种威压甚至比战乱还要可怕几倍。在姑姑和母亲几次催促下,她才极不情愿地回到父亲的家。她断然不会想到,就这两个星期已经让父亲和孙用蕃怒火中烧,甚至想要置她于死地了。

父亲在孙用蕃耳边风的"吹拂"下,觉得他苦心养育的女儿是一个白眼狼,到末了还是把心给予了她的母亲,后母也决定好好教训一下张爱玲。

张爱玲刚一进门,就看到孙用蕃的脸拉得很长,她气冲冲地问张爱玲:"你去你母亲那里为什么不跟我说一声?"张爱玲只好说:"我已经跟父亲说过了,他知道我去了母亲那里。"

孙用蕃的肺大约要气炸了:"噢,对父亲说了!你的眼睛哪还有我呢?"

说完,她毫不客气地给了张爱玲一个大大的耳光。张爱玲的身量和后母差不多,她本能地要还手,被两个老妈子拉住了。后母大叫着:"她打我,她打我……"一边叫着一边向楼上奔去,父亲听到了,冲动地要为后母出气,他穿着拖鞋就下了楼,根本不问青红皂白,对着自己的亲生女儿就是一顿拳打脚踢。

张爱玲在《私语》中详细描写了父亲毒打自己的场面：

> 在这一刹那间，一切都变得非常明晰，下着百叶窗的暗沉沉的餐室，饭开上桌子，没有金鱼的金鱼缸，白瓷缸上细细描出橙红的鱼藻。我父亲趿着拖鞋，拍达拍达冲下楼，揪住我，拳足交加，吼道："你还打人！你打人我就打你！今天非打死你不可！"我觉得我的头偏到这一边，又偏到那一边，无数次，耳朵也震聋了。我坐在地上，躺在地下了，他还揪住我的头发一阵踢。终于被人拉开……

这一次毒打，是张爱玲平生遭遇的最大的一次羞辱，父亲的绝情彻底粉碎了她对这个家庭的最后一丝留恋。她目眦欲裂，恨得使劲地咬着嘴唇，连嘴唇都咬出了血。那一刻，她想和父亲、后母一块儿死了。最好是能够飞来一颗炮弹，把这个腐朽、污浊的家一块儿炸飞才好……

她倒在地上，半天起不来，而盛怒的父亲下了狠心要把她打死。幸亏保姆何干拼了性命把张爱玲拉起来，护在一边，张爱玲才没有真的被父亲打死。

张爱玲挣脱开保姆何干的怀抱，想要跑出去。可歇斯底里的父亲早就看出了她的心思，马上下令门房，不准给张爱玲开门，连钥匙都没收了，还放话说，谁要是把她放走了，他就给谁好看，他就是要让张爱玲死也死在家里。那种嚣张和跋扈，真看不出他本来是一个虚弱的大烟鬼。

张爱玲就这样被父亲软禁了起来，她再无法跟母亲或者姑姑取得联系。面对父亲的残忍，她心如刀割。

何干受张爱玲之托，冒着风险，偷偷地给张爱玲的舅舅打电话，大概讲了下张爱玲的情况。舅舅和姑姑马上赶来，为张爱玲说情。姑姑还劝兄长最好拿出钱来让张爱玲出国读书,乱世之下,还是多考虑她的前途。没想到父亲和后母都不答应,你一言我一语的,彻底激怒了父亲,父亲拿起烟枪就往姑姑的头上拼命地砸去,姑姑的眼镜被打碎了,眼睛也受了伤,鲜血直流。舅舅看到姑姑情况危急,马上拉起姑姑,把她送去医院。

姑姑在迈出房门之前发誓说:"我以后再也不会踏进你们的门!"

父亲吸食鸦片多年带来的冷漠和抑郁,让他甘愿抛弃所有的亲情,对自己女儿如此,对自己的妹妹也不例外。他丑陋的面目、自私可怖的心胸,恐怕连他自己都辨认不出了。是时代的造就还是本性的糜烂呢?他可能也是一个悲伤的人,面对结发妻子的决绝离去,无能为力。失去自我之后,只能与蛇蝎妇人同床共榻。

无奈的舅舅和愤恨的姑姑走了,绝望的张爱玲被软禁在一个空房间里,叫天天不应,呼地地不灵。父亲狠心地要让自己的女儿在无人知晓的角落啜泣着死去。因为父亲的狠戾,弟弟都不敢去张爱玲的房间看她。孙用蕃的仆人受命于自己的主子,更是连一个好脸色也不给她。

不仅如此,父亲还下令,除了照顾张爱玲基本的饮食起居,不允许任何人和她见面交谈。为了防止张爱玲逃走,父亲还加大了看守的力量,张家的大门一天二十四小时都有人看守,张爱玲真是插翅难逃。

怎么办?就这样在这个暗无天日的空房间里坐以待毙么?心急如焚的张爱玲开始偷偷地为出逃做着准备,每天清晨起来的第一件事就是锻炼身体。可不幸的是,张爱玲得了严重的痢疾,身体非常虚弱,她再也无法锻炼了,保姆何干急得团团转,不得不把张爱玲的危急情况告诉了父亲,让他务必念在父女情分上挽救张爱玲的性命。可父亲气急败坏地让她自生自灭,不仅不给她请医生,还不给她吃药,张爱玲的病情迅速恶化。何干看着张爱玲的病情一天比一天严重,生怕她真的发生什么意外。她再次躲过孙用蕃的注意,义正词严地告诉她父亲,如果再不采取挽救措施,恐怕张爱玲的性命真的不保了。父亲这时的态度才稍微有了一些缓和，亲自选择了一种抗生素针剂，趁着孙用蕃不注意，到楼下去给张爱玲注射。终于，经过一段时间的治疗，再加上保姆何干的细心照料，张爱玲慢慢恢复了健康。

张爱玲没有被父亲对自己的挽救所打动，她去意已决。因为她知道，父亲并不是真的想要救她，只是怕背上害死亲生女儿的恶名声罢了。

1938年的年初，张爱玲在保姆何干的帮助下，趁着两个警卫换班的空当，偷偷地逃走了，她终于扭断了父亲给予她的屈辱的"锁链"！她后来撰文形容自己逃跑时的细节：

……但是多么可亲的世界呵！我在街沿急急走着，每一脚踏在地上都是一个响亮的吻。而且我在距离家不远的地方跟黄包车夫讲起价来了——我真高兴我还没忘了怎样还价……

张爱玲成功逃到了母亲和姑姑的家，随后，保姆何干又偷偷收拾了一些张爱玲的重要物品给她送了过去。分别时，张爱玲忍不住抱住何干痛哭失声，她无法想象帮助自己逃走的何干，将受到怎样的责罚……

是的，保姆何干因受到张爱玲的连累，被父亲骂得狗血淋头，说她吃里爬外，不忠于自己的主子，连条狗都不如……受到严重侮辱的何干，不久之后就回了皖北的老家。

何干是张爱玲一生都无法忘却的人，她对何干一直是感激不尽的，在后来的《天地》月刊上，她写过这样的文字：

……从父亲家里跑出来之前，我母亲秘密地传话给我："你要仔细想一想，跟父亲，自然是有钱的，跟了我，可是一个钱都没有，你要吃得了这个苦，没有反悔的。"当时虽然被禁锢着，渴望着自由，这样的问题也还使我痛苦了许久。后来我想，在家里，尽管满眼看到的是银钱进出，但也不是我的，将来也不一定轮得到我，最吃重的最后几年的求学的年龄反倒被耽搁了。这样一想，立刻决定了……

这里的"传话者"其实说的就是何干，但由于父亲的原因，张爱玲一直想把自己的出逃跟何干撇清关系，所以哪怕写回忆性的文章，也很少直接提到何干的名字，如果提到名字了，那么说的一定是"包庇"她的话，比如张爱玲在《私语》里就提到何干了，但她却是这样说的："何干怕我逃走，再三叮咛，千万不可以走出这扇门呀！去了就回不来了……"

张爱玲逃离家门不久，孙用蕃就将她的东西送人的送人，丢弃的丢弃，就当她死了。孙用蕃没有忘记张爱玲写的《后母的心》，但在以后的漫长岁月里，她再也没有提过张爱玲写的这篇文章，也从没有说过张爱玲一句好话。当然，孙用蕃对于张爱玲来说，也只是午夜的梦魇，那段将近半年的囚禁时光，也永远都是结着痂的，坚决不能碰的，一碰，就要鲜血直流……对过去，张爱玲给了一个"葬"字，苟延残喘的上海和母亲、姑姑给她的爱才是她的希望。走出人生灾难之后的她，学会了收藏幸福，学会了掩埋遗憾，学会了在孤寂的夜晚独自抚摸伤口，学会了醉心于哪怕片刻的安宁……张爱玲的心仿似潺潺的寒水，把自己关于家、城的情愫洗濯得越来越悲凉，直沁血脉的深处。家、城都已破碎，她的命运是不是一张弯弓呢？被她颤抖而滴血的心拉着，用力地拉着……

彼时，张爱玲的母亲和姑姑跟她一样，都是无比凄惶的。姑姑因为炒股票，经济出现了巨大的亏损，因为无钱生活，把汽车卖了，司机和用人也都辞退了。母亲是带着一个美国男友回上海的，而张爱玲一无所有地投奔母亲，也确实给母亲带来了巨大的经济负担和感情妨碍。敏感的张爱玲感觉到母亲和姑姑的家对于自己来说,已经不再像从前那样温馨了,她甚至感觉自己跟母亲之间好像隔了什么一般。也许只是一层薄纱,也许是一堵墙,但无论是什么,她都不敢去碰……她真的害怕母亲也负担不起自己,如果母亲也放弃了自己,那要如何呢?她不敢再想下去……

在姑姑和母亲已经变得"贫寒"的家里,张爱玲不得不像姑姑和母亲一样,学会过一种不再有人服侍的生活,自己做饭、洗衣服、搭公交车、买菜……

张爱玲经过非常艰苦的努力才学会了补袜子,学会了使用肥皂粉,学会点灯后拉上窗帘……

张爱玲在《童言无忌》里说:

> ……在她的窘境中三天两天伸手问她拿钱,为她的脾气磨难着,为自己的忘恩负义磨难着,那些琐屑的难堪,一点点的毁了我的爱……

痛定思痛,张爱玲把自己被父亲囚禁过的经历写成英文,拿到《大美晚报》发表。这是一份美国人办的报纸,而父亲是一直订阅这份英文版报纸的。他看到了这篇女儿控诉自己的文章,还看到了吸引人眼球的标题:"what a life! what a girl's life!"父亲看完这篇文章后,又羞又愧,当然更多的还是愤怒,他一边叫骂着一边把这份报纸撕了个粉碎。他真想再把张爱玲痛打一顿,但张爱玲已经逃离了他的家,再也不可能回来了。而且发表过的文章,也不可能再收回……

而留在父亲身边的弟弟张子静,在后母的虐待之下,每生活一天都如同是在炼狱……暑假里,恓恓惶惶的张子静敲开了母亲的家门,怀里还抱着用报纸包着的篮球鞋,他的一双大眼睛无助地望着母亲,潮湿而沉重地眨巴着,他情真意切地跟母亲表示，他也想在母亲这里住下来，再也不回父亲的家了。听着儿子的诉说，母亲的心都碎了。可是现实是残酷的，母亲只好慢吞吞地跟儿子解释，她的经济能力要供养姐姐读大学已经非常困难了，再也没有能力来养活他了。张子静哭了起来，内心里说不出来的委屈和失望。但母亲还是狠着心劝他回到父亲的身边，好好读书……张爱玲听不得母亲和弟弟的对话，躲回房间里痛哭流涕。她知道母亲是弱的，自己也是弱的，只能眼睁睁地看着弟弟回了父亲的家，回到那个"快要沉下去的地方"。

从那以后，张爱玲再也没跟弟弟一起生活过，除了母亲和姑姑，弟弟是她特别牵挂的人，但也不得不听闻他受着后母的欺凌，身体很虚弱，穿着破旧的长衫，逃学，租画报，像一个没人管的野孩子。

成年之后的他们也远远地隔着，互相热烈地寻找着对方的信息，但山高水长，远隔重洋，耄耋之年的他们再没有什么力气找上对方的家门。他们那么恐慌，恐慌听到关于对方生死的消息……

那么多的文章，子静写着姐姐，姐姐也写着弟弟。也许，这些美妙又温情的文字，就是对他们深爱又不得见的情感的补偿。

姐姐说：

我弟弟生得很美而我一点也不喜欢他。从小我们家里谁都惋惜着，因为那样的小嘴、大眼睛与长睫毛，生在男孩子的脸上，简直是白糟蹋了……

弟弟说：

我从小就什么都不如姊姊，当然更没有她的聪慧和灵敏。到了二十多岁，许多事也还是鲁钝的；没有大的快乐，也没有深的悲哀，仿佛只是日复一日麻木地生活着……有的只是永远烟雾迷蒙的家……

是的，无论是张爱玲还是张子静，他们都是"逃离"的人，只是一个成功了，一个失败了。他们的眼睛互相注视着，从少年时代直到岁月的迟暮。他们看着生活不断地变换着脸谱，好像是演戏，但却是血淋淋的真实。一个人的一生很容易就被摧毁，悲剧很容易从喜剧中衍生出来，而幸福的隐喻总沉在悲剧的底部……

香港韶光

香港，像一位名媛，以温暾、绵软的姿势，慢慢睁开惺忪的睡眼。满城的鲜花开到荼蘼，满眼净是华丽、沧桑和峥嵘，此时不醉何时醉？一江春水，必将把张爱玲领向文学的高地；一条小径，必将封存她执着求索的佳话。是的，香港，正在等待着张爱玲……

而战火纷飞中的上海，酸甜苦辣，生生死死夹杂着悲悲喜喜。如今的上海已经不再是张爱玲的温床。黄浦江上的汽笛声，将拉开张爱玲离开上海的帷幕。

经济上捉襟见肘，为了压缩生活开支，母亲和姑姑不得不迁居到爱丁堡公寓，那里只有一个小套间，却要容纳一大家子人。在父亲的大房子里生活习惯了的张爱玲感觉她过着的就是"人挤人"的生活，姑姑、母亲、母亲的男友还有自己，吃喝拉撒都在一处，要多不方便就有多不方便。她把头紧紧地靠在墙壁上，只想快快地到英国去。爱丁堡公寓仿佛是一间小客栈，只包容了她的亲情，却不能包容她的梦想。她的理想像一颗种子，亟待落在一块适合它的土壤，然后迅速生根发芽……

母亲何尝不知道女儿迫切的愿望呢？所以在爱丁堡公寓刚刚安定下来，母亲马上请了一位犹太裔的英国老师，给张爱玲补习数学，让她参加伦敦大学远东区的考试。张爱玲知道，远东区的考试规模非常浩大，不仅包括香港、上海的学生，还包括日本、菲律宾和马来西亚的学生，可以说，这场考试，远东地区各个国度的优秀学生都会来试一试。考验她真本事的时候到了，而稍有松懈，就有可能与伦敦大学失之交臂。

但人生就是这样，如果你有足够的信心，你就能勇敢地迈步，就能跨越眼前的障碍。

虽然英国老师的补习费用很贵，达到了每小时五美元，但母亲一点也不心疼，她一心想要帮女儿圆了去英国的梦想。张爱玲备考的时候，内心经常忐忑不安，母亲也替她捏了一把汗。好在张爱玲天资聪颖，她终于不负母亲的厚望，竟然考了个远东区第一名！姑姑笑了，母亲激动得哭了。

母亲知道，从此后，张爱玲获得了真正的自由，她可以飞了，她在春天的最后一个夜晚，梳理着羽毛；她在初夏的第一个早晨，找到了自己充满希望的路。她仿佛看到女儿在晨光熹微中穿着得体的旗袍，走在了伦敦的大街上，成为人见人爱的东方佳丽……

可命运弄人，当张爱玲欢欣雀跃着准备去英国时，欧洲战争爆发了，她不能去伦敦上学了。战争是令人深恶痛绝的，万般无奈之下，张爱玲只能退而求其次，去了香港大学，专攻文学。虽然香港大学不是张爱玲最喜欢的大学，但终于可以远离上海，开始自己自由自在的生活了。母亲还安慰她说，等战乱过去了，想要出国，还有的是机会。

事实证明，香港一直处于张爱玲灵魂的高处，它使她初次蜕变，它是她人生的第一个坚实的台阶。只有在香港，她才扮演了她自己。

香港成了张爱玲的"江湖"，没错，这个"江湖"里没有父亲，这就是最幸运的事了。其他的，倒也不是那么重要。

1939年，张爱玲去香港大学读书，对母亲来说，却如同上了一道紧箍咒。因为女儿学费的负担落在了她的肩上。这个爱心满满的母亲来不及等到女儿开学，就跟自己的男友去了新加坡，她在那里收集鳄鱼皮，准备加工成手袋和腰带后出售，为女儿筹集费用。

张爱玲拎着一只母亲出国时用过的旧箱子，里面装着几件再简单不过的衣物，身上穿着半新不旧的棉布旗袍，那一年，她才十九岁，长相不甚美丽，但由里到外渗出的修养，却为她增添了一种撼人心魄的优雅。她很像一树白玉兰，大朵大朵地开，不华贵但妖娆。

在香港码头即将下船的时候，张爱玲一下子喜欢上了色彩斑斓的香港。那些巨大的广告牌，有着各种各样的颜色，夸张地矗立着，仿佛要跌落在海水里一般。似乎，她看到了活生生的热闹，活生生的幸福。她跳跃着奔上岸去，欢快地寻找着接应她的人……

是的，张爱玲去香港读书，最担心她的就是母亲和姑姑了。她们不能亲自送她去上学，就安排了李开第去接张爱玲。李开第是与姑姑聚聚散散的朋友，也是后来与姑姑经历人生的百转千回最终携手共度晚年的人。1927年，在洋行工作的李开第经朋友介绍认识了姑姑，李开第结婚的时候，姑姑还充当了女傧相，从此之后，李开第一家和姑姑来往频繁。李开第的女儿从小就喊姑姑为"张伯母"，而姑姑一直都未婚，直到李开第在"文化大革命"中被打成右派，身心备受摧残并丧妻后，姑姑才嫁给了他。

1939年，李开第遵照姑姑的嘱托，帮助张爱玲入了学，也成为张爱玲在香港大学的监护人。由于李开第的精心照顾，张爱玲在香港生活得相对稳妥。后来太平洋战争爆发，香港沦陷，李开第一家离开香港去了重庆，他还委托自己的朋友继续照顾张爱玲。从此后，李开第与张爱玲一直书信往来，张爱玲一生都亲昵地称呼李开第为 Uncle K.D.。

香港这座城让张爱玲过上了"干脆利落"的生活，虽然在香港仅有三年时间，但不妨碍香港成为她生命中最为重要的一座城市。灿烂的城市、新奇的校园、可爱的老师、有趣的同学，所有美好的人和事，都像美妙的音符，在香港的花团锦簇中跳跃着……

香港大学是外国人的天下，在那里，张爱玲接触到了不同国度的"有背景"的同学们，看到了许多跌宕起伏的故事，也领略到不同国家的人对社会、人生以及战争的不同看法。很多同学的中文都不太好，但不妨碍他们的肚子里装着五花八门的故事，所以，张爱玲从他们那里得到了许多第一手的创作素材。而这些同学也非常乐意跟"中西合璧"的张爱玲交朋友，觉得张爱玲身上有一种奇特的魅力。她又古典又时尚，又有许多东方的骄傲，这种骄傲，让你一交手，就会败下阵来，她深刻的内涵让任何一个外国学生不敢在她面前显摆自己的优越。他们觉得张爱玲是一个神奇的女子，是一个充满东方魅力的女生。

香港大学坐落在半山腰上，在一所修道院的深处，被树木和花丛所环绕，仿佛是人间仙境。穿着素色旗袍的张爱玲隐身在花丛中，与花海和翻飞的蝴蝶形成一幅美妙的画卷。

香港大学的学生大多都有殷实的家境，有同学的家长是橡胶大王，有同学的家长能买下一整座岛屿，倒是张爱玲只依靠着母亲那点可怜的资助，显得异常寒酸。她甚至都没有自来水笔，只有一支蘸水笔，上课的时候，要带着一只墨水瓶子去，下课的时候，又要把这只墨水瓶子带回来。有的同学就会盯上张爱玲这只醒目的墨水瓶子，这让张爱玲有些尴尬。

当然，香港大学还有一点和圣玛利亚女校是完全不同的，就是社会活动非常多，而且包含各种各样的名目，有时是同学聚会，有时是爬山游玩，有时是一场舞会，有时是一场野餐。但张爱玲都不乐意参加，而是选择去图书馆看书。在泛着书卷气的图书馆里,她仿佛又回到了父亲那烟雾缭绕的书房——津津有味地看着《红楼梦》《儒林外史》和《官场现形记》……书读得倦了,保姆何干还会端进来可口的点心……张爱玲执意不参加集体活动,同学们都很奇怪,但他们不会想到,张爱玲之所以不去参加,是因为她根本没有多余的钱添置合时宜的衣物,也没有多余的钱和同学一起摊派游玩的费用,哪怕是一次坐船的费用。

面对不解甚至误会她的同学,张爱玲万不得已跟修女请求,让她允许自己脱离开这些花钱的活动。偏偏修女是个"包打听",非要把事情调查个水落石出。

张爱玲只好苦涩地说出了自己的境遇:父母离婚了,她被迫离家出走,母亲一个人在国外飘零,光拿出学费就已经勉为其难,真的再没有多余的钱支付其他的费用了。

如果不是修女的坚决,也许张爱玲一辈子也不会跟别人说出自己的境遇。

修女知道张爱玲的窘境后,非常震撼,马上把她的情况汇报给修道院长,结果,很快,全学校的人都知道张爱玲是个"穷人家庭"的孩子了。张爱玲又羞又恼,但她不会去辩解,她的家庭也曾经是上海滩的名门望族。只是造化弄人,让这些令人引以为傲的荣光随着落花雨打风吹去。

人的一生不能操控的事情有很多,张爱玲忍不住想起自己的祖先。祖父张佩纶中年被罢官,抑郁而终,祖母在三十七岁时丧父、丧兄、丧夫,心情压抑得了肺病,刚刚四十六岁就去世了,那时父亲才只有十六岁。也就从这时候开始,张家再也没有了往日的荣耀,就像一块华丽的点心,外表还是好的,但是内里已经开始发霉变质了……

面对家族的没落,面对尴尬的当下,也许只有燃烧尽所有的伤痛,才能点亮未来的前程吧。

除了发奋读书,张爱玲不想说多余的话。拼命读书是她唯一的自我救赎的方式。是的，张爱玲的拼搏精神跟母亲非常相像。当时母亲第一次去欧洲，英文曾经一窍不通，但她通过自己的努力，不仅学会了说英语，画油画，还学会了游泳，还曾经和姑姑一起去阿尔卑斯山滑雪……受到"贫穷"折磨的张爱玲，效仿母亲，经过自己不懈的努力，不仅能背诵下整本的《失乐园》，还以优异的成绩拿下了两项奖学金。物质虽然贫穷，但她却成了一个精神上的富翁。以她的成绩，她毕业后完全可以免费保送到牛津大学。

如她所愿，在香港大学，她不仅是一个"特别"的学生，还有了很大的名气。同学们看她的眼神充满了仰慕，甚至还有恭敬。从那时起，不再有人冷眼看她寒酸的墨水瓶，也不再有人说她是从"穷人家"出来的，有一个老师甚至还说，他教了十几年的书，就从没有看到哪个学生能考出这么高的分数。

山水轮流转，蹚春泥，踏冬雪，如果心里有亮光，又何惧前行中的黑暗？

张爱玲的家已经腐朽了，但她却如同从腐朽之下钻出的幼芽，趁着夜色，竟然在藤蔓上攀缘成新鲜的花朵。她有更远大的理想，它们在夜色里飞翔，那么朝气逼人！

张爱玲把自己在香港大学取得的成绩悉数写信告诉母亲和姑姑，让她们分享自己的喜悦。

而阅读母亲和姑姑的来信也简直是一种享受，她们的信都写得生动有趣，红色的信纸上写满美丽的钢笔字，翻起来哗啦啦地响。张爱玲一边读着信，一边想象着母亲和姑姑的笑颜，内心里欢欣而温暖。张爱玲认真地给姑姑和母亲写回信。为了锻炼自己的英文水平，她坚持用英文写回信。为了避免母亲和姑姑在她的信件中挑出语法错误，总是写完了信还要检查好几遍。有的时候，还不得不把信件缩短……张爱玲后来写了许多的英文小说，都是当时在香港大学打下的基础。

香港大学里繁花灿烂，但她不是那个沉迷的赏花人，清醒的她知道自己的需要是什么。她抓紧一切可利用的时间，拼命学习。因为，她的一切都是来之不易的。她时时刻刻不能忘记母亲去新加坡之前留给她的话：必须以优异的成绩为自己的前途开路！

春天需要茂盛，鸟儿需要自由，而年轻人需要的，就是把自己的青春打磨得耀眼而辉煌。

第二章 | 求索青年

> 我是喜欢悲壮,更喜欢苍凉。壮烈只有力,没有美,似乎缺少人性。悲壮则如大红大绿的配色,是一种强烈的对照。但它的刺激性还是大于启发性,苍凉之所以有更深长的回味,就因为它像葱绿配桃红,是一种参差的对照。
>
> ——张爱玲《自己的文章》

天才之梦

  香港大学不仅给了张爱玲花的鲜艳、树的葱茏，也给了她一段一生都难以忘怀的友情。孤独又寒凉的她转着自己柔美的身段，看向那个长得偏黑、偏胖，但又从骨子里透出奇绝的女子。她觉得这个女子仿佛是天边的一朵瑰丽的云，点缀在香港大学高远的天空，她的朗朗笑语总是让枝头的奇异鸟儿扑棱棱地飞起来……她的单纯那么纯粹，她的欢乐也那么纯粹，她的内心干净得像一块水晶……

  生命本来有一袭沧桑的背影，青春本来有一场流着眼泪的盛宴，岁月往往被缄默的轻尘给掩埋。花开无声，是什么样的安慰和调侃能让一个悲凉的女子唇边漾起会心的笑意？是什么让她淡泊的心也充盈起不可多得的欢乐？是什么让她放飞的灵魂看到了风的方向？是炎樱给张爱玲的友谊。

亲情的厚重、爱情的华丽、友情的执着，对于一个旷世才女来说，纵然哪一样也是少不得的。她热爱身边所有的情感，她低吟着彻骨的诗语，让自己的生命绽放成美艳的花朵，哪怕花期短暂，哪怕雨露寒凉，只要拥有了，就必将是永恒！

香港大学的女孩子来自不同的国家，有着不同的肤色、不同的性格和举止，她们的中文水平都不太好，但不妨碍她们整天嘻嘻哈哈地挥洒着自己的青春与活力。她们的开朗和大方深深地吸引着张爱玲，她感慨着她们的趣味横生。她经常孤独地待着，仿佛她是一只离了群的雁，其实她内心早已在她们玫瑰般的笑靥里深深陶醉……她一句话不多说，她只是静静地听着这些叽叽喳喳的女孩子谈论着各种各样稀奇古怪的话题，说到兴奋处，就爆发出自己的母语，然后你打我一下，我打你一下，疯闹成一团。这其中，最引人注目的就是炎樱。她好像从来都没有过悲伤，从来不知道愁是一种什么样的滋味。她一说话，就成妙语；她一举手，就有大家去呼应。

炎樱是斯里兰卡人，家里开珠宝店，家境比较富裕，虽然她不懂中文，但却很爱研究中文。她的音译名是"莫娅"，似乎拗口了一些，张爱玲就给她起了个中文名，叫"莫黛"，但读起来像"麻袋"，张爱玲就又给她起了个中文名，叫"炎樱"，就是这个名字一直叫了下去。

有人说，性格互补的两个人更能成为朋友，张爱玲和炎樱的情况确实如此。她们深深对视的时候，往往能从对方的眼睛里看到不同的东西。她们像一对小鸟，互相欣赏着对方的羽翼，惊奇于对方的自由。她们好像端坐于两片树叶上，在飘曳之中灵动着、斑斓着，在她们的眼里，对方都是神圣的，都是上天给予她们的最好的恩赐。这就是神圣的友谊吧，最好不过的角色，最好不过的状态。她们把对方当作了琼浆玉液，不用品尝，闻一闻味道，都醉了。

张爱玲喜欢炎樱到了极致，特意把炎樱说过的话记录了下来，写成一篇散文，标题叫《炎樱语录》，发表于《小天地》月刊。

青春里，半边月亮是站不稳脚跟的。所以，有幸，张爱玲有了炎樱，她成了她在香港大学另外的半边月亮，与她组合成令人生羡的圆满。所以，炎樱成为张爱玲一生的知己，也不足为怪了。

成为朋友的两个人，最重要的是她能懂你的心。炎樱就是懂得朋友之心的人。她跟张爱玲说："每一个蝴蝶都是从前的一朵花的鬼魂，回来寻找它自己。"这句话让张爱玲心头一凛，差点流泪，不免赞叹，一个外国人，对中国话一知半解，却能有这么诗意的见解，也真是奇妙了。

炎樱身上有一大箩筐的幽默故事，比如她生得小而胖，胸部丰满，臀部丰满，同学们都打趣她，再这样下去可要变成一个可怕的胖子了。但她却极为乐观，认为"两个满怀要胜于不满怀"。一个加拿大人生了五个孩子，炎樱认为"本来一加一等于二，但是在加拿大，一加一是等于五的"。一个女人的头发很黑，炎樱就形容她的头发"非常非常黑，那种黑是盲人的黑"。炎樱的妙趣横生总能让张爱玲开怀大笑，这样有趣的事在炎樱身上真是层出不穷。比如她去买画报，翻了半天也不买，摊主气得讽刺她："谢谢你！"炎樱一点不内疚，反而会说："不要客气！"比如炎樱买东西，总要抹掉零头，还把自己的口袋都翻过来给人家看，意思是她真的没有钱了，而卖家往往被她的孩子气所打动，破例把东西便宜卖给她。比如有一个女同学说："我就是这样的脾气，喜欢孤独。"炎樱马上低声地补充一句："孤独地同一个男人在一起。"女同学都被炎樱说得笑了起来……

也许炎樱就是一个天生的诗人，比如她形容夜晚时，就有这样的词句："月亮叫喊着，叫出生命的喜悦；一颗小星是它的羞涩的回声……"

炎樱的妙语总是很鲜活，总是很欢乐，她的一切就如同一道乳白色的氤氲，镶嵌在张爱玲的暗沉里，形成不可多得的景致。她们零距离地容纳对方的"相同"或者"不相同"，互相爱慕又惺惺相惜。她们的彼此欣赏是发自肺腑的，炎樱在张爱玲面前，尽情地发挥着唠叨的天性，不用担心张爱玲会不悦；张爱玲在炎樱面前，也可以想说什么就说什么，不用担心会有什么不得体。

其实在香港大学入学的那天，张爱玲和炎樱就是在同一艘客轮上，只不过谁也不认识谁。但缘分就是这样，无论如何兜兜转转，总要巧妙地把有缘人安排在一起。

在香港大学，炎樱是张爱玲极为重要的依靠，如果没有炎樱，她的生活就好像要过不下去一般。即使过得下去，也不会如此灿烂。炎樱在香港大学读书的时候，把家搬到了上海，张爱玲很开心，因为这样，她回上海的旅途就会有炎樱的陪伴，也就不会寂寞了。可没曾想，那年暑假，炎樱不告而别，自己回了上海，张爱玲忍不住扑倒在床上号啕大哭起来，她感觉炎樱把她抛弃了。所以尽管宿舍楼里有一群同样没有回家的女孩子，叽叽喳喳地欢乐着，可张爱玲因为没有炎樱的陪伴，还是觉得少了什么一般。

有几个马来西亚的同学在走廊里跳舞，用马来西亚语喊着"爱人""爱人"。其中有个马来西亚的女生因为父亲被坏女人勾搭而抛弃了家庭，她就整夜想着自己家庭的悲剧。张爱玲觉得这几个女生是空虚的，因为她们没有背景也没有依靠，但对自己这个来香港的上海人来说，又何尝有什么背景和依靠呢？自己也是一个被家庭，甚至是被时代抛弃的人。

1939年下半年，上海的《西风》征文，一等奖还会有五百元的奖励。这个征文对贫穷的张爱玲来说，无疑是一个巨大的诱惑，她马上写了《天才梦》寄出去。杂志很快来函，说她得了头奖，张爱玲很兴奋。同学们也都为她高兴，把杂志社的函件传来传去，特别是炎樱，兴奋得如同她自己得了奖一般。

可遗憾的是，杂志社最后公布获奖名单时，张爱玲因为仅仅是一个大一的学生，资历不够，而被拿掉头奖，只给了一个"特别奖"，这让张爱玲很尴尬和郁闷。正像她自己所说：

> ……生活的艺术，有一部分我不是不能领略……在没有人与人交接的场合，我充满了生命的欢悦。可是我一天也不能克服这种咬啮性的小烦恼，生命是一袭华美的袍，爬满了蚤子。

明明是头奖，却要变成"特别奖"，张爱玲后来形容自己的遗憾时说："十几岁的人感情最剧烈，得奖这件事成了一只神经死了的蛀牙！"其实，并不是张爱玲因为最终未能获头奖而耿耿于怀，而是她需要用文学的天分来认可自己罢了，她需要一份简单的公正罢了，这已经是最低的要求，何以被剥夺？

张爱玲在《天才梦》里说道："我是一个古怪的女孩，从小被目为天才，除了发展我的天才外别无生存的目标……"

那么，这个天才到底是如何发展起来的呢？

用弟弟张子静的话说就是：

> 在她发展天才梦的过程中，我母亲与我父亲的角色是推动者，我姑姑的角色是照顾者……至于我，我是一个见证者。而且如今是，唯一的幸存者。

是的，孤独在外的母亲，因为没有接受过正规的学校教育，所以无法凭借知识谋生，她的依靠只有那几箱越卖越少的古董，如果古董卖完了，她再依赖什么呢？她自己的经历证明，只有知识才是让一个人独立的力量。母亲的这种体悟，令她焕发出神圣的母性光彩，完全不同于其他的大多数中国母亲。所以她几次回国都是为了张爱玲的教育问题，也可以说，最初，就是母亲推动了张爱玲的"天才梦"。

而父亲虽然给予张爱玲的父爱较少,但他给予的完整的私塾教育也让张爱玲受益匪浅。他那间"很快沉下去"的书房提供给张爱玲无数的名著,比如《红楼梦》《海上花列传》《金瓶梅》《三国演义》《老残游记》《歇浦潮》等等。张爱玲因为熟读《红楼梦》,总结的"四大人生恨事"有两件都与《红楼梦》有关:一恨海棠无香,二恨鲥鱼多刺,三恨《红楼梦》残缺不全,四恨高鹗妄改——奇怪的是,张爱玲对《红楼梦》的许多解读都深得父亲的赞赏,父亲当初兴奋之下,还给张爱玲的《摩登红楼梦》写了许多目录。

在张爱玲发展"天才梦"的过程中,姑姑代替母亲照顾着青春期敏感的张爱玲,以至于让张爱玲比依赖母亲还要依赖她。姑姑没有女儿,就把张爱玲当作了自己的亲生女儿。

张子静认为他和姐姐有着天壤之别,姐姐就是一个天才,而他自己只是一个庸才罢了,而正是他这个"庸才"见证了"天才"的成长!他眼见着张爱玲一步步地成长,慢慢地,他只能仰视了。

张爱玲在发展自己的"天才梦"的过程中,非常用功,非常执着,真应了那句话:成功总是无比青睐有准备的人。她的"天才"隐匿着,但只要生发开来,就无比壮美。她默默地吐露着新芽,在漫漫岁月之中独自蓬勃……

张爱玲的阅读面非常广泛,对于一些中国现代作家的作品耳熟能详。她很喜欢读鲁迅的《阿Q正传》、茅盾的《子夜》、老舍的《牛天赐传》、丁玲的《太阳照在桑干河上》等等。对于外国文学,她很喜欢看《琥珀》《消失的地平线》等,也喜欢看毛姆和欧·亨利的作品……

远看如云,近看如雪,这些美妙的作品,让她躁动,也让她悲悯,让她的心灵更加清澈无染……转念间,张爱玲想道:与其怯怯于大师们的笔法,不如自己也写出一样美妙的作品;与其被大师们鬼斧神工的文字所掳去,不如攀上大师的双肩,浇灌自己的文字家园;没准自己就是世态的炎凉,没准自己就是生死的惊险,没准自己就是磨难怎么也打不垮的坚韧……人生也不过如此，我笔写我心，不在于你经历了多少，而在于你的心，飞翔到了一个什么样的高度。

对于《红楼梦》，她喜欢林黛玉和史湘云的诗句，比如黛玉的"偷来梨蕊三分白，借得梅花一缕魂"；比如史湘云的"弹琴酌酒喜堪俦，几案婷婷点缀幽。隔座香分三径露，抛书人对一枝秋……"

青春于她，不是长长的寂寥；天性于她，却是很少有人得见的洁白。她内心里储存的是早春的花语，她内心里挚爱的是多姿多彩的故事。她乐意用最美好的文字写尽这人生的萧条，她乐意用最淡泊的心境谈这芸芸众生的深沉。

张爱玲还非常喜欢积累好词好句，无论走路还是坐车，或者在校园里，只要一听到别人说出美妙的句子，她马上写在本子上，当成自己写作的素材。除了《炎樱语录》，张爱玲还有许多这样的"好词好句"，都是平时一点一滴积累下来的。朝雾夕岚，每一时，她都饱含着对这个世界的好奇；山麓如盖，每一刻，她都维持着自己求索的秉性。大凡天才，都有一种执着是常人所无法比拟的，哪怕是一桩很小的事情，只要她认准了，就绝不会放弃。天才和普通人都可能会做同一件事，但天才的耐力一定会更持久，这也许就是天才和普通人的区别吧……

张爱玲很喜欢把自己的中文小说翻译成英文，或者把自己写的英文小说翻译成中文，反复多次，使她的英文水平和中文水平都得到了很大的提高。林语堂在美国写英文小说写得风生水起，张爱玲后来在美国写英文小说也写得唯美梦幻，香港大学的英语学习为她打下了坚实的基础。水之冷月，风之迷花，耐不住的浪漫，让她在美妙的文字里放逐青春，让她在飞逝的时光里写下自己偶然又亘古的心情。国家的命运，家族的没落，个人的悲喜，都被她细心地装进记忆的背囊，都将成为她的爱、她的悲、她的缘起、她的缘散，都将成为她的人生里不可或缺的篇章，带泪，含笑，一笔接一笔地写就……

张爱玲还想看到更大范围的人们如何生活在自己的乐园或者是苦海，所以她订了许多美国电影杂志，经常津津有味地翻阅。许多电影之中的情节也给创作中的张爱玲起到了点拨作用。她喜欢演员费雯丽、葛丽泰·嘉宝。中国的影星中，她喜欢阮玲玉、赵丹等等，只要是这些演员的电影，她都一场不落。她是一个分析人性的高手，她知道这人世间，有长夜的温存，也有阳光下的欺骗；有令人惊悸的回忆，也有甜蜜的许诺；有苍白的眼泪，也有温馨的笑脸。什么是生命呢？生命就是一部部情感的传奇，是被风碾碎的旧梦。而天才，会把这一切写成带泪或带笑的篇章……

乱世硝烟

无法否认，人生总是一波三折。

张爱玲是想把"天才梦"维系到底的，甚至，她还憧憬着自己被保送到牛津大学的那一天。可是，毕竟是乱世，有谁能真正地支配自己的命运呢？华夏大地硝烟滚滚，不断升级的灾难随时都可能到来。彼时，香港到处雾气弥漫，一切都是可怕的未知，每踏出一步都像踩在未知的悬崖边。

无论香港还是上海，好像都成了张爱玲灵魂里的灰色地带，轰炸声、破碎声、人们的哭喊声，不绝于耳……恍惚间，她不知道什么地方是自己应该去的，什么地方又是自己应该逃离的。昨日还没有消逝，带着黑雾的今天又开始把她覆盖……这也是当时香港大学所有学生的现状：要么窒息，要么逃离……

是的，1941年12月7日，珍珠港事件爆发。香港迅速沦陷，倏忽间，变成一座孤岛。飞机尖叫着，炮弹尖叫着，香港大学在炮火的洗礼中，不得不停课。战火烧光了所有大学生的梦想，也把张爱玲的天才之梦和去往牛津大学的路连根拔断了。

战争带来的疮痍和恐惧成了每个学生的噩梦。

花开花自落,港大校园里美好的景致都被蒙上了灰尘,没人会记得它们曾经鲜艳地活过;街上的老建筑不断地崩塌,没人会留意里面到底有多少活生生的血肉;旧日的梦想已然破碎,没人会在意风声掠过时,到底夹杂了多少人无奈的叹息……

张爱玲说"港战"对她造成了"剧烈的影响"。是的,港大的许多同学都没想到炮火会殃及自己的象牙塔,也不知道如何去逃生,慌不择路的他们"各自奔前程"。

和平时,他们觉得"浪迹天涯"是最浪漫不过的事了,哪怕孤独也是美的;可是如今的"浪迹天涯"却要被炮火胁迫,哪还顾得上浪漫?能保住性命就已是万幸。

永无止境的黑暗里,"浪漫"死了,"寂寞"也死了,战争面前,生命如草芥,所有人的要求似乎都降到了最低,只要能活着,就是最好的。

是的,虽然港战只有短短的十八天,但对于整日与书籍为伴、懵懂稚嫩的年轻大学生来说,这场战争已经绵长到了极点。他们哪一个能具备反抗的力量呢?只能眼睁睁地看着他们挚爱的香港处于炮火摧残中,而他们亦无法主宰自己的命运。战争如同一只只冷箭,把他们的心射得千疮百孔,"伤口未愈又添新伤",完全看不到光明的日子让他们渐渐麻木了。《烬余录》里,张爱玲讲:

> 至于我们大多数的学生,我们对于战争所抱的态度,可以打个譬喻,是像一个人坐在硬板凳上打瞌盹,虽然不舒服,而且没结没完地抱怨着,到底还是睡着了。

张爱玲和同学们一起，聚集在宿舍的最下层，"沉"在黑漆漆的箱子缝隙里，听着机关枪毫不停歇的扫射声，没有一个人敢凑到有亮光的窗户底下洗菜，生怕哪一颗不长眼睛的流弹会要了自己的性命。所以，他们喝的菜汤里总是漂浮着虫子……

在所有的同学中，张爱玲最佩服炎樱，因为整个学校也只有她一个人胆大包天，竟然冒死穿过枪林弹雨去看电影，回了宿舍还在浴室里一边洗澡一边唱歌。一颗流弹打碎了浴室的玻璃，可她还唱得酣畅淋漓，完全没有停止的意思。害得学校领导大怒着制止："别唱了，你不想活了吗？"

面对战争，有的同学怯懦，有的同学麻木，有的同学勇敢，有的同学崩溃，只有炎樱，对战火中的人们、对战争，带着深深的嘲讽。她在张爱玲的眼里，是一个另类的女神。

终于，一颗更大的炸弹落在了张爱玲宿舍的隔壁，大家再不走真的不行了。学生们被迫离开宿舍，为了解决食宿问题，不得不去参加守城工作。

空袭一天比一天频繁，淡淡的太阳，蓝蓝的天空，空空如也的电车都透着原始的荒凉，那种情景非常诡异，活生生是乱世里最后的祥和，沾满不祥的气息。更可怕的是，香港大学教历史的佛朗士教授是个英国人，却被自己的英国同胞给打死了，他的一句"下礼拜一不能同你们见面了"竟然一语成谶，他的死让张爱玲感到万分震撼。

张爱玲曾经从佛朗士那里得到很多关怀，他影响了她一生中至关重要的世界观，所以他在她眼里是神圣的，但他却死得这么微不足道。从佛朗士的死，张爱玲意识到："活那么艰难，死却如此容易，一切都可能在转眼间变样。房子可以成为废墟，钱可以成为废纸，人可以成为冤鬼，朝不保暮，生命像飘忽在半空中的一缕游丝无牵无挂，空虚的，无定……"

为了稳定自己的情绪，张爱玲在炮火之中再次阅读《官场现形记》。这时，不断有受伤的躯体被抬进防空洞里，每个伤口都在喷血。张爱玲与伤者拥抱,却不能说出一句话来。希望正一点点地在她的内心里剥落,所以她觉得自己的词汇已经尽数死亡,已经无法形容这人间的惨剧。

张爱玲在《烬余录》里写道:

> ……围城的十八天里,谁都有那种清晨四点钟的难挨的感觉——寒噤的黎明,什么都是模糊,瑟缩,靠不住……像唐诗上的"凄凄去亲爱,泛泛入烟雾",可是那到底不像这里的无牵无挂的虚空与绝望……

终于,惨痛的十八天过去了,天上的飞机也变得可爱起来,因为它不再向这个千疮百孔的城市投弹了。张爱玲也掩饰不住内心的狂喜:

> ……冬天的树,凄迷稀薄像淡黄的云;自来水管子里流出来的清水,电灯光,街头的热闹,这些又是我们的了。时间又是我们的了——白天,黑夜,一年四季——我们暂时可以活下去了,怎不叫人欢喜得发疯呢?

战火来临时,每个人都做不了自己了,甚至都找不到自己了。但当战火消退时,每个人又开始跃跃欲试。

张爱玲和疯狂的同学们一起,满大街地寻找冰激凌和唇膏,还去买那种满城都在卖的"小黄饼",似乎只有吃和美容才能让自己的心更加安定一些。但她们的孤独仍旧铺天盖地,因为学业到底还是不能继续了。

港战之后,张爱玲的文字里就更多地充斥着"孤独"的字眼:

> 时代的车轰轰地往前开,我们坐在车上,经过的也许不过是几

条熟悉的街道，可是在漫天的火光中也自惊心动魄。就可惜我们只顾忙着在一瞥即逝的店铺的橱窗里找寻我们自己的影子——我们只看见自己的脸，苍白，渺小；我们的自私与空虚，我们恬不知耻的愚蠢——谁都像我们一样，然而我们每人都是孤独的。

只差半年就要毕业的大学生涯就这样结束了，张爱玲不得不与炎樱坐船返回同样处于沦陷状态的上海。客轮上，张爱玲的眼前不由得再次出现纷纷乱乱的身影，有西方人、南亚人、中国人。他们恐惧地哭叫着、奔跑着，明明是极度恐慌，竟然还有一对年轻人选择结婚，但又如何呢？他们无论有钱无钱，无论是上等人还是下等人，在战乱面前，他们的生命都是一样脆弱，一样不堪一击……

很多香港本土人在想，反正是外国人打仗，与我们什么关系；而打着仗的外国人却在想，反正战争是在中国的土地上进行的，关我们什么事……香港，多么令人迷乱，又多么令人惊奇啊！真是生也迷狂，死也迷狂！

但是，别了，这一切！沉痛的张爱玲带着复杂的情绪默念着：香港，后会无期！

回到上海后的张爱玲与姑姑住在爱丁堡公寓，那时她只有二十二岁。在姑姑家里，她悄无声息地走着，在微弱的光线之下写着自己的稿子。她苦苦地思索着，战争到底是毁灭还是诞生？红尘滚滚之中踉跄着的人们，如何捡拾起残破的心愿呢？

上海没有比香港安定多少，但张爱玲认定姑姑的公寓是最好的逃世的地方。虽然姑姑的生活条件越来越差了，但总归还是会给她母爱般的温暖，会有音乐和小点心，会有爱和睡眠，还会有自由。哪怕她的灵魂变得透明，也不怕被炮火打碎；哪怕她在睡梦里跌下去，也不怕独自一人面对没有依靠时的恐慌。姑姑已经步入中年，但不妨碍她的柔肠依旧，不妨碍她把张爱玲当成自己的挚爱。

姑姑说话很幽默，说她在无线电台报告新闻时，说半个钟头没意思的话能拿到好几万的薪水，可是在家里一天到晚说着有意思的话，却拿不到一分钱的薪水。

姑姑评价单身的自己时总是说："如果是个男人，必须养家糊口的，是没有选择余地的，多么苦也得干，因为这是他的责任。像我这种没家的，做着不称心的工作，愁眉苦脸地挣了钱来，愁眉苦脸地活下去，是为了什么呢？"

姑姑还用上海人特有的幽默来评价自己说："我是文武双全，文能够写信，武能够纳鞋底……"文采飞扬的姑姑甚至还说病弱的自己好像是一首词……是的，与姑姑在一起，缓解了张爱玲的伤痛。

上海的暮色持续的时间很长，站在姑姑家的窗前，张爱玲听到远方好像有暴风雨来临之前的爆裂声。远方天宇呈现的黑暗正在飞快地移动过来，树干仿佛是招摇的大手，提醒着搬家的蚂蚁，也提醒着颠沛流离的人们。孤独的张爱玲，点亮灯盏，准备写下奔腾的文字。附近舞厅的天涯歌女似乎完全没有受到暴风雨的影响，仍旧低一声高一声地哼唱着靡靡之音，似乎那歌声就是她们的命，而这歌声也似乎要了聆听者的命。决绝的情感，决绝的时代，张爱玲又仿佛回到少年时，她朗诵着："商女不知亡国恨，隔江犹唱后庭花……"

姑姑捧出美味的小点心，张爱玲在喉咙里咕哝了一句："只差半年就要毕业了啊！"是的，因为战乱而终止学业一直是张爱玲的心结。可是，这场战火对母亲来说则是更大的人间惨剧。因为，母亲的男友在新加坡的战火之中丧生，而她一个人在异国他乡苦苦地支撑，到底还是赔了生意，下落不明，张爱玲和姑姑无法联系到她。后来才知道她去了印度，做了尼赫鲁姐姐的秘书……

母亲和张爱玲都是属于逃出家庭的人，但无论世道如何改变，她们也没有再回到家庭的念头。她们是唯美主义的，失去温情的家庭和恐怖的战火并没有什么两样。所以当弟弟张子静来看望张爱玲，跟她提起父亲和后母的时候，张爱玲没有发表任何意见，只是静静地听着，没有任何表情。

张爱玲穿着从香港带回来的比较时髦的衣服，长长的头发一直披散到肩膀上，使她看上去更加飘逸脱俗。听着子静的叙旧，她的心里不断闪过一幕幕阴影，但她现在已经无暇考虑，因为她很想找一所学校，能够继续她未完成的学业。当然，上海的圣约翰大学是最好的选择，不过，上哪里去找学费呢？姑姑是拿不出这笔钱的，因为姑姑的钱大多都做了投资，而且大多数投资都没有收回。虽然她在洋行、电台和戏院都工作过，但也仅仅够她一个人的生活，无法负担张爱玲的学费。

为难之中的姑姑只好委婉地告诉张爱玲，本来张爱玲的教育费用就应该由父亲承担，香港大学三年半他都没出钱，剩下的半年他总该出一点了。

可性格倔强的张爱玲如何跟关系已经决裂的父亲开口呢？就为了拿到一纸文凭，张爱玲见了父亲最后一面，难得宽容的父亲答应给她出半年的学费。

1942年秋天，张爱玲转入圣约翰大学文学系读四年级，跟她一起入学的还有好朋友炎樱。

张爱玲本想在圣约翰大学拿到毕业证书的，以弥补香港大学辍学的遗憾，可她只是在圣约翰大学读了两个多月就再度辍学，原来父亲只答应给她出半年的学费，却不能给她生活费，而她不想再继续给经济紧张的姑姑添麻烦了，所以她想早点挣钱独立，然后也能帮姑姑一把。

也就从那时候开始，张爱玲开始在《泰晤士报》上写影评和剧评，换得一些收入。

慢慢地，张爱玲施展才华的"舞台"越来越大。因为这时，上海人在刊物上已经很少看到巴金、茅盾、老舍等名家的作品了,甚至一直在报刊连载的张恨水的小说也销声匿迹了。这些名人名家不是弃笔,就是被敌伪封杀。只要不反对他们的政权,他们乐意社会上出现一些文学的新声音、新角色,用来粉饰他们的政权。柯灵曾经说过:"天高皇帝远,这就给张爱玲提供了大显身手的舞台……"

张爱玲从圣约翰大学退学后,她的职业作家生涯就开始了。她在《泰晤士报》发表影评和剧评后不久,上海的《二十世纪》就开始向她约稿。《二十世纪》是德国人创办的英文刊物,张爱玲在上面发表了八页文章,还配上了自己画的发型和服饰,把中国人的服饰改革写得活灵活现。在《二十世纪》上,张爱玲还写了《中国人的宗教》等文章。张爱玲的文采被主编大大赞扬了一番:"张爱玲小姐是极有前途的青年天才!"而姑姑深知张爱玲绝非浪得虚名,她是有"真本事"的,无论什么样的英文书,她都是拿起来就看,哪怕是一本物理书或者化学书,更不消说用英文写她最拿手的文章了……

张爱玲在《论写作》里说:

> 写小说,是为自己制造愁烦。我写小说,每一篇总是写到某一个地方便觉得不能写下去了……一班文人何以心甘情愿守在"文字狱"里面呢?我想归根结底还是因为文字的韵味……

是的,为了文学的韵味,也为了生存的需要,孤傲骄矜的张爱玲断然不会去教授学生,也不会去做其他的职业。卖文为生,似乎不用露面就能用文字跟这个世界打交道,这是她最好的归宿。

对于香港来说,张爱玲是一个匆匆过客,但上海却一直都是张爱玲创作的源头。张爱玲在《到底是上海人》里说:

> 上海人是传统的中国人,加上近代高压生活的磨炼,新旧文化种种畸形产物的交流,结果也许是不甚健康的,但是这里有一种奇异的智慧……我喜欢上海人,我希望上海人喜欢我的书……

乱世的上海,张爱玲在这里完成了一生中大部分的重要作品;乱世的上海,张爱玲在这里留下了辽阔的生命回响;乱世的上海,是张爱玲命中注定的一部分,虽然境遇沉重得令人悲痛,但总是有黎明前的曙光令人翘首以待!

硝烟之中,自我是青春的还是老迈的?生命是鲜活的还是脆弱的?张爱玲是坚定的,她不害怕命运的颠覆,虽然她把"荒凉"作为一个常用的字眼,但她的心里仍旧有无限的温柔。

出名要趁早

张爱玲的天才梦看似被香港的战火给连根拔断了,但她具备这样的本事,能让自己的心灵长在"天才"的高峰上。磨难可以让她暂时停歇,但却不能让她忽略自己的坐标。她决定继续把自己的"天才梦"斟酌成句,成为岁月长廊里不朽的传奇。

上海到香港,香港再到上海,"乱世"过渡到"乱世",世界本来是莫测和诡异的,是同流合污,还是向前走不回头?年轻的张爱玲选择了后者。

上海这座孤岛,充斥着繁荣与混乱,好像是一杯鸡尾酒,有丝丝缕缕的甜香,也有沁入肺腑的苦辣,虽然不能全盘接受但也不能执拗地拒绝。也许人的命运就和这颤抖的历史是一样的,不能永远圣洁,但也不能永远脏污。也许只能用文字才能抒写它的真实,才能直逼它的残酷抑或温柔……

战乱中的上海,鸳鸯蝴蝶小说,甚至是暴力和色情小说,充斥着上海的文坛。它们好像是散发着腥气的梦呓,明明是无法观瞻的,但也能够让人热血上涌,不知所以。

张爱玲穿着奇异的中西合璧风格的旗袍,步履轻盈地行走在孤岛深处,准备开出一朵不一样的花来。她用自己的灵魂承接下"文化落英",准备给它们做一次嫁接,让它们生出奇异的果实来。

在香港,张爱玲的"理想撞到了现实",让她倒抽了一口凉气,心渐渐地冷了。但回到上海,她的生命渐渐地昂扬起来,她的目光高远,准备在深沉的子夜里酝酿出文坛里灿烂的黎明。是的,在《二十世纪》上小试身手,只是前奏而已。

在上海,老作家周瘦鹃成了张爱玲的伯乐。

1943年,张爱玲带着黄岳渊的亲笔信去拜见"鸳鸯蝴蝶派"的老作家周瘦鹃。她穿着鹅黄色的旗袍,亭亭玉立地站在老先生的客厅里,先是毕恭毕敬地鞠了一躬,然后简明扼要地介绍了自己的经历,再奉上自己的作品《沉香屑·第一炉香》和《沉香屑·第二炉香》。在周瘦鹃面前,张爱玲只是稚嫩的"新秀",但周瘦鹃却对这个"新秀"产生了巨大的兴趣。他觉得《第一炉香》和《第二炉香》的标题很别致,让张爱玲把作品留下来,他好仔细看看。

周瘦鹃是"鸳鸯蝴蝶派"的重要作家,在20世纪二三十年代的青年男女眼中,周瘦鹃可是响当当的言情小说大家。张爱玲不是健谈的人,但她还是跟周瘦鹃交谈了大约一个小时,说起周瘦鹃对自己家庭的影响,不仅自己,母亲和姑姑都是他的忠实读者,母亲和姑姑更是在十多年前就熟读周瘦鹃主编的《半月》《紫罗兰》和《紫兰花片》等。特别是母亲刚刚从法国回来的时候,读到周瘦鹃的小说,不断地流泪,不能控制伤感的她甚至写信给周瘦鹃,让他最好不要再写这样伤感的小说了……周瘦鹃完全不记得张爱玲说的这些事情了，但感慨于张爱玲的客气和尊重，内心很愉悦，答应自己阅后会尽快地给出这两篇小说的处理结果，让张爱玲耐心地等待。

大家就是大家，周瘦鹃对文字的领悟出神入化，虽然只是两篇文章而已，但他从这两篇文章里看到了不一样的风骨。张爱玲的小说虽然是言情，但却把个人的情感跟一座城市紧密地联系在一起。她写人的同时也在写城，在写一大批人的命运。

在张爱玲的笔下，香港是一个荒草萋萋的世界，它虽然繁华，但也有它特定的荒凉。张爱玲写人物，不仅描写了生命的原色，也浓墨重彩地描写了人性在特定环境下的丑陋。

一周之后，张爱玲再次拜见周瘦鹃，问询大师对自己文章的看法。周瘦鹃说张爱玲作品的风格很像毛姆，也有一些《红楼梦》的风骨。张爱玲很佩服周瘦鹃的眼力，说自己确实非常喜欢毛姆的作品，当然，《红楼梦》是从自己幼时就开始潜心研读的。

周瘦鹃决定在《紫罗兰》上刊发《沉香屑·第一炉香》，他断定此篇作品必将一鸣惊人。他甚至在编者按里说：

> 如今，我郑重地发表了这篇《沉香屑》，请读者共同来欣赏张女士一种特殊情调的作品，而对于当年香港所谓高等华人的那种骄奢淫逸的生活，也可得到一个深刻的印象！

风动黄昏，街对面的歌舞厅又开始喧闹起来，霓虹灯闪烁得好像动人的秋波。张爱玲伏在姑姑的窗前，第一次想要大声呼喊："这个世界，我来了……"她只想在这样的夜色里醉去，只想更近地靠近上海，再靠近香港，因为这两座城，都有她熟悉的哀伤。它们都受了伤，但却依旧做着母亲，把自己的孩子抱在自己残破的怀中。所以就生了根吧，抱怨着，悔恨着，但总归,还是要钟情于它们沙哑的呼唤。

为了感谢周瘦鹃,张爱玲邀请周瘦鹃到姑姑家作客。周瘦鹃在姑姑家看到张爱玲在《二十世纪》上发表的《中国人的生活与服装》,阅过后深深地佩服张爱玲的天才,觉得她就是一个"多面手",无论是中文写作还是英文写作,都写得这么美妙,当之无愧是一个为文字而生的人。

谦虚的周瘦鹃觉得张爱玲和自己一样是写言情小说的,但张爱玲却有她更高明的地方。周瘦鹃过度沉迷于"小我",觉得不能和自己携手一生的女朋友就是自己全部的世界,太多文字缠绵都是为了这样一个女子,让读者都看腻了,甚至出现了责难的声音。但张爱玲却跟他完全相反,她写的人物和整个社会的大环境息息相关,更容易得到读者的共鸣。毋庸置疑,如果想要新改版的《紫罗兰》得到大家的认可,是非常需要张爱玲这样的人才的。

如此,在周瘦鹃的鼎力提携下,张爱玲因为两篇小说走向了上海的文坛,并一炮而红。《紫罗兰》虽然品位不是太高,但对于张爱玲的成名却起到了推波助澜的作用。

《沉香屑·第一炉香》的开头非常另类:

> 请您寻出家传的霉绿斑斓的铜香炉,点上一炉沉香屑,听我说一支战前香港的故事。您这一炉沉香屑点完了,我的故事也该完了……

而里面的故事也是非常冷峻的,甚至没有一个好人,全都带着病态,甚至是变态。哪怕是正常的人,沉入到这样的环境里去,也会被腐蚀掉,然后不由自主地同流合污起来。就如同文章中的葛薇龙一样,她最初是想着要行得正,立得正,然后就不用害怕被别人说闲话,而如果遇到真正喜欢自己的人,也不会相信无聊的流言。可事实是,她只是年长的姑母用来吸引年轻人的幌子罢了。明明是追求薇龙的人,却掉入了姑母的情网……

张爱玲在《沉香屑·第一炉香》中,深刻地剖析了人性的丑陋和阴暗。她的深刻和犀利让读到她作品的人感到痛快淋漓。而对这种都市生活司空见惯的上海人,更是感到了强烈的震撼。有些读者甚至无法相信,能写出这么深刻作品的人却仅仅只有二十二岁。她青春的身体里有一颗阅遍沧桑的心,命运明明是煎熬了她,却令她捧出了文字的盛宴。

1943年5月,《沉香屑·第一炉香》刚刚发表,柯灵看完全文后忍不住激动地说:"张爱玲是谁?我怎么样才能找到她,请她为我写稿呢?"对于张爱玲的作品,他已经迫不及待了。

很快,张爱玲的《沉香屑·第二炉香》又发表了,跟《第一炉香》一样,也产生了轰动效应。

《沉香屑·第二炉香》是张爱玲在香港大学读书时,一个女同学给她讲过的故事。故事的主人公是香港大学里的一个教授,叫罗杰,娶了一个天真得无法想象的女孩,叫愫细,和姐姐靡丽笙生活在多年守寡的母亲身边。因为家庭里没有男人,造成人格的缺陷。姐姐靡丽笙认为有生理需求的丈夫是禽兽,刚结婚就离婚,导致自己的丈夫自杀。

没想到罗杰正常的生理需求也被愫细认为是禽兽,还被不怀好意的同事当成是"变态的""有色情狂"的人。一部分女人虽然鄙视他、憎恶他,但她们又喜欢野蛮和原始的男性。教务主任的太太甚至私下里挑逗他,她"胸口的衣服里仿佛养着两只小松鼠,在罗杰的膝盖上沉重地摩擦着",还轻轻地说:"不要把你自己压制得太厉害了呀,亲爱的,别苦了你自己!"

痛苦的罗杰面对的是一个荒诞变态的社会和人群,无法跟别人解释自己的无辜。他深深地理解靡丽笙的老公,自己跟他一样无法解脱,沉入痛苦深渊的他开煤气自杀了……

在张爱玲的笔下,人性是变态的,社会也是变态的,在这不可理喻的环境里，正常人被逼上了绝路……

《沉香屑·第一炉香》和《沉香屑·第二炉香》的发表，让张爱玲彻底告别了《二十世纪》，告别了她的英文读者。毕竟写那些英文文章只是为了卖文而卖文，是为了生存。而她真正想做的还是"我手写我心"，写真正灵魂里的东西，哪怕这些东西是血淋淋的。

张爱玲的文章无疑给当时的上海文坛注入了新鲜的血液，在一片花海中，张爱玲是最馥郁芬芳的一枝。她与生俱来的灵性终于发展到光芒四射的制高点。她瘦弱的影子被灯盏照射着，她的故事里满满的都是滚滚红尘，是芸芸大众，是一座座城市的前世和来生……

她寂寞的文字里，最想表达的就是"香港"这个字眼。香港是华美的，但香港也是悲哀的，香港的回忆在她内心深处不断地发酵，使得她不得不用大量的作品来诠释心语，让她用文字之手抹去心之凛冽、心之苦涩，让自己的心在乱世跋涉间守住虔诚的瞭望，希望遥远的香港能够拨开迷雾，跟随她流失的青春梦，走过沧桑，终成辉煌。

在"香港情结"的驱使下，张爱玲写的许多传奇故事，多是以香港为背景，在《沉香屑·第一炉香》《沉香屑·第二炉香》之后，她又在《杂志》刊物上写了《茉莉香片》。她用上海人的眼光感受香港，描写香港。这些文章让她诠释了寂寞，也超度了自己。张爱玲就是这样的女子，她明明写的是沉沦的事，却能解救沉沦的人，让芸芸众生在她的文字中看透这个世界也看清自己。

所以，李碧华说："文坛寂寞得恐怖，只出一位这样的女子。"

柯灵也说："我扳着指头算来算去，偌大的文坛，哪个阶段都安放不下一个张爱玲。"

这些都不是平白无故的赞誉，而是张爱玲通过自己的实力得到了认可。乱世的上海滩，因为有了张爱玲，变得空前热闹起来，变得神秘婉约起来。

大街小巷，几乎每个人都知道，上海滩出现了一个叫张爱玲的女子。从此，见过面的，没见过面的，都觉得自己跟这个叫张爱玲的女子倾了心，执过手，都在同一片天空下目睹着无数悲欢离合的上演，然后一起定义了这个时代……这真是一种至高无上的荣耀。

而张爱玲写的《茉莉香片》，同样也是一个揪心的故事：聂传庆的母亲冯碧落从来没有爱过父亲，后来她死了，父亲给传庆找了个继母。聂传庆明明是个男孩子，却被人当成女孩子……特别是他深爱的女孩子，也把他当成女孩子……

对于传庆母子的悲剧，张爱玲描写得非常形象：

> ……她不是笼子里的鸟。笼子里的鸟，开了笼，还会飞出来。她是绣在屏风上的鸟——悒郁的紫色缎子屏风上，织金云朵里的一只白鸟。年深月久了，羽毛暗了，霉了，给虫蛀了，死也还死在屏风上。
>
> 她死了，她完了，可是还有传庆呢？凭什么传庆要受这个罪？碧落嫁到聂家来，至少是清醒的牺牲。传庆生在聂家，可是一点选择的权利也没有。屏风上又添上了一只鸟，打死他也不能飞下屏风去。他跟着他父亲二十年，已经给制造成了一个精神上的残废，即使给了他自由，他也跑不了。

这段描述，似乎有着弟弟张子静个人际遇的影子。文笔极其绝望、极其哀伤，让人不忍卒读……张爱玲借助《茉莉香片》的故事批判了自己的旧式家庭，批判了狠心的父亲、阴险的后母。张爱玲对张子静生活状态的虚拟，张子静是什么都不想说的，虽然他内心里也承认自己在父亲和后母的家里实在是阴郁懦弱，无能到变态，简直是精神上的残废，但他是不乐意承认的……

这也是他晚年把张爱玲文章里的很多人物都对号入座，唯独忽略《茉莉香片》的原因了。

是的，虽然张爱玲成名了，但她永生不能忘怀的还是自己和弟弟在父亲家的经历，这些经历也成了她不竭的创作源泉。也许世间的所有情感皆是如此：爱之深才有恨之切。她是父亲生命之中的亮点，父亲也是她的珍藏，虽然苦涩，虽然阴郁，虽然怅惘，但总归它就是亲情，不能抹杀。

弟弟张子静拿着张爱玲发表的《沉香屑》给父亲看，父亲也只是"唔"了一声，也许他最怕的还是张爱玲揭他的短吧。因为张爱玲不仅逃出了他专制的牢笼，而且现在已经"强大"了，还具备了"反击父亲"的能力……

张爱玲虽然"讨伐"过父亲，说父亲的家好像是一座监狱，但她也感动于父亲教她念旧诗的日子，感动于父亲跟她谈论《红楼梦》读后感的日子。她甚至说："……和我父亲谈谈亲戚间的笑话——我知道父亲是寂寞的，而在他寂寞的时候他喜欢我的。"

是的，张爱玲的成名，父亲也是起到了促进作用的，这是她不能忽略的事实。哪怕她怨恨父亲，也必须得一分为二地看待父亲。而彼时，父亲因为挥霍无度，卖掉了最后一辆汽车，也离开了越搬越小的洋房，瑟缩到一个公寓里安身……父亲明明是在张爱玲的血液里的，但却隔得遥远。他们明明是在一个时空之下，却因为命运的交错，不再去寻找亲情的真谛。亲情和爱情也是差不多的事物，总归是千疮百孔的，这对父亲和张爱玲来说，都是无奈的宿命。她宁愿父亲对自己的"虐待"，也是一种重视。只是她什么也不想说了……

1943年底，张爱玲成为上海滩最出名的女作家。她已经渐渐摆脱香港，像一只寻找灵魂的蝴蝶，踩着上海的缤纷落英与密布荆棘，在寂静的晨曦下翩然而舞。张爱玲潜心地创作着，每一部作品都是她心血的结晶，其间太多的孤独、寂寞和苦闷，但张爱玲说："苦虽然苦一点，我喜欢我的职业！"

一个二十二岁的女孩，凭着自己的才华，红遍上海滩，出名够早！借用张爱玲在《传奇》里所说的话："出名要趁早呀！来得太晚的话，快乐也不那么痛快……个人即使等得及，时间是仓促的……"

这样一个神奇的女子，人们都不知如何去形容她，倒是李碧华开天辟地，认为张爱玲是一口井，不但是井，还是一口古井，古井无波，越淘越有……特别是写小说的，一定要看看她，然后模仿一下……每个人都要在她的身上淘，还要互相窃笑对方根本没有领略到她的好处，只有自己是十大杰出读者，排名靠前。

"她还是狐假虎威中的虎，藕断丝连中的藕，炼石补天中的石，群蚁附膻中的膻，闻鸡起舞中的鸡……"在李碧华眼里，张爱玲已经是极致，那是一个饮尽悲欢后更加异彩纷呈的女子。

做个特别人

张爱玲的最终成名犹如一石激起千层浪，而她处于浪涛的核心。天才的目光很远，如果人的一生是桃花扇，她宁愿自己撞破了头，然后把血溅到扇子上，略加涂抹就成一枝桃花……她的文字缓缓流淌，软软的、冰凉的，像梅的清婉，又像玉兰的悲伤，仔细辨别，就认出她是那最特别的。她正站在花开的中央……她华丽蓬勃而至时，所有人都记住了她。

尤其是在弟弟张子静眼里，张爱玲更是一个特别的人，无论在成名之前，还是成名之后，她都是。1943年张爱玲成名之后，张子静还特意写了一篇文章《我的姐姐张爱玲》。

说起这篇小文章，还有一个小故事：张子静和几个同学经常凑在一起聊天，聊着聊着就起了办一本杂志的念头，后来竟然真的一点点筹办起来，还起了一个很难懂的名字,叫《飙》。几个热血青年希望在孤岛般的上海,《飙》能够带来文学的暴风雨,洗刷掉上海城的阴霾,洗刷掉人们心里的阴影。

孙用蕃的表侄张信锦做了《飙》的编辑,他虽然约到了名家唐弢等人的作品,但还是希望借助张子静约到张爱玲的特稿。张信锦说:"张爱玲是上海滩最红的女作家,随便她写一篇哪怕几百字的小文章,也能够为刊物增色不少……"

所以张子静带着几个热血青年的意愿去找张爱玲约稿,但又怕被张爱玲拒绝。果不其然,听完张子静的要求,张爱玲一口回绝:"你们办的这种不出名的刊物,我不能给你们写稿,败坏我自己的名誉。"

当然,张爱玲生怕伤了张子静的面子,弟弟临走前,她给了弟弟一张素描,说如若不嫌,这张素描可以用来做插图。看到这张图,张子静忍不住浮想联翩。幼时,姐姐画画就比自己好,自己出于嫉妒还偷偷撕掉她画的图,要不就在她画好的图上涂上两道黑杠子……可现在呢,姐姐画的图还是要比自己画得好,只是他全然没有了童年时的嫉妒,而是深深的仰慕。

张子静低着头走出爱丁堡公寓,等在外面的张信锦等人很失望,但也只好退而求其次,让张子静写一篇描述姐姐的文章发在杂志上,用这种方式来吸引读者,这就有了《我的姐姐张爱玲》的诞生。

对于在张爱玲那里约稿失败,张子静不奇怪也不伤心。因为从小到大,他太了解姐姐的个性了,如果她不这样做,就不是张爱玲了。她就是早春一朵冷冷的花,很鲜艳,但上面仍旧沾着冬天的气息。薄凉甚至还有一些冷酷,仿佛是她命运的惯力。她把自我从亲情的大殿里剥离开来,明明是隐隐作痛的,但她独自一人享受着这份隐痛,不是报复,而是看透之后的无奈。也许,从她被父亲毒打和软禁时开始,她就已经把自己从所谓的亲情中剥离开来了。她从不会给"亲情"一些"便宜之处",自己也不会沾了"亲情的便宜"。这一点不仅体现在与弟弟的交往上,她与姑姑的交往也不例外。比如她在姑姑家，匆忙地要到阳台上晾衣服，就用膝盖顶开玻璃门，没想到玻璃门一下子破碎了，张爱玲后来把玻璃钱赔给了姑姑……是的，有时候，对待自己的亲人，张爱玲在情感上没有那么过分依赖，经济上又完全分得清清楚楚。她知道对于亲情，就是水绕着山转，山又依托着水，但总归山还是山，水还是水，这也是张爱玲薄凉天性的一个重要表现。

张爱玲可以把弟弟写给自己的信件遗忘在公交车的座椅上，片刻不安之后只是想"丢了也就省得看了……"而弟弟喜欢在废弃的支票上练习签名，他潜意识里并不希望自己永远这样默默无闻。一向敦厚朴实的他不仅希望得到父亲和后母的重视，也希望得到母亲、姑姑和姐姐的重视。只可惜母亲因为经济的原因不能把他留在身边，姑姑认为自己"跟张家有隔阂"，而张子静又跟父亲和后母是"一派"的，所以连一餐饭也不想提供给他。而后来张爱玲因为经济的原因也不能借钱给他娶亲，说自己的钱也仅仅够用而已，虽然她很遗憾。

在炫目的张爱玲周围，张子静的悲凉与惨痛，甚至超过了张爱玲。张爱玲永远是鲜花，而张子静永远是一枚小小的绿叶。亲情是他热烈向往的，但长久以来，亲情于他也只是虚幻的梦境。他常常希望亲情能给自己下一场透雨，但他迎来的也只是几声霹雳罢了。他捧着亲人的消息就像捧着彩虹和清风，压抑不住地欢欣，他的心里酝酿着许多爱，但是无人回应他，他和姐姐一样经历着生活的风霜，但他却无从诉说。

但张子静在他口述的文章中说，他不仅体谅了母亲和姑姑的难处，也体谅着张爱玲的难处。岁月悠长，虽然张爱玲对这个唯一的弟弟疏于照顾，但弟弟对她除了想念之外并没有一丝的抱怨。无论世道如何变迁，弟弟都认定自己和张爱玲有着相同的血缘，这一点到任何时候都不能改变，这也就是上天的恩赐了……

是的，也只有最亲的亲人，乐意接受亲人的特殊，哪怕是冷漠和凉薄，哪怕是很强的个性，他都全盘接受。

只有弟弟明白，张爱玲是因为成长中的挫折，让她建立了一个自我封闭的世界，偶有自私，却又常常处于自我保护之中。如果不是写作打开了她的心房，她要如何跟这个世界对话呢？

张子静认定张爱玲是个特别的人，还总结了张爱玲作为"特别人"的几个"案例"：比如张爱玲的脾气很特别，无论什么样的事情都要做得跟别人不一样，穿衣服也喜欢穿比较古怪的样式。张爱玲从香港回来的时候穿的是矮领子的布旗袍，两边都没有扣子，像外国衣裳那样钻进去穿，上面还绣着一朵朵的大花，而且旗袍很短，还不到膝盖的位置。大家表示很惊诧的时候，张爱玲却说："真是少见多怪，在香港这种衣裳太普通了，我正嫌它不够特别呢！"此话一出，吓得别人都不再敢说话了……

为了看一场久违的电影，张爱玲一定要从杭州马上返回上海，火速赶到电影院，连看两场，嘴里还说着："幸亏今天赶回来看了，要不然我心里不知道有多难过呢！"

而张爱玲对张子静如此解释自己的"特别"：

> 一个人假使没有什么特长，最好是做得特别，可以引人注意。我认为与其做一个平庸的人过一辈子清闲生活，终其身，默默无闻，不如做一个特别的人，做点特别的事，大家都晓得有这一个人，不管他人是好是坏，但名气总归有了……

一直以来，张爱玲都希望自己的朝曦是明朗的而不是模糊的，她希望自己的灵魂是可以随风起舞的而不是压抑的，她希望自己的风尘又俏又争春，哪怕前路孤单，也要做个特别人……

《我的姐姐张爱玲》在《飙》的创刊号发表后，确实吸引了许多读者的注意，张爱玲的素描《没有国籍的女人》也成为这篇文章的插图，这也是张爱玲姐弟俩一生中唯一的一次图文合作。而《飙》因为无钱打点管出版的汉奸官僚，仅仅出版了两期就再也出版不下去了。

成名，孤独，多思，创作，从此张爱玲真的走上了特别的轨道，离每个人都越来越远了，但她的粉丝也越来越多了。只有从她的文章中，读者才会知道她的喜怒，只有从她的传闻中，读者才能想象出她的样子。久闻而不得见让狂热的读者焦灼起来，不得不把张爱玲和她作品中的人物对号入座，好像她是文章中的每一个人，又好像哪一个人物也不是她，她在读者的心目中就越发神奇了……张子静去看望她，十次有九次都是看不到人影的。她不是外出了，就是在忙着写作，再不就是在处理读者的信件，似乎她如果不变成写作的机器，是永远也写不完浩如烟海的约稿的，永远也写不完回信的。

张爱玲内心里是有爱的，她有时也是热烈的，只是她明白，这世间，没有哪一种情感不是千疮百孔的，哪怕是亲情。所以，就离得远一点，远远地爱，远远地关注，或者远远地淡漠。一份夜色，两份孤独，三份悲凉，她挥动衣袖，用蹩脚的舞姿呼应那霜冷长河，打起精神，准备续写又一个感天动地的故事。与其纠结弟弟，不如把弟弟写进文章中。她知道弟弟会经常看自己的文章，跟那些可爱的读者一样，也喜欢把她笔下的人物跟现实中的人相关联。

是的，张子静和姐姐都曾在圣约翰大学读过书，只是张爱玲辍学了之后，张子静也因为身体的原因辍学了，后来想要继续读完的时候，父亲已经拿不出钱来交学费了。后来，张子静去了中央银行扬州分行，随波逐流的他染上了赌博的恶习。跟他相比，张爱玲就越发充满正能量，越发特别。张爱玲的"特别"让张子静感到温暖，也感到疼惜。他理解张爱玲心里的恩怨交加，所以对张爱玲的"高冷范儿"抱了最大的宽容与体贴。他对姐姐行着注目礼，看着姐姐把繁复的日月抒发成命运的枯荣，看着姐姐用文字把这个人世写得幸福或者哀伤。

张爱玲的特别还表现在她的"刚烈"，胡兰成说过："她要的东西定规要，不要的定规不要，什么时候都是理直气壮的。"

  一次是在上海，一个瘪三抢她手里的点心，连纸包一把抓去了一半，另一半还是给她攥得紧紧的拿了回来。对任何人，她都不会慷慨大量。

这是胡兰成眼里的张爱玲，好像是带着"劣性"的女侠，也许是夹杂了胡兰成的偏颇。

水滴石穿，她的冷，她的温婉，都能让坚硬的石头失去骨质；星影长河，她的文字充满对芸芸众生的敬畏，也被芸芸众生所敬畏，因为他们从这些故事中找到了自己。

张爱玲是特别的，张爱玲的特别不仅体现在言行举止和个人修为上，也体现在她的文字风格上。似乎她的文章总是充满了悲壮和苍凉，而她笔下的人物也全是一些不彻底的人物，张爱玲在《自己的文章》里说道：

  ……我是喜欢悲壮，更喜欢苍凉。壮烈只有力，没有美，似乎缺少人性。悲壮则如大红大绿的配色，是一种强烈的对照。但它的刺激性还是大于启发性，苍凉之所以有更深长的回味，就因为它像葱绿配桃红，是一种参差的对照。

对于她的作品，正如她自己所说：

> 我的作品,旧派的人看了觉得还轻松,可是嫌它不够舒服。新派的人看了觉得还有些意思,可是嫌它不够严肃。但我只能做到这样,而且自信也并非折衷派。我只求自己能够写得真实些。

对于文学创作,彼时就是最好的时刻,张爱玲的才思奔腾万里,可她的灵魂却早已走入了红尘深处,在生活中和人刻意保持着距离。亲人也好,朋友也罢,似乎没有谁能真正地走入她的内心。她在大家的眼里已经成为一个特别的人,而且又无处不在。

在张爱玲决定要做一个"特别人"的时候,就注定她的未来永远绝世、独立、孤高,注定她这一生为文字而活,像天上的星星,你能得到它的清辉,却不能把它采摘。

夭折的《连环套》

喧嚣之中她独醒,低迷之中她眺望,既然文坛已经给了她一个最高位置做女王,让她"杀伐决断",那就定当笔耕不辍,把自己打造成一个崭新的驿站,让"文学的烽烟"经过她这里继续传递。

张爱玲的灵魂就像锯齿一样,用力地拉动着男男女女的悲欢离合,越是在创作中她越发清醒,她要做一个"撒种"姑娘,尽力把自己的作品撒向更广阔的天地。

一个写作者的可贵就是不放过任何一个机会,让自己的作品遍地开花。而1943年的上海文坛发生了一件不大不小的事:柯灵做了《万象》杂志的编辑,而他为了提高刊物水平,要物色一批作家为他写稿,张爱玲正是他早就看好的人选,他希望张爱玲能够"加盟"《万象》,让《万象》如虎添翼。

他相信张爱玲能够唤醒一个时代，甚至是照耀一个时代。

柯灵知道周瘦鹃和张爱玲之间的故事，也想找周瘦鹃做中间人，让他把张爱玲介绍给自己，但感觉有些不太合适。正发愁选择什么样的方式与张爱玲接洽时，张爱玲竟然自己找上了门。那时，除了在周瘦鹃的《紫罗兰》上发表文章外，张爱玲又趁热打铁，写了《心经》等作品，正在为这些文章"找婆家"。她知道自己所写的都是一些儿女情长的故事，但偏偏她要借助这些儿女情长写到人们的灵魂深处。

而张爱玲的突然出现，简直让柯灵有些欣喜若狂了！

那天，虽然张爱玲穿着简单的碎花旗袍，完全是普通上海小姐的装束，不像她平时那样打扮得花枝招展，但柯灵也是非常惊奇：原来这位才华横溢的作家竟然是一个这么漂亮的年轻小姐，跟她相比，自己的编辑室都显得寒酸无比了。她优雅地站立在屋子的正中央，身上有一种任谁都无法靠近的清幽和寂静，但又是让人倍感亲切的。这是她给柯灵的第一印象……

当时《万象》的编辑部在一个小弄堂里，楼下是书店，楼上的厢房就是编辑部所在地，空间非常狭小逼仄。张爱玲就在这个小房间里跟柯灵聊写作。柯灵后来撰文说他和张爱玲的初次见面非常愉快，张爱玲让他难以忘怀……

张爱玲拿出自己的文章给柯灵看，这篇文章就是《心经》，还配了张爱玲手绘的插图。柯灵手捧《心经》，如获至宝，连看都没看就恳切地希望张爱玲以后能为《万象》写稿，张爱玲高兴地答应了下来。很快，张爱玲的《心经》发表在《万象》杂志的第二期和第三期上。

《心经》是一部家庭伦理悲剧，说的是女孩许小寒爱上自己亲生父亲的故事。她为了能够长久地爱父亲，把爱慕自己的同学都拒绝了。而父亲的感情也很复杂，甚至在内心深处也产生了一些对女儿的不易察觉的情爱成分，如果不加控制，必将是一场人伦悲剧。但终于，他控制住了，还选了一条让女儿死心的路——爱上了女儿的同学段绫卿，而段绫卿是在一个没有父亲的单亲家庭里长大的,非常喜欢成熟稳重又比自己年长很多的男子。对于父亲的"移情别恋",许小寒百般劝阻,但都无济于事,只好伤心地去了天津……

"张迷"们推测许小寒这种畸形的情感是张爱玲情感的折射,而段绫卿这个没有父爱的女孩更是跟张爱玲的经历非常相似。张爱玲自己也说过:"我一向是对于年纪大一点的人感到亲切,对于和自己差不多岁数的人稍微有点看不起,对于小孩则是尊重与恐惧,完全敬而远之……"这也是张爱玲后来选择比自己大十五岁且有婚姻负累的胡兰成的原因。

许小寒曾经对父亲说过:"男人对于女人的怜悯,也许是近于爱。一个女人决不会爱上一个她认为楚楚可怜的男人。女人对于男人的爱,总得带点崇拜性……"而张爱玲在恋爱的最初,也是崇拜胡兰成的。

《心经》一经发表,就在上海文坛引起了巨大的反响和争议,许多文学工作者内心里憋着一个接一个的问号:为什么张爱玲写的文章都是隐秘性很强的故事?为什么这些隐秘性的、有悖人伦的故事成为她的偏爱呢?她到底经历过什么?

也难怪他们会奇怪,除了张爱玲,这些是他们从不曾尝试过的写法,从不曾尝试过的素材。

只有傅雷的胆子够大,当"粉丝们"对张爱玲的作品发出阵阵叫好声时,他反而发出了不同的声音:

> 我不责备作家的题材只限于男女问题,但除了男女以外,世界究竟还辽阔得很。人类的情欲也不仅仅限于一二种。假如作者的视线改换一下角度的话,也许会摆脱那种淡漠的贫血的感伤情调;或者痛快成为一个彻底的悲观主义者,把人生剥出一个血淋淋的面目来……

张爱玲淡然一笑,她自有独到的看法:

……我甚至只是写些男女之间的小事情,我的作品里没有战争,也没有革命。我以为人在恋爱的时候,是比在战争或者革命的时候更素朴,也更放恣的。

那些悲伤的、粗犷的甚至是隐秘的、令人耳热心跳的故事,犹如早春的河滩,有赤脚踩上去的冰凉,也遍布了温存,直抵灵魂的深处,这不也是《心经》的魅力吗?体悟到好处的人,沉迷到张爱玲笔下的文字里;体悟到尴尬的人,就会拿"男女问题"来诘问,也属正常。况且,这样的提问也是道德范围下的"情理之中"。

借着《心经》的红火劲头,《琉璃瓦》又在《万象》上发表了。

《琉璃瓦》写的是坐吃山空的姚先生在自己的几个女儿身上打主意,想把她们每个人都许配给有钱人。亲友们根据"弄瓦、弄璋"的话,说姚先生的太太是"瓦窑",姚先生反而说自己的七个女儿是"琉璃瓦"。姚先生对自己的女儿寄予了厚望,一心想着"卖女求荣",却没想自己的女儿一个个地都"不争气",不是嫁出去后抛弃娘家,就是嫁给又穷地位又低的人,自轻自贱不说,还"败坏"了娘家的门风……

《琉璃瓦》可谓又是一个寒冷和阴暗的故事,当然,除去阴冷和沧桑,《琉璃瓦》又夹杂了许多讽刺的成分。讽刺姚先生想要攀附"皇亲国戚",到头来却是竹篮打水一场空;讽刺女人不自立,就只能被男人弃之如敝屣……

张爱玲文章的发表过程越来越顺利,1943 年 9 月和 10 月,《倾城之恋》上下部发表于《杂志》。1943 年 12 月,《金锁记》上下部发表于《杂志》。

很快,《封锁》在《天地》上发表,《更衣记》在《古今》上发表。

这些作品的不断面世,验证着张爱玲的文学创作从蓬勃成长到光彩夺目的全过程。她好像荒野之上的耕者,一边劳作,一边谛听风云之声,所有的荒芜已经被她开发成了绿野葱葱,花繁叶茂。

她笔下的人物,比如白流苏,比如范柳原,在香港陷落的大背景下,又可爱又可笑又可鄙。张爱玲用华丽的笔触写尽了男女主角之间的生死之战、爱恨之战和人性之战,让读者又狂热又哀痛,又掺杂了自己设身处地之后的伤感与悲悯。

一发而不可收,张爱玲的创作呈现了井喷的状态,她从来没有想过要缓一缓,要歇一歇,创作就是她生活的常态,是她生活的主旋律。

1944 年,《连环套》在《万象》上发表了。可不幸的是,《连环套》没有连载完,就中途夭折了。终止连载不是《万象》杂志的意思,而是张爱玲自己的主见。

疾行的张爱玲,猛然地收住了自己的脚步,原因是《连环套》受到了"严重的发难",这个"发难者"不是别人,正是傅雷。张爱玲当时面临的发表环境,叫好的人太多,突然出现一个不怎么叫好甚至还是"吹毛求疵"的,就不能不引起张爱玲的注意和"自我反省"了。虽然盛名之下,她孤傲、清高,但她不会不顾"高人的指点"。无论高人措辞如何激烈,她也能做到内心平和,咀嚼完别人的观点之后,她的内心里也会产生一些全新的看法,这对张爱玲来说,也是非常难能可贵的。

是的,傅雷通过柯灵之手,在《万象》上发表了《论张爱玲的小说》。在这篇洋洋万言的文章中,傅雷把张爱玲 1943 年以来发表的大大小小的文章悉数点评了一番。

张爱玲所写的情感故事,在他看来多为"太突兀了,太像奇迹了",唯有《金锁记》，他给了褒奖，说《金锁记》是张女士截至目前最为完满的作品，很有一些《狂人日记》的风骨，至少应该列为当下文坛最美的收获之一。如果没有《金锁记》，也就不会严厉地批评《连环套》了。言下之意是说，能把《金锁记》写得这么好，为什么《连环套》这么糟糕呢？

当然，不仅是傅雷，就是后来夏志清也给了《金锁记》极高的评价："据我看来，这是中国从古以来最伟大的中篇小说。"

《金锁记》写的是小户人家的女儿曹七巧的故事。她的哥嫂图钱，把她嫁给姓姜的人家做二奶，没想到丈夫是个患骨痨的残疾人，起先她还生了一对儿女，但自从丈夫瘫痪了之后，她就没有了正常人的生活，只能守活寡。因为正常的情欲得不到满足，她变态了。几乎所有人的幸福都能让她产生怨恨，她勾引小叔子，但又痛恨小叔子为了弄走她的钱才跟她示好。她也痛恨儿子和女儿的幸福，她要破坏儿女的幸福，让儿女为她殉葬。她不让儿子和儿媳妇同房，让儿子彻夜给她装烟，让儿子在她的身边打地铺。而对于女儿呢，都快三十了还不让她嫁人，当面羞辱女儿，骂女儿不要脸……这是一个悲伤到极点的可怜又可恨的女人——三十年来她带着黄金的枷，她用那沉重的枷角劈杀了几个人，没死的也送了半条命……

无疑，《金锁记》似乎是当年张爱玲小说的巅峰，傅雷也深以为然。但《倾城之恋》在傅雷那里，就没有这么幸运了。

傅雷批评张爱玲在《倾城之恋》的创作中，将近二分之一的篇幅都在调情，写来写去，尽是一些精神游戏，写得虽然珠光宝气，内里却空空洞洞，既没有真正的欢畅，也没有刻骨的悲哀，华彩是有的，但华彩胜过了骨干。白流苏和范柳原的缺陷也成了作品本身的缺陷……

在傅雷眼里，张爱玲所制造的题材几乎都是"恋爱与婚姻"，都是遗老遗少和小资产阶级，全都为男女问题的噩梦所纠缠。这个噩梦仿佛是连雨天，肮脏还带有腐烂的气味，好像是病人临终的房间。

傅雷甚至批评张爱玲在阴沉的文字里还夹杂了轻松的笔调，认为这是"轻薄的味道"，艺术给这味道摧残了。

这些令人"透不过气来"的批评俯拾即是。当然，傅雷对《连环套》的批评是最狠的，说《连环套》发表四期了还没看到中心思想是什么，而且描写色情的地方太多，不是《连环套》应该有的现实，也不应该把《金瓶梅》和《红楼梦》里的用语镶嵌到西方人和广东人的嘴里。

说到激愤处，傅雷甚至说《连环套》是旧小说的渣滓，逃不出刚下地就夭折的命运。他义正词严地指出："我们固不能要求一个作家只产生杰作，但也不能坐视她的优点把她引入危险的歧途，更不能听让新的缺陷去填补旧的缺陷。"

几乎所有人都在为张爱玲的作品叫好时，傅雷的观点实在是令人振聋发聩了。不仅张爱玲诧异了，甚至整个上海文坛都诧异了。几乎所有人都眼巴巴地看着，张爱玲要作何反应。

张爱玲把傅雷的这篇文章认认真真地看了许多遍，但并没有与傅雷正面交锋，只是又写了一篇《自己的文章》发表在《新东方》上面，用以回应傅雷，同时终止了《连环套》在《万象》的连载。她的回应不温不火，甚至还是极为谦逊的，认为自己"刻意做做，所以有些过分了，我想将来是可以改掉一点的"。抛开文章本身不说，张爱玲的修养得到了大家的一致赞赏，坊间盛赞张爱玲简直是"四两拨千斤"。

那么张爱玲是真的接受了批评，还是一种礼貌的敷衍呢？

事实证明，盛名之下的张爱玲为了自己的更进一步，也为了不辜负读者的厚爱，她真的反省了自己，接纳了不同的声音。《自己的文章》是她唯一一篇评论性质的文字，在写作方面，这是她唯一的一次"示弱"。甚至在多年以后，她还自我评价《连环套》说："三十年不见，尽管自以为坏，也没想到这样恶劣，通篇胡扯，不禁骇笑。"那是1976年，《连环套》即将收入《张看》一书时,张爱玲在序言中说的。

用"木秀于林,风必摧之"形容盛名之下的张爱玲可能不太贴切,但在那个特殊的时间段,确实是张爱玲的"多事之秋",总是一波未平一波又起。

《连环套》的"腰斩"事件还没完,张爱玲又和《万象》杂志发生了稿费的纠纷。秋翁认为张爱玲多领了一千元的稿费。报纸上登载的张爱玲的传闻事件很多,但只要无根无据,张爱玲都不去辩驳,偏偏"稿费风波"影响到了她的职业道德,张爱玲只好据理力争,与秋翁理论了几个回合,不相上下,最后因为太耗精力,不了了之……

《连环套》不再连载之后,再加上稿费的尴尬事件,张爱玲永别了《万象》,从此后再没有把文章交给柯灵发表。她的文章更多地发表在《杂志》和《天地》上面。

虽然张爱玲虚心地接受了傅雷的批评,但她不能忘记傅雷评论文章里的最后一句话:"……奇迹在中国不算稀奇,可是都没有好收场,但愿这两句话永远扯不到张爱玲女士身上。"这句话深深地触动了她,她决定出版自己的第一本小说集,名字就叫《传奇》。此书出版后极为畅销,初版后仅四天就再版了,真成了上海文坛的一个传奇。而因为作品的传奇,张爱玲也越发地成为一个传奇人物,用"红得发紫"来形容当时的她也毫不为过。

张爱玲在扉页上特意强调:"书名叫《传奇》,目的是在传奇里面寻找普通人,在普通人的生活里寻找传奇。"这句话算是对傅雷最好的答复吧。她用自己的实力说明,她是奇迹,但不是没有好下场。

有趣的是,傅雷写了如此"狠戾"的批评文章,张爱玲竟然一直不知道他的身份,只当他是"讯雨",直到九年之后,她再去香港,才从宋淇口中知道,"讯雨"就是当时大名鼎鼎的翻译家傅雷,翻译了很多巴尔扎克和罗曼·罗兰的小说。不管傅雷对自己的文章作出了怎样的"批判",张爱玲都是一个清醒者，自己文章的"优缺点"，她比谁都清楚。写作的漫漫长途，她能抵挡住寂寞寒秋，也能抵挡住人言的煎熬。对于每一个文字，她都曾经精益求精，又怎会对别人的善意批评挂怀于心呢？她内心里是感激傅雷的，如果不是仔细地一个字一个字地看过去，是不可能写出这么中肯、见解独到的评论文章的，所以，张爱玲认定傅雷也是自己的知音。

一个稚嫩的年轻人，拥有了盛大的名气，有人给她光环，有人给她泼冷水，都属正常。踏实地度过锻炼情商的时刻，方能促进一个人真正地走向成熟。从沉重出发，方得轻盈；从质疑出发，方得清白；栽了跟头，才能更稳地站立……在前行的过程中不忘反省，才能走向真正的成功。

海上姊妹花

虽然张爱玲没有亲生姐妹，但提起上海文坛的"姊妹花"，大家却会不由自主地想起苏青。在20世纪三四十年代的上海滩，苏青可谓是和张爱玲"齐名"的女作家。

"同行是冤家"，张爱玲成名之后到底有多少人是其同行呢？张爱玲曾笑言所有女人都是同行。但"同行"之间的嫉妒和敌意，在张爱玲和苏青之间是完全不存在的，这是让张爱玲无比珍惜的。她希望苏青能更优秀，能发表更多的作品，而苏青也不断为张爱玲的成功欢呼雀跃……这是至深的友谊吧，黎明到来之前，当一个成为燃烧的朝霞时，另一个就必须要做灿烂的彩虹，相依相伴，彼此呼应……

提起两个人的相识，仍旧与"约稿"有关。

1943年，苏青在陈公博十万现大洋的帮助下，开始筹备刊物。她风风火火地坐在陈公博特批的一卡车白纸上，为办好杂志而奔走。功夫不负有心人，她成功地创办了《天地》月刊。办刊之初,她需要物色优秀的女作家为她写稿,而盛名之下的张爱玲当然就是最佳的人选。

为了能成功约到张爱玲,苏青主动给她写信套近乎,而张爱玲也一下子喜欢上苏青的豪爽大方又很小女人的风骨,痛快地答应了苏青的约稿请求。

张爱玲看过苏青自传性质的小说《结婚十年》,非常喜欢,很欣赏她在逆境中完全不服输的个性。她认为很多读者买了《结婚十年》是想看看里面是否有大段的性生活描写,终于还是失望了,但《结婚十年》却对读者有其他更重要的教育意义,哪怕是一些笑骂的片段也是很有价值的。她认为苏青的书是真心实意的书,而苏青能够通过写作挣钱也是一件好事。她明明是疼痛下的阴影,却有着花的颜色。她哪怕被生活灼伤了羽翼,但仍旧保持着飞翔的姿势……而这正是苏青生命中的亮色。

张爱玲形容苏青卖书的场景时说:

> ……她一时钱不凑手,性急慌忙在大雪中坐了辆黄包车,载了一车的书,各处兜售,书又掉下来了,《结婚十年》龙凤帖式的封面纷纷滚在雪地里,真是一幅上品的图画。

无疑,苏青在张爱玲眼里,是一个勇敢面对"惨淡人生"的女子,是一个乱世佳人。

对于苏青的另一部作品《浣锦集》,张爱玲也有极高的评价,说苏青就是"女人","女人"就是她,张爱玲很欣赏她的"不用技巧胜似技巧"的作文方式。苏青好像一直在漫不经心地说故事,有时候不加辞藻,但其中的韵味却早已进入到人的内心深处……这和张爱玲一贯的华丽作风完全不同,但却更显真实、孤独和疼痛。

张爱玲把自己的小说《封锁》交给苏青发表,也被苏青赞为"近年来最佳之短篇小说"。除了《封锁》之外,张爱玲更多的散文发表在《天地》上,比如《烬余录》《谈跳舞》《我看苏青》等,似乎《天地》已经成了张爱玲专属的天地,甚至,她连杂志的封面也包了下来。苏青把张爱玲当成杂志的主创,张爱玲也把《天地》当成自己的刊物那样对待。古话说"文人相轻",但在张爱玲和苏青之间,却全然没有这样的事情发生。

除了文学方面的往来,她们还经常一起逛街购物,顺便交流创作心得。有时张爱玲跟苏青讲述什么事情,苏青听不太懂,就顽皮地问张爱玲说的是不是"艺术",张爱玲笑着,就不再说下去了……而一旦张爱玲对苏青的作品提出什么修改意见,苏青马上按照张爱玲的意见修改,这让张爱玲非常感动。

张爱玲和苏青不是姐妹,但胜似姐妹。在一次文艺作家座谈会上,她们更是在大庭广众之下互相推崇,苏青说:"女作家的作品我从来不大看,只看张爱玲的文章。"而张爱玲也毫不犹豫地说:

> 古代的女作家中我最喜欢的是李清照。近代的最喜欢苏青,苏青之前,冰心的清婉往往流于做作,丁玲的初期作品是好的,后来略有力不从心。踏实地把握住生活情趣的,苏青是第一个。她的特点是"伟大的单纯"。经过她那俊洁的表现方法,最普通的话成为最动人的,因为人类的共同性,她比谁都懂得。

在文学创作领域,张爱玲和苏青之间保持着罕见的惺惺相惜。

张爱玲说过:

> 我想我喜欢她(苏青)过于她喜欢我,是因为我知道她比较深的缘故……苏青身上有一种天涯若比邻的广大亲切……

在《我看苏青》的开头，张爱玲甚至说：

> 把我同冰心、白薇她们来比较，我实在不能引以为荣，只有和苏青相提并论我是甘心情愿的。

苏青在创办《天地》月刊之前有过一段不幸的婚姻，她大学还没毕业就被父母包办结婚，还连续生了几个孩子，可是因为与丈夫和婆家感情不好，丈夫又爱上别人，对她拳脚相加，只好和丈夫离了婚，自己带着五个孩子，靠卖字为生，生活相当艰难……这和《结婚十年》这部传记小说里描写的差不多。

经历过十年失败婚姻的苏青，是一个独特的女子。命运是一场大雪，把她深深地掩埋，让她的世界一片苍茫，这种苍茫是那个时代的女性谁也逃脱不了的。苏青的浪漫个性里保持着许多无可厚非的"现实的成分"，她的心被妹妹分去了，被病弱的弟弟分去了，被母亲分去了，被几个孩子分去了。她本来有着巨大的热忱，但是这些热忱都被"瓜分"殆尽，为了让自己不断地产生热忱，似乎她的灵魂从来都没有安歇过……

张爱玲虽然还没有结婚，但她非常理解苏青的处境。她分析苏青的丈夫并不坏，不过只是个少爷，如果安心做少爷也可以，偏偏遭遇了社会制度的崩坏，只好分手。因为苏青的悲剧，张爱玲联想到自己当年的离家出走，总结出那个破碎的时代是缺少罗曼蒂克的，人要活着，还要活得高兴、活得体面，这是一件艰巨的事。

张爱玲不能提起刚刚离开父亲家的时候，舅妈同情她的落魄，要找出表姐的旧衣服给她穿，被她拒绝了，她连想也不敢想那样的事，但却又经常地想起，红着眼眶想要大哭一场……因为张爱玲和苏青的命运中，都有"不幸"

的成分，所以她们彼此疼惜、彼此理解，哪怕苏青的一些骇人的传闻，张爱玲听了也只是淡淡一笑罢了。

比如苏青写的自传性质的小说曾经得到汪精卫的赏识，还借此跟周佛海和陈公博等人攀上了关系，甚至有一段时间，大家疯传苏青就是陈公博的高级秘书，其实也就是情人，只要是苏青的事情，陈公博都会为她出头，陈公博明明家里红旗不倒，还要在外面彩旗飘飘……对于这些传闻，张爱玲都抱着理解的态度，认为苏青是一个单身母亲，带着孩子，能够找到一些帮助，改善自己的生活，也总比回到离异的丈夫身边要好。

一个从迷惘渐渐走向理智的女人，一个任凭身子骨咔咔作响也不轻易服输的女人，如果什么时候脆弱一下，不合乎常规一下，也是可以理解的。她高飞的时候应该得到别人的关注，她飞累的时候也应该得到别人的关心——这是张爱玲对待苏青的态度，宽容到近乎慈爱了。

记者采访苏青的时候，问她什么样的丈夫才合乎标准。苏青有板有眼地回答说："第一，本性忠厚；第二，学识财产不在女的之下，能高一筹更好；第三，体格强壮，有男性的气魄，面目不要可憎，也不要像小旦；第四，有生活情趣，不要言语无味；第五，年龄应比女方大五岁至十岁。"这个答案好像她早就备好了一般。张爱玲很赞同苏青的观点，甚至还以为丈夫完全可以比妻子再大一点，能够大十多岁也是好的。

但对于张爱玲和苏青来说，能够双双飞的已经失散了，没有双双飞的还独自一人孤单着。她们一起用文字打造着自身的悲欢离合，看着它成为自己的绝唱，也成为那个特殊时代的绝唱。上海文坛的姊妹花相互搀扶着，在阴郁的天幕下，沐浴在纯洁的友谊中。

周佛海也好，陈公博也好，姜贵也好……于苏青的生命中，也只是一抹云烟，飘到眼前时，绚烂至极，散了之后呢，就根本描述不出样子了。

陈公博后来被枪毙了，姜贵跟她也是若即若离的，他辛苦地坐着夜车赶来，蹑手蹑脚地从打着地铺的孩子们身上越过去，然后在夜色里这么互相看着，或者浅浅地说几句不疼不痒的话。苏青备的糕点，他一般是不吃的，居于两地的他们慢慢地就真的成了普通朋友……

爱情有时就是这个样子吧，有时候为了避免心疼，就免去了思念，就让许多的伤口在内心的一角兀自溃烂，人前人后地，只管笑盈盈地装作自己是个幸福的人……

苏青是疲惫的，眼角耷着，还从余光里探出一些希冀来。无论嘴上多么硬，但是内心里是软弱的。她是想依靠男人的，她是想做一个小女人的，她是想着有个男人帮她养家，她可以貌美如花，但却从来没有真正地依靠过谁，没有哪一个男人乐意给她婚姻。她横着心要找到幸福，但命运却横着心地不让她得到什么好。就连胡兰成都这样说苏青："在婚姻上，苏青是个失败者，但在事业上，她是一个成功者……"

张爱玲对苏青的评价也入木三分：

……她的豪爽是天生的。她不过是一个直截的女人，谋生之外也谋爱，可是很失望，因为她看来看去没有一个人是看得上眼的，也有很笨的，照样地也坏。她又有她天真的一方面，轻易把人幻想得非常崇高，然后很快地又发现他卑劣之点，一次又一次，憧憬破灭了。

于是她说："没有爱。"微笑的眼睛里有一种藐视的风情。但是她的讽刺并不彻底，因为她对于人生有着太基本的爱好，她不能发展到刻骨的讽刺。

苏青有时难免会叹息："天下竟没有一个男人是属于我的，他们常来，同我谈话同我喝咖啡，有时也请我看戏，最后也难免一别。他们有妻，有孩子，有小小的温暖的家……"

而张爱玲也撰文说："女人一辈子讲的是男人，念的是男人，怨的是男人，永远永远……"

笑了就一起笑，哭了就一起哭，作为闺蜜的两个才女，一样受过高等教育，一样出身大户，对于爱情，也有着差不多的悲戚。她们牵手看冬雪，谈论一下不可知的未来世界，讨论活到什么时候才算恰到好处……浪漫敏感的她们总是让自己的思想坠入到沧桑里，然后觉得一切好像都突然没了意义。

但终归，苏青和张爱玲，一个不想结束心里的诗句，一个不想结束心里的圣歌。你看看我，我看看你，然后继续前行……

苏青拼力经营着自己的"一亩三分地"——《天地》，而张爱玲也积极地给《天地》杂志锦上添花。同时，她的作品像天女散花一般撒向当时上海的其他各大杂志，她的创作数量大幅激增。当然，有一些故事还是以亲人为题材，比如1944年在《杂志》上发表的《花凋》，就是以舅舅的三女儿黄家漪为原型的。她是张爱玲童年时最好的玩伴，可惜长大后却因肺病死去了。张爱玲把表姐的事写进小说后，对舅舅也有一些"丑化"的描述，这曾让舅舅大发雷霆……

那个时候的张爱玲，虽然每一部作品都在挖掘赤裸裸的人性，笔锋也非常犀利、深刻、不留情面，但她的出发点却饱含了细腻和敦厚。虽然有时苍凉到极点，但也不会剑拔弩张。

从1943年到1945年间，张爱玲在上海滩几乎成了最耀眼的人物，何止是苏青崇拜张爱玲呢，报纸上、杂志上，对她的报道很多，很多人都乐意谈论她，就好像因为谈论她，自己的档次也能得到提高，自己也能时髦起来一样。

出生于簪缨之族的张爱玲从不把自己当贵族，她从父亲的专制下逃出，也没觉得自己如何特立独行，她和苏青一样，只是一个需要温暖的普通女子罢了，希望能靠写作维持自己的生活，维持自己的尊严，当然，如果再拥有一份美好的爱情，能让她安安稳稳地生活下去，就再好不过了。人性的寒凉是她们必须接受的现实，不断创作的她们何尝不明白，有的时候，生活比小说还要残酷几分。

张爱玲与苏青维持着深厚的友情，她断然没想到，有一天，她会因着苏青，认识自己生命中最为重要的人之一——胡兰成。

有人说，香港大学里的佛朗士也许是张爱玲的初恋，因为张爱玲对佛朗士所下的笔墨最深，特别是在《烬余录》里，就连后来称赞胡兰成都没有下过那么多的笔墨。但当张爱玲节制地把一个人放在心里，并仅限于文字"述说一下而已"的时候，多余的揣测也不敢多说一句了。

第三章｜倾城之恋

　　娶了红玫瑰，久而久之，红的就变了墙上的一抹蚊子血，白玫瑰还是"窗前明月光"；娶了白玫瑰，白的便是衣服上的一粒饭粘子，红的还是心口上的一颗朱砂痣。

——张爱玲《红玫瑰与白玫瑰》

临水照花人

乱世，盛名。浪漫的月光很容易唤醒爱情。流莺寂寞，荒草萋萋，张爱玲的指尖下，多少痴男怨女的千古绝唱，但终究那悲悲喜喜不是她。她轻拥的是古风，独步的是廊桥，阅尽悲欢，她早就期待生命中的另一半尽快出现。他看她是楚楚动人的，她看他是玉树临风的。因为爱情，她成了他全部的世界，他成了她最后的寄托。她是他的花，只为他一个人盛开和萎谢……

她打开尘世的窗子，也无非是为了多看他一眼，然后为他欢喜地莞尔。

她与最爱的男子，就是此岸和彼岸，她要泅渡过去，不管要经历多少惊涛骇浪，哪怕真的要耗尽一生的精力，她也在所不辞。

只要他一挥手，要她跟随他去天涯海角，那她定将义无反顾地抛掷一切。

是的，姑姑、炎樱、苏青，她们是张爱玲至高无上的亲人和朋友，但人的一生只有亲情和友情而缺失爱情显然是不完美的。虽然苏青在婚姻上受过致命的伤害，但张爱玲仍旧羡慕苏青，因为她"曾经拥有"，而自己连"曾经拥有"都没有。如果爱情注定是悲鸣，那她乐意奉献自己的泪水；如果爱情容易滋生疯狂，那就让自己被吞噬好了。其实，张爱玲要的不多，她要的只是一个可以托付终身的人。

苏青描述自己理想中的男子形象时，张爱玲往往插不上话，但在她的心里，是千万次的呼唤、无休止的疼痛。

到底，这个让张爱玲可以托付的男子出现了。于张爱玲来说，他是柔美的乐章，是绝响的舞步，是花开的声音……所有的一切都是令她惊喜的，能够迅速在她心里生了根的。

这个男子就是胡兰成，民国乱世里一个名声很坏的男子。有人说他"狂狷自负"，有人说他是"肮脏的汉奸"，但他确实是"情场高手"，能用有限的才情撩拨高高在上的女子。

他是爱过张爱玲，但他爱的又不止张爱玲一个！

是的，他不过是一个极为普通的男子，稍有些才气，自以为风流倜傥。

他出生于浙江省嵊县下北乡胡村，小名蕊生，祖父是个开茶叶店的，小有家产，日子也算过得有滋有味，但到了父亲这里，就成了普通的农户。父亲和母亲经常打架，打到激烈的时候，两个人都能从楼梯上滚下来。胡兰成因为有一点小才华，成了乡村教师，但他相信自己的世界跟天一样大，只要他去闯，就一定能出人头地。所以，胡兰成去了北平，借助自己书法的功底，在燕京大学找到了一份抄写文书的工作。后来他辗转于百色、南宁、柳州等地，又当了教师，但贫寒依旧。甚至妻子去世的时候，他不得不借钱安葬妻子，很多人都嘲笑他无能、落魄……

胡兰成的心在那时就已经决绝、狠戾了，他说过这样一段话，很能体现那时的情怀：

> 我对于怎样天崩地裂的灾难,与人世的割恩断爱,要我流一滴眼泪,总也不能了。我是我幼年时的啼哭,都已经还给了母亲,成年的号泣,都已还给了玉凤,此心已回到了如天地之不仁……

胡兰成的怨怒和无情,归本溯源,就在于此次打击吧。

妻子死后,胡兰成四处辗转,继续他的教书生活,然后娶了他的第二个妻子。

1936年,胡兰成接受第七军军长廖磊之聘,兼办《柳州日报》,鼓吹抗日之前先要民间起兵。"两广兵变"后,他被监禁三十三天,这是他人生第一次大的噩运,没想到就是这次监禁的经历给他带来了更大的机遇。

1937年,胡兰成被聘请为《中华日报》的主笔。1938年,他又被调任为香港《南华日报》的主笔,一次接一次的"辉煌"促成他成为汪精卫身边的"红人"。

特别是汪精卫的妻子陈璧君,非常欣赏胡兰成,亲自给他涨薪水,还奖励给他"保密费"。胡兰成不免恃宠而骄起来,处处张扬,觉得世界已经装不下他了。他的所作所为,让汪精卫产生了反感,觉得他有一副"小人"的嘴脸,渐渐开始冷落他。胡兰成内心怨怒起来,一气之下投奔了日本使馆的官员,这下彻底激怒了汪精卫,把胡兰成逮捕了。

胡兰成的被捕惊动了苏青,她拉上张爱玲一起到周佛海的家,为胡兰成说情。

借助背后的日本人,胡兰成被释放,去往南京的住处"休养生息"。从此,他的政治生命结束了。但依照胡兰成的性格,肯定不会伤春悲秋的,也不会去想自己的政治生涯为什么会"几起几落"。他选择每天躺在藤椅上,从报纸上关注时局动荡。

正巧有一天，他翻看到苏青寄给他的《天地》月刊，忽然看到了小说《封锁》，觉得写得甚好，不由得一口气读完，看完后很激动，忍不住从头到尾又读了一遍，同时记住了作者名字：张爱玲。胡兰成把《封锁》拿给身边的人看，身边的人也连连称赞，但用一个"好"字来形容张爱玲的文章显然是太苍白了。

……宗桢断定了翠远是一个可爱的女人——白，稀薄，温热，像冬天里你自己嘴里呵出来的一口气。你不要她，她就悄悄地飘散了。她是你自己的一部分，她什么都懂，什么都宽宥你。你说真话，她为你心酸；你说假话，她微笑着，仿佛说："瞧你这张嘴！"

——胡兰成频繁地看着《封锁》中的这一句，忍不住浮想联翩起来——张爱玲也是这样的一个女子么？

胡兰成像被打了鸡血一样兴奋，马上写信给苏青："张爱玲是谁？怎么会这么有才情？为什么我以前不知道这个人？她是新出道的吗？"苏青只是淡淡地回答他，张爱玲是一个女子罢了。苏青的简练回答反而让胡兰成产生了更大的兴趣，开始搜寻张爱玲的其他作品，只觉得这个世界，有一句话、一件事是关于张爱玲的，肯定都是好的，都是吸引人的，胡兰成不动声色地等待着。

很快，苏青给他寄来了又一期《天地》杂志，胡兰成赶忙翻找张爱玲的文章。这一次，他不仅看到了张爱玲的文章，还看到了她的照片，不算太美，但风骨绮丽，神韵非凡，这一下，胡兰成彻底动了心。他庆幸着，自己的"政治战场"虽然没有了，但张爱玲可以成为他的另一块"情感战场"。是的，当浪子有了"情感战场"时，就会觉得他的世界回来了，他又可以成为高高在上的主宰了……

等到胡兰成回到上海，一下火车，就径直找到了苏青。但胡兰成没顾得上苏青的热情好客，他的心一直在张爱玲这里。他迫不及待地问起张爱玲，并坦言自己想要去看看她。苏青再次给胡兰成泼了冷水，强调说张爱玲是不见人的。胡兰成执意让苏青给他张爱玲的地址，苏青没办法，只好把地址写给了他。

按照苏青写的地址，胡兰成来到了静安寺赫德路192号爱丁堡公寓六楼六五室。果然，同苏青说的一样，张爱玲拒绝了见面，胡兰成淡淡一笑，从门洞里递进去一张纸条，写好了自己的地址和电话，然后返回了。

姑姑是过来人，平素也比较关心时政，对胡兰成这个人也有一定的了解。所以胡兰成刚刚离开，姑姑就对张爱玲说，跟胡兰成交往，一定要谨慎。但张爱玲的心里，却有了不一样的滋味。也许这就是缘分的牵引吧？对自己的亲弟弟，她都很冷漠，偏偏对这样一个陌生的、已经不年轻的男子，她却反而要挂怀起来……

胡兰成没抱什么希望能顺利见到张爱玲，没想到仅仅隔了一天，张爱玲打来电话，说要来看他，胡兰成高兴得喜上眉梢，来回踱步，好像他不是要见一个女人，而是要去参加什么战役……

在大西路美丽园胡兰成自己的家里，他第一次见到了张爱玲。张爱玲的样貌跟照片上很有一些差别，她人很瘦，个子也很高，坐在沙发里，深深地陷进去，似乎连女学生的成熟也没有。她的样子让胡兰成怀疑她是不是生活有困难，才有如此"贫寒相"。但仔细一看，明明她的神情，如同一个小女孩一般正经、不容亵渎。

胡兰成的侄女青芸后来形容她初次见到张爱玲时的情形：

> 张爱玲长得很高，不漂亮，看上去比我叔叔还高了点，服装跟人家两样的——奇装异服。她是自己做的鞋子，半只鞋子黄，半只

鞋子黑的，这种鞋子人家全没有穿的；衣裳做的古老衣裳，穿旗袍，短旗袍，跟别人家两样的……

胡兰成自恃阅人无数，也知道何谓女人的惊艳，但在张爱玲面前，他才知道，自己所知道的那些惊艳无非是一些小儿科罢了。所以，胡兰成像吞了饵的鱼，瞠住了。

不愧是情场老手，很快，胡兰成就和张爱玲打起了心理战。在张爱玲面前，他拼命地展示自己的才华，想给张爱玲留下一个好的印象，同时让她折服于自己。他口若悬河地谈起自己的"前世今生"，包括自己的出身和在北京、南京的经历……几乎所有的事情都给张爱玲讲了一遍。张爱玲一直正襟危坐，默默地听着。

是的，当一个男人恨不得把自己的所有一切都告诉女人的时候，就是让女人知道，他信任你，同时也告诉女人，你是自己人，他才掏心掏肺的。

为了表示自己对张爱玲的看重，胡兰成还详细地谈了他对张爱玲作品的感受，当然不乏溢美之词。这时，张爱玲对他的好感又增添了几分，觉得他就是自己的知音。明明要喜上眉梢，却偏要克制着，她少有的小女人态带着薄凉的可爱。

胡兰成乘胜追击，还关心地问起张爱玲的生活，问她稿费够不够花之类的问题。收入是一个人的隐私，初次见面就提这个，完全是很体己的话了。

张爱玲血脉里流动的，骨子里生了根的，她所有不能言传的惊艳，胡兰成都很想操控，他用这种不间断的语言灌输逼着她拜倒在他的人格魅力之下。而他密集度很高的言论不能让她仔细思索，如果仔细思索，恐怕就会看出他的破绽。如果再引发她产生攻击性，他就再也没有抬头的机会了……表面上看，这是一场交谈，实际上，这是两颗心的较量。

非常罕见地，胡兰成口若悬河了五个小时，张爱玲也倾听了五个小时，完全没有挑剔他的喋喋不休，倚老卖老。

他们俩都爱上了，或者都很希望能被对方爱上。

天色渐晚，胡兰成送她到胡同口，两个人肩并肩走着，胡兰成看了她一眼，悠悠说道："你的身材这样高，这怎么可以。"近乎调情的一句话本应该令张爱玲讨厌的，但她没有生厌，反而觉得这句话拉近了两个人的距离。刹那间，张爱玲心如潮水……她完全不挑剔胡兰成所表现出来的可笑和猥琐，反而认为这些都是胡兰成的闪光点。

第二天，胡兰成迫不及待地到张爱玲家回访，张爱玲穿了一身宝蓝色的绸衣，戴着嫩黄边框的眼镜，让她看上去像是圣洁的月亮……当然，震慑胡兰成的不仅是张爱玲的装扮，还有她家里的摆设，全部是华贵无比的家具，胡兰成形容当时的场景说："……三国时东京最繁华，刘备到孙夫人房里竟然胆怯，爱玲你的房里亦像这样的有兵气。"

同第一次见面一样，张爱玲还只是安静地坐着，继续听胡兰成口若悬河地指点江山。为了给张爱玲一个互动的机会，胡兰成跟她说起她祖父张佩纶与李鸿章的小姐配婚之事，张爱玲兴奋地把祖母写的诗抄给胡兰成。还转换话题，说起自己跟随苏青去周佛海家里的事……胡兰成听后觉得张爱玲太幼稚了，能不能从汪精卫的手里脱险，如果不依靠日本人，谁疏通关系也不好用的。不过，那个暧昧的时刻，他觉得自己和张爱玲已经双双坠入了情网，那种眼睛发热、浑身热血澎湃的感觉让胡兰成和张爱玲都情难自抑。

男人的魅力就是让女人能够重新认识自己，然后爱上这个男人，而张爱玲已经被胡兰成的"魅力"打动了。

回到家后，胡兰成迫不及待地给张爱玲写了一封信和一首诗赞美她。信和诗写得都极为蹩脚，特别是那首诗，生生写成了"五四"风格的，跟张爱玲的文笔不能相提并论，但张爱玲仍旧感动无比。彼时，张爱玲觉得自己是一只彩蝶，而胡兰成伸出了手掌，给她温暖和呵护，让她来到最安全的所在，从此不再颠沛流离，成为他手心里的宝，安身立命……

女人大抵都是如此的，当她意识到她的心灵有人重视和接纳的时候，对方在她眼里就高尚了许多，虽然，这个男人完全没有对她做过什么付出。

胡兰成热血澎湃地写了《评张爱玲》，同傅雷的批评文章不同，胡兰成对张爱玲极尽赞美之能事。说张爱玲的小说和散文，明亮得好像青紫色，哪怕是阴暗的，也仿佛是月下的青灰色。对于张爱玲的"高冷范儿"，胡兰成评价得也很到位："站在她跟前，就是最豪华的人也会感受到威胁，看出自己的寒碜，不过是暴发户……"

虽然胡兰成写文章总喜欢夸大其词，煞有介事，但对张爱玲的描述却夸大得恰到好处，也证明他当时是真的爱了，是发自内心地爱了，至于这种爱是否长久，则是他自己都操控不了的。

胡兰成评价张爱玲是"临水照花人"，欢喜她的敏感、悲凉和卓尔不群。但他却不疼惜她为了爱情，而甘愿铸造卑微，为了他，在惆怅的威压下成为悲凉的斋粉。

张爱玲希望爱情是鲜花开遍的栈道，而她能欢喜地走到胡兰成的心里。而胡兰成却在她走到正中央的时候，像个剑客一样，挥刀砍断了栈道……

但张爱玲仍旧执拗地认为："我要你知道，这世界上有一个人是永远等着你的，不管是什么时候，不管在什么地方，反正你知道，总有这么个人……"

尘埃里开出的花

爱情里总会有一些惊险，有一些艰难。但只要死心塌地地爱上，就不怕伤害自己。有一些人，总要来一场全身心的付出，才能得到内心的安宁；有一些人，总要把自己摆上命运的祭坛，才能找到爱情的出口。

张爱玲主动看过胡兰成之后,胡兰成每隔一天就去看她,就算正式交往了。撬动他内心的,非红颜,非青春,而是他唯有在张爱玲这里才能得到的虚荣和满足。每个男人都喜欢被优秀的女子高看一眼,胡兰成也不例外。

胡兰成大大咧咧地进入张爱玲的房间,痛快地喝着茶,吃着点心,错乱地点评文艺,颠三倒四,完全没有逻辑。不过他现在的胆子大了不少,他知道不管他的语言如何出格,论调如何不可理喻,张爱玲都是喜欢的,因为她已经把他当成了她的正牌丈夫。张爱玲欢天喜地地看着胡兰成,觉得他"一个人坐在沙发上,房里有金粉金沙深埋的宁静,外面风雨琳琅,漫山遍野都是今天"。

但这样交往着没几天,张爱玲派人给胡兰成送去一张字条,叫胡兰成不要去看她了。但在胡兰成看来,她只是撒娇和赌气而已,所以根本不把字条上的话放在心上,还一边微笑着一边摇头,这笑里包含着他的势在必得。他明白,女人有时明明嘴上说着不见了,但内心里却是煎熬不过去,很想见面的意思。所以往往当天就去看她,而张爱玲见到胡兰成,也都是喜出望外的样子。胡兰成得意起来,他发现张爱玲对自己的喜爱已经远远超出自己对她的喜爱。

胡兰成看望张爱玲的次数索性增多了起来,由原来的两天一次,变成一天一次。他照样海阔天空地神侃,而张爱玲还是老样子,凝神静听。胡兰成知道她有分心的时刻,这个时刻,她往往在仰面等待着他,等待着他进一步的暗示,哪怕是调情。

胡兰成宠爱地跟张爱玲提起登在《天地》上的那张照片,说能不能送给他,张爱玲马上羞赧地拿出照片给胡兰成,照片的背面还被张爱玲写上了字:"……见了他,她变得很低很低,低到尘埃里,但她心里是欢喜的,从尘埃里开出花来!"对于张爱玲来说,这算得上是赤裸裸的情话了。胡兰成欢喜地接受了张爱玲的照片和"赤裸裸"的情话。浅白的他也许会认为张爱玲被爱情烧昏了头脑,以至于失去了矜持,但他又怎么能真正了解张爱玲的心呢？她的卑微是对盛大爱情的最真实的态度,在爱情面前,卑微更能显示一个人的真诚,更能显示她对爱情的厚待。

对张爱玲来说,无论事业上如何成功,她也不想再独自一人面对杜撰的或悲或喜的故事,她想有人能跟她分享生活和工作中的一切,不想再一个人继续唱着独角戏,她要的就是与挚爱的人烟火与共。在她的眼里,胡兰成就是这个人。任凭把这个世界上所有优秀的男子都堆在她眼前,让她挑选,或者与她交换,她都是不乐意的。

也许张爱玲是应该感谢胡兰成吧,因为在她最好的年纪,胡兰成给了她一段爱情,不管这爱情如何短寿,也不管这个男人如何不值得依托,但她的爱情生涯,就是因为他,才没有成为一片空白。

虽然在张爱玲成长的过程中,姑姑是她亲情的支柱,但也不能完全拯救她的孤独。因为姑姑非常喜欢安静,常常抱怨"和你住在一起,使人变得非常唠叨而且自大"。何况,亲人也只能是懂她罢了,真正能够安慰她的,只有男友,而胡兰成在这方面就做得很好。他乐意当张爱玲的听众,也不吝惜赞美,他总能让张爱玲心花怒放。

通过不断交流,张爱玲的才学彻底让胡兰成折服了。他极尽恭维之能事,好像当下除了恭维,他就再也做不得什么了。面对胡兰成的恭维,张爱玲简直"欢喜得欲仙欲死了",更加卖力地让胡兰成领悟到自己所有的好。她不断地给他讲这讲那,仿佛要把一辈子的话都说完。她跟他说桃红色是有香味的,说姓氏的话,还是"黄"姓比较好,因为母亲就姓黄,虽然"张"这个字没有颜色,但也还不至于太坏;她与他一起看塞尚的画,一边看一边笑……似乎,她真的把胡兰成当成了自己的一面镜子,映射出美不胜收的自己,自己高兴了，心上人也陪她一起高兴。

张爱玲像个小女生一般拼命地表现自己，而胡兰成也乐得给她这些机会。他想要形容张爱玲走路的样子，却形容不出来，张爱玲替他形容——"行走时香风细细，坐下时淹然百媚"，胡兰成听得兴奋，连连附和。张爱玲反过来也要夸奖胡兰成一番。她香葱一样的手指就拂过他的脸，她说你的眉毛、你的眼睛、你的嘴、你的酒窝都是我喜欢的……

情深意浓真的不过如此吧。

胡兰成虽然"官场失意"，但"情场得意"让他感恩老天对他不薄。是的，除了张爱玲，还有妻子全慧文，再加上南京的一个歌女，她们都把他当作自己的天地。她们不是牡丹，就是芍药，再不就是百合，各有各的风采，每一个都让胡兰成难以割舍。但胡兰成相信自己有能力在各个女人之间周旋，把一个"我"分割成"几个我"。

胡兰成去了南京，痴情的张爱玲就给他写信。他高兴得简直要沾沾自喜了，不是因为得到最爱女人的来信，而更大程度上是因为，李鸿章的曾外孙女给他来信了，张佩纶的孙女给他来信了，他胡兰成的女人都是有档次的女人，而且这一点也可以是他吹牛的资本……

胡兰成从南京回到上海，先不回自己的家，而是先去张爱玲那里，刚刚踏进房门就兴奋地说："我回来了！"直到黄昏将至，胡兰成才从张爱玲那里离开，回到"美丽园"的家中。

后来，胡兰成经常去南京，但一个月里总要回上海一回，住上八九天，和张爱玲腻在房间里，哪儿都不去，哪怕就是出去游玩都没有时间。胡兰成给张爱玲的是蜜月一般的日子，让她难以把持。两人在一起总有说不完的话，无论胡兰成说什么，卖弄什么，张爱玲都是欣喜的，从来都不会挑他的刺，可能恋爱中的女人都是如此吧。

当一个女人不能用理智来判断自己的爱情时，只有依靠命运来主宰自己了。未来是喜剧，还是悲剧，就全凭了宿命。

看到张爱玲如此痴情，姑姑也就不再说什么了，虽然她不看好胡兰成，但也只好听之任之了。

但每天的耳鬓厮磨，男欢女爱，让胡兰成感到吃力，他只好又去了南京。只有他离开了，张爱玲才会重新提起笔写文章，而她思念的梦就再也沉淀不下来了。

饺子好吃也不能天天吃，夫妻之间的相敬如宾非常值得推荐，但如果女人天天在男人眼里是"端然"的样子，不仅女人自己累，欣赏的男人也会累，还会审美疲劳。

不错，胡兰成跟张爱玲在一起，又是欣喜，又有一种透不过气来的感觉。因为张爱玲的优异太过与众不同，所以不由得让胡兰成产生了许多惶恐。胡兰成撰文说："……你用一切定型的美恶去看她总看她不透，像佛经里说的不可以三十二相见如来，她的人即是这样的神光离合。"所以，胡兰成宁愿时不时地离开，到其他女人的温柔乡里乐得自在。

男人就是这样的，当女人把全部心思都放在他身上的时候，他因为感受到压力就会产生嫌恶，不管女人的初衷有多么好，他都懒得去感动了。

胡兰成也不例外，他害怕张爱玲要他"支付"对等的爱，所以难免要口出恶言，说张爱玲的很多做法都让他不习惯，而且她非常自私，做事也心狠手辣……这样完全偏离事实的违心的说法，难道他就一点也不感到内疚么？

只有张爱玲一个人，丝毫不感到爱情是一种负累，她还像从前那样热衷于掏心窝子，低眉信手地诉说衷肠："你说没有离愁，我想我也是的，可是上回你去南京，我竟要感伤了！"

何止是感伤呢？张爱玲都有些讨好胡兰成了，就因为胡兰成喜欢张爱玲穿一双绣花的鞋子，所以他每次从南京回来，张爱玲总要穿上那双鞋子。

想到胡兰成毕竟是有婚姻的人，张爱玲虽然痛苦，但也不得不给胡兰成去信说:"我想过,你将来就只是我这里来来去去亦可以……"

无疑,张爱玲的底线已经降到最低,但是这个男人却不会因为你的底线越来越低,而更加珍视你。

胡兰成在《今生今世》里说过:

> 我已有妻室,她并不在意。再或我有许多女友,乃至挟妓游玩,她亦不吃醋。她倒是愿意世上的女子都欢喜我。

可见,张爱玲当时对胡兰成已经豁达到了顶点。但她说这话的时候,是不是也痛苦到了顶点呢?因为她何尝不希望胡兰成能够给予她朝朝暮暮和地老天荒呢?其实就连胡兰成跟苏青亲近一些,她也觉得自己受到了无限的委屈,因而跟苏青的关系都要淡漠起来了。

爱一个人到极限的时候,就会忍不住自己的悲伤,说不出悲凉的原因,但却受到这种悲凉的损毁,而伤心和欢喜仿佛成了张爱玲心中的双生花。

每次胡兰成回上海,两人坐在房间里说话的时候,张爱玲都深情地、目不转睛地看着他,压抑不住自己的崇拜和欣喜,不断地说着:"你怎么会这么聪明呢?"要不就是傻傻地问:"你的人是真的吗?你和我这样在一起是真的吗?我是不是在做梦呢?"胡兰成内心里是滚过波澜的,也心酸了。但张爱玲非要他马上回答是不是真的,擅长背叛女人、心虚的胡兰成不免尴尬起来。他还不至于一下子说出心声:"傻姑娘,我只是玩玩而已啊!你这样,太夸张了吧?"

偏偏胡兰成假戏真做,连自己都以为是真的了。他觉得自己就是最喜欢张爱玲的那个人,他没有见过谁像他那样对张爱玲那么好。

他的想法实在是让人忍不住发出骇笑。

最后选择跟张爱玲结婚,是不是胡兰成"良心发现"了呢?

原来胡兰成根本没想到要和张爱玲结婚，但是妻子选择跟他离婚，他才从自己的"群芳谱"里选择了张爱玲作为结婚的对象，李鸿章的曾外孙女、张佩纶的孙女还是配得上他胡兰成的。那一年，胡兰成三十八岁，而张爱玲只有二十三岁。胡兰成口里说的是不想日后时局变动连累到张爱玲，所以才没有举行仪式，其实是为以后的浪荡找个借口。

他和她只有一纸婚书："胡兰成、张爱玲签订终身，结为夫妇，愿使岁月静好，现世安稳。"不知是片刻真情的流露，还是惯用的欺骗伎俩，最后两句竟然是胡兰成写的，可是，"岁月静好，现世安稳"是他给得起的吗？

胡兰成说得没错，张爱玲虽然写了很多的婚恋文章，看似她什么都晓得，但其实她的人生阅历还非常浅短。

因为深爱，她不在乎胡兰成只给了她一个虚无的名分，不给她金钱援助，更没有什么爱情的实践和担当。

曾经，出国留洋是张爱玲的梦想，但因为有了胡兰成，她却说，我不想出国留洋，我就是喜欢上海。提起胡兰成，张爱玲的心里都是火花四溅的，她叫着"兰成"，还逼他叫自己为"爱玲"。她欢喜得无法表达的时候，就把胡兰成的名字写在纸上。她想撒娇的时候，还会坐在胡兰成的腿上……这些情景真是让人悲伤，似乎当时都是一些不合时宜的举动，但是后来回想起来，都让她痛彻肺腑……

她是非常害怕失去胡兰成的，所以她才跟胡兰成说："……我恨不得把你包包起，像个香袋儿，密密的针线缝缝好，放在衣箱里藏藏好！"

她害怕"夫妻本是同林鸟，大难临头各自飞"，所以叮嘱胡兰成，如果真有那么一天，世道变迁，而她和他必将失散于两地，胡兰成一定要改名为"张牵"或者"张招"，这样，不管天涯海角，她也能找到他……

乱世里的姻缘，像一枚来历不明的种子，长出了枝叶，但却没人能分辨出它是否基因良好，是否得了什么"不治之症"，而舆论的焦点就是"张爱玲爱错了人"。特别是当时的上海文坛，疯传着各种张爱玲与胡兰成的爱情版本，唯有张爱玲，把自己当作乱世里最幸福的人，而她的幸福，都是她最爱的男人给予她的……

但张爱玲自己信赖的"幸福"又能维系多久呢？

听一朵花的声音，看一片云的影子，孤寂的灵魂会渐渐失水，然后干瘪倒地，发出玉石碎裂的声音。事实上，爱情总如昙花，它的肥美往往经不起咀嚼，也无法营养一生。但深情的女人从来不管它的荒谬，心甘情愿地进入爱情的囹圄，兀自开放，兀自受伤，苦苦期待一份爱情的久长……

红玫瑰与白玫瑰

越怕失去，分手的日子就会来得越快。虽然爱情是一袭华美的衣，但乱世的重锤砸得它千疮百孔。爱情的旗帜刚刚才升起，却被迫要降下来。新婚之喜给张爱玲的也不过是短暂的宽慰罢了。

胡兰成的政治野心已经冒头了，虽然日本人的大势已去，但他仍旧要依靠自己的判断，做一下最后的挣扎。所以他跟张爱玲结婚才几个月，就要远走他乡。当然他根本不害怕跟张爱玲分离，因为他到何时何地都不缺桃花，到哪里都能做到"挟妓游玩"，快快活活的。

1944年11月10日，汪精卫去世，经过日本人池田的斡旋，胡兰成准备去汉口接手《大楚报》。这一次的工作不是单纯为了工作，而是在日本人的撑腰下大有一番作为。无疑，胡兰成的政治野心又开始蓬勃地燃烧起来。他幻想着自己能在日本人控制的地盘上"指点江山"，拥有真正属于他的"楚国"。从此江山华贵、美人芳香，他不是"王"谁是"王"？

而对于张爱玲来说，你侬我侬的日子一下子被"腰斩"了。跟当初《连环套》被"腰斩"一样,只是上一次是她自己的选择,这一次是她极为不情愿的,但却无力扭转。她一人喝酒,一人沉醉,哭哭笑笑,须臾之间,她的悲伤碎了一地……

丈夫要走,内心里是那种汹涌的"骇然"的感觉,以至于她乱了阵脚,无法说出一句柔软的挽留的话语。她已经意识到,此次一别,她的郎必将变了颜色,让她越来越陌生,越来越认不得。

想起了舒婷的诗:"与其在悬崖上展览千年,不如在爱人肩头痛哭一晚。"是的,张爱玲是何等冰雪聪明的女子,她知道再多的承诺也不及烟火与共的相守。

可是,他要走,如何留得住?她只好穿上最漂亮的衣服,微笑着去送他。她忍不住哀叹:

> 死生契阔——与子相悦,执子之手,与子偕老,我看那是最悲哀的一首诗,生与死与离别,都是大事,不由我们支配。比起外界的力量,我们人是多么小,多么小!
>
> 可是我们偏要说:"我永远和你在一起,我们一生一世都别离开"——好像我们自己做得了主似的!

是的,又得拿"命运"来说事了,张爱玲不知道胡兰成前行的路上,还将遇到多少佳丽,而他能不能被诱惑呢?还是让"命运"说了算吧。

而胡兰成也似乎早就推测出,如果张爱玲受到爱情的打击会是什么样子——"她对于人生的初恋将有一天成为过去,到那时候将有一种难以排遣的怅然若失,而她的才华将枯萎……"这句话倒真的跟傅雷的评说非常雷同——"奇迹在中国不算稀奇,可是都没有好收场……"张爱玲有一天会不会枯萎?会不会没有好"收场"?这些近似于"恶毒"的评语,如果夹杂进无常的人生、江湖的更迭，每个人的"收场"都没有什么分别吧？因为毕竟人不能常好，花不能常红，每个人的命运都有艳阳天，都有阴雨日。

何况这就是乱世，什么不是过眼云烟呢？

如果他不这样做，那他也就不是胡兰成了！而张爱玲，安安静静地，一句话不问，陷入了深深的绝望，她用了全身最大的力量克制自己。

送别时，看到胡兰成志在必得的样子，张爱玲才恍然，才有些真正地了解这个男人。她被悲凉吞没，甚至还有一些哭笑不得。"如果情感和岁月也能轻轻撕碎，扔到海中，那么，我愿意从此就在海底沉默。你的言语，我爱听，却不懂得，我的沉默，你愿见，却不明白。"多么逼真的描述啊，她和他本来就不是同路人。

他这个花花公子，只是一个回首的瞬间罢了，就抓住了她长长的一生。就从这一刻开始，不管你如何"牵他"，如何"招他"，他也回不了头了。

胡兰成来到了武汉，被安排在汉阳医院暂住。汉阳医院跟《大楚报》报社仅有一江之隔，胡兰成每天要过江去上班。每天都能融入江天一色，每天都能听到汽笛长鸣，每天能欣赏到"沙鸥翔集，锦鳞游泳"，这样的景色也是张爱玲喜欢的，但她只有寂寂然地在家伏案写作，想念着这个立于船头欣赏朝日和晚霞的男子。他的惬意，她明白；她的思念，他却毫不在意！

胡兰成的花心一直在蠢蠢欲动，他每天都盼着早点下班，因为下了班，他就可以和汉阳医院里的那几个小护士聊天了。这几个小护士都很漂亮，也都很天真纯洁，最出色的是一个叫"周训德"的。她不仅活泼可爱，还非常有想法，朦朦胧胧之间，好像真有一些张爱玲的劲头。不过，她比张爱玲要漂亮很多，弄得胡兰成一下子动了歪心思。他想要"拿下"的女人就变得什么都是好的了——"虽穿一件布衣，亦洗得比别人的洁白，烧一碗菜，亦捧来时端端正正……"最为关键的是，跟周训德往来，不用像跟张爱玲那样挖空心思地表达自己的"优异"。明明是他的浅薄，在没有见过世面的周训德这里，也是了不起的高深了。

得到"大才子"的喜欢，让周训德开心得不知如何是好，她怎会想到自己就是即将进入狼嘴的小羊，而胡兰成就是她一生的噩梦。无论是谁沾了他的边，都不会得到什么好。

胡兰成开始动用各种伎俩来博得小周的好感，有时教她背诵唐诗宋词，有时陪她江边散步。当然，如果胡兰成来了兴致，唾沫飞溅，指点江山的吹牛是免不了的。一个仅仅十六岁的、涉世未深的小姑娘如何经受得起这个？只消几日，就被胡兰成迷得神魂颠倒了。他的甜言蜜语，他的百般恩宠，让她仿佛喝醉了酒一般。

跟张爱玲相比，小周的"不优秀"正合了胡兰成的意。男人是不希望女人太优秀的，因为那样很容易暴露男人的愚蠢，而一个三分机灵、七分愚蠢的女人才是刚刚好。

就比如带着女人读诗，胡兰成在张爱玲这里就无法显示他的优异，因为对于古诗词，张爱玲懂得更多更全面，他不仅指点不了张爱玲，反而得让张爱玲来指点他。相对于一窍不通的小周，胡兰成反而成了"大师"级的人物。他突然觉得自己高大了，这种感觉让他十分受用，这是在张爱玲那里完全得不到的……

当然，他还是一个擅长要照片的男子，以前跟张爱玲要照片，现在又跟这个小姑娘要起了照片。小周兴奋地把自己的玉照交给了胡兰成，胡兰成还让她在照片上题字，就用他教给她的乐府诗的格式。小周乖乖地在照片后面题上："春江水沉沉，上有双竹林；竹叶坏水色，郎亦坏心人！"胡兰成假装感叹，小周是和他心意相通的。

小周就这样一边叫着"坏人""坏人"，一边跌进了这个人的怀里。

从此，小周就堂而皇之地跟胡兰成同居在了一起，根本不害怕其他小护士的流言蜚语。她给他洗衣服、做饭，给他抄写文章，满足他的欲望，俨然一个小妻子一般。她还很喜欢跟胡兰成捉迷藏，明明看到她在楼下，一转眼就逃到楼上去了，等你追到楼上，却根本没有她的影子，等到老迈的大叔气喘吁吁地回到房间，却见她好端端地坐在那里……这让胡兰成兴奋不已，生生觉得自己也变成了一个年轻的后生。

小周的年轻浪漫激发了胡兰成的情欲，捉住她，非要让她说"我爱你"，小周只好被迫说了，胡兰成刚要说"这还差不多"，没想到小周掠了掠额前的头发，又说，假的。

老男人最喜欢的就是小女生的这种娇纵和邪气，而且很快就上了瘾。小周再怎么放纵，也是天真的，而她的天真就吸引着男人去开垦她，去塑造她，直到她完完全全地臣服于自己……

把心思放在小周身上的胡兰成对于自己背叛了张爱玲丝毫不感到内疚，反而坦然地以为，她也不会因为这件事而痛苦。正所谓"卑鄙是卑鄙者的通行证"。

倒是小周，跟胡兰成较起真来。因为小周的母亲是妾，而她知道胡兰成是跟自己父亲同龄的人，不可能没有老婆。她实在不想步母亲的后尘，再沦为人妾，一辈子抬不起头来。

她虽然有了这个忧虑，但总是被胡兰成的几句甜言蜜语给糊弄过去。

也许是怕有一天，自己的所作所为受到张爱玲的责难吧，所以他主动给张爱玲写信，说他在汉口结识了一个叫小周的姑娘，但却没有说他早就跟小周同床共枕的事实。

而张爱玲的反应一点也不激烈，甚至还有一些麻木，她只是淡淡地回应他说："我是最妒忌的女人，但是当然高兴你在那里生活不太枯寂……"

其实张爱玲心里有一万个委屈，在小周这件事上又深受刺激，不知道如何发泄，就对胡兰成说，有一个外国人请她跳舞，如果她答应了，那个外国人还会给她抚养费。胡兰成知道她不会做出这样的事情，她之所以这样说，只是吃了小周的醋而已。

张爱玲需要做一些事情来排解自己的苦痛，好在那一段时间，她非常繁忙，正在忙着《倾城之恋》的改编和上演。每当排练的时候，张爱玲都亲自到场，甚至女主角罗兰也是张爱玲选定的。当看到罗兰穿着寒素的蓝布罩袍，满眼幽怨的时候，张爱玲几乎震惊了，这就是活生生的白流苏啊！她不由得感慨，戏剧里的人物可以由她编写命运，可是她自己的命运由谁编写呢？

《倾城之恋》这部戏红遍上海滩，张爱玲再次登上传奇的顶峰。可有谁知道，她的情感正在经历着煎熬呢？只有她自己明白，戏剧再精彩也终有落幕的时候，情感再缠绵也无奈烟花渐冷。此刻的好，是最美，但就在此刻，她当作生命一样看重的爱情，正在苟延残喘，如同霜打的秋花。

胡兰成处于张爱玲与周训德之间，空间也是极为狭小的，但他完全不感到逼仄。他把周训德渗透给张爱玲，当然也会把张爱玲渗透给周训德。明明是脚踩两只船的龌龊，在他那里反而变成了无上的光荣。胡兰成有妻子的事虽然在小周的意料之中，但经他的口里说出来，小周难免哭泣了一番，但经不起胡兰成的甜言蜜语，她马上破涕为笑了。

而张爱玲无时无刻不在思念着胡兰成——"听到一些事，明明不相干的，也会在心中拐好几个弯想到你……"

张爱玲曾在《红玫瑰与白玫瑰》之中说过这样一段精辟的话——"娶了红玫瑰，久而久之，红的就变了墙上的一抹蚊子血，白玫瑰还是'床前明月光'；娶了白玫瑰，白的便是衣服上的一粒饭粘子，红的还是心口上的一颗朱砂痣。"是的，此时的周训德就是胡兰成的"床前明月光""心口的朱砂痣"，而张爱玲就是他眼里的"蚊子血"和"饭粘子"。为了陪伴稚嫩的新欢，他明明有时间回上海陪伴张爱玲过春节，但他随便撒了个谎就把她打发了。他和小周正把除夕之夜当作新婚之夜，在"和二仙"的画轴底下，拜了又拜，仿佛一个是新郎，另一个是新娘。而小周甚至有一种错觉，胡兰成这么爱她，是不可能离开她的……

对这两个女人，胡兰成是能欺骗一天就是一天。

终于到了三月份，胡兰成要回上海一次，虽然只是短暂的分别，但小周还是万般不舍。被爱情操控的女人，连撒娇赌气的方式都是一样的。张爱玲和胡兰成交往之初，派人给胡兰成送去一封信，说不要再见面了。这个小周也用了类似的办法，她看着夕阳西下，忍着自己的眼泪，幽幽地跟胡兰成说："是该回去看看张小姐了，你此去不必再来的，待你走后，我也该嫁人了……"说这话的时候，她的心也疼碎了，跟张爱玲的悲伤也不相上下！

男人同时喜欢着两个女人，迫使两个从未见过面的女人也彼此关切起来。胡兰成刚一回到上海，张爱玲就假装不经意地问起小周："小周小姐什么样？"胡兰成本想用拥抱和甜言蜜语打个马虎眼，然后岔到别的话题上去，无奈他看到张爱玲眼神中的一丝冷，这种冷到底还是威慑到了他，他想不回答也是不成的，所以就压低声音，想了又想，才说："一件蓝布长衫穿在身上也是非常干净的……"张爱玲又问："头发烫了吗？"胡兰成回答："没烫，不过有点自然弯……"

张爱玲再没有往下问，谈话就这样戛然而止了。

张爱玲凭着直觉知道，胡兰成和小周之间，肯定"该发生的发生了，不该发生的也发生了"，不过她不想深究，而是继续与他恩爱如初。她就是这样的女子，不到最后的底线，她不会轻易放手，但只要有一天放手了，她就不会再回头。

胡兰成就是这样被张爱玲宠着，被周训德宠着，本来做了最没有道德的事，却好像他是一个最无辜的人。你们要爱我？跟我有什么关系？

胡兰成是张爱玲的唯一，也是周训德的唯一，但胡兰成却是许多女子的夫君。这个浪荡子，他从没想过被他伤害是一种什么样的滋味。风流是他的本性，这边腻了，他就跑到另一边。害得两个女人妄自猜测，一个在想：他是爱我的，他跟我有婚书的，他和她就是玩玩的；另一个在想：他和我才是有缘得见的，他和她肯定没有什么真感情，要是有，为什么会选择我？

两个女人和那个时代一样，满心疤痕，无比凄惶。

但胡兰成毫不在意，在上海待腻了，他又忙不迭地赶回武汉，继续宠爱着"小妻子"。只是回到武汉之后，胡兰成和小周没过几个月安稳日子。因为攀附日本人，注定了他不会有什么好下场。

有一天，医院里安静得好像天下并没有战乱一般。他正在房子里给报社写着社论，忽然一个炸弹落在对岸的武汉，飞机从对面的山上俯冲下来，机关枪扫射着越过医院的屋顶，向江面而去。不知道是不是乱兵在杀人，他和小周狼狈地躲在厨房里，刚要出去，又是一阵乱枪乱炮，俯冲下来的飞机差点把医院的房顶都带翻了，小周赶忙把胡兰成再次拖进厨房。

胡兰成也是怕死的，经此一吓，听到风吹门响，都怀疑是轰炸的前奏。而小周则跑到地下防空室偷偷地哭泣，见到胡兰成进来了，才又破涕为笑。他们在汉阳街上见到过炮弹头，像罐头一样又粗又长，连医院的楼板上都落了两个弹头……

1945年8月15日，日本宣布投降。胡兰成在汉阳的马路上，听到日本天皇广播下的投降诏书，出了一身汗，歪歪斜斜地跑到报馆。日军的报道班已经送来电讯，《大楚报》也原文刊登——日本投降了！

胡兰成意识到，大限真的来了。而他怂恿武汉独立，终于让他走到了山穷水尽的地步。为了保命，他只好逃跑。逃亡之前，他用甜言蜜语哄劝小周，说之所以不带她走，是因为不想让她跟着受苦，他从此要改名换姓，流浪天涯，让小周不要哭坏身子，将来他们还有长长的日子云云。

之前胡兰成给小周财物，小周都不肯要。大限来临，胡兰成倒也是真的动了恻隐之心，把自己剩余的薪水都留给了小周，感动得小周大恸，悲声说道:"兰成,我爱你!"

胡兰成安抚完小周马上就走,小周忍不住痛哭:"你平日只顾我,自己无享受,你此去吃苦,无人服侍!"胡兰成为图个顺利,非要让她笑,小周只好含着眼泪,嫣然一笑,笑过又痛哭说无法送他了。风大,小周穿着红色的裙子,倚在门廊上,像一朵红色的云,渐渐淡出胡兰成的视线……

从此,她的生命里再也没有了桃红柳绿,她的轮回闪灭,都不再与他有任何交集了……

渡汉水,胡兰成看了一眼对岸汉口的街市和渡船上挑箩挟担的贩夫贩妇,然后把手枪沉入水底,一起沉入的还有他和小周的一切……

我将只是萎谢了

日本人走了,世界突然变得安静。期盼再次见到胡兰成的张爱玲,内心却无比疼痛。她不敢去想,汉口的小周是如何投入胡兰成的怀抱的。夕照之下,她觉得自己已经苍老,苍老得连设想的力气都没了。万里江山,都充满了精气神儿,这个世界,阳光终于可以绽放,但她却不敢去看阳光背面是什么……

而胡兰成的心大真不是浪得虚名,狼狈的逃亡过程竟然也让他体悟到欢欣自在,他甚至把自己的逃亡当作是一种"事业上的谦逊"。当良知和人性一起泯灭时,他就已经"腐朽"了,但自己无论如何都认识不到这种"腐朽"。狂妄起来,生生把"烽烟"当作了"炊烟"。多少红肥绿瘦,多少柳色依依,多少缠绵呢喃,多少幽幽暗香和温存都在等待着他。作别一方的涕泣,还有一方的暖语。爱玲,我回来了……他像平常探亲访友那样回到上海,去跟张爱玲话别。

抗战胜利了,从大方向来说,张爱玲本来应该高兴,但面对逃亡的胡兰成,她无论如何也高兴不起来。因为当时被抓起来的大小汉奸已经一万多人，在逃的胡兰成不知道能不能幸免。无论前面是断桥还是长亭，他都得与她分手。月色流转，琴曲幽咽，只是一个夜晚，许多事情都来不及问询，许多未来也都顾不得筹划，只是觉得月色如梦，梦如月色，眼前的男人，如此不真实，相拥着也不敢有丝毫的高兴，因为短暂的相聚之后就是相会无期的别离……她很想问小周的事，但又觉得时机不对。她不知道胡兰成这次回来，跟小周是断了还是没断。她只从胡兰成的脸上看到了一丝不耐烦，似乎随时都要抬腿走人……

其实，除了爱情的安抚，他更想从张爱玲这里得到一些支持和建议。他是很想去日本的，但张爱玲没说让他去，也没说不让他去，只是给胡兰成讲了曾外祖父李鸿章的往事。李鸿章因为与日本人签订丧权辱国的《辛丑条约》，曾经发誓一辈子不去日本……胡兰成明白了张爱玲的用意，但显得更加无所适从了。

是的，局势紧迫，上海肯定不能久留。第二天，胡兰成由侄女青芸的丈夫陪伴去了杭州躲避风头。他先是到了侄婿的姐姐家，也只是短暂的逗留，马上又离开了。

实在无处可去的胡兰成跑到了同学斯颂德家，因为胡兰成之前跟斯颂德过从甚密，斯颂德的母亲待他也如亲生儿子一般。她接收了逃难来的胡兰成，赶紧收拾客房让他住下，跟邻居撒谎说是张先生，关紧房门后对胡兰成说，胡先生，您就安心住在这里吧。

斯家待他不薄，可胡兰成却惦记上了斯家的女人。这个女人不是别人，就是斯颂德的庶母，名叫范秀美，比胡兰成大一两岁，她曾经给斯家生过一个女儿。胡兰成和斯家人一样，尊敬地称呼她为范先生。

既然是同学的庶母，按理说胡兰成不应该动什么歪心思，但风流成性的胡兰成却偏偏看上了人家。斯宅桥头的祠堂外面，赫然印着四个赫红的大字——"肃清汉奸",但丝毫影响不到胡兰成谈情说爱的兴致。

范秀美其实是个普通人,但在胡兰成眼里——"只觉她生在官家亦配,生在巷陌小门小户亦配。她的服装与派头,叫人看了只觉顺眼……"甚至,他还评价说是"民国世界的人"。这么高的赞誉,好像只对张爱玲使用过——"民国世界的临水照花人",现如今,又给另一个女人用上了,可见他对范秀美的中意程度。他觉得范秀美就是天空洒下的月色,又明朗又清丽,从遥远的地方映射过来,追逐着他。

他不嫌弃范秀美比他年长一岁,认为"她比我大一岁,但是使人只觉对年龄亦没有议论,可比见了菩萨像,个个都是她那样的年龄似的……有时我见她去畈里回来,在灶间隔壁的起坐间,移过一把小竹椅坐一回,粗布短衫长裤,那样沉静,竟是一种风流……"还没有怎么接触,他就已经觉得范秀美楚楚可怜,温柔安详,哪怕是站立着也如同花的枝微微倾斜,千娇百媚,别样风流。才接触几天,范秀美仿佛就成了胡兰成幸福的家园,爱情的圣地。

而不明就里的范秀美还跟斯家人一起为胡兰成的未来做着打算。因为斯宅附近的风声也越来越紧了,同其他地方一样,出现了打击汉奸的活动。斯家恐怕也不能久留了,斯颂德的母亲非常着急,生怕胡兰成会出什么闪失。

紧要关头,范秀美自告奋勇,要带胡兰成去一个安全的去处,这个安全的去处是范秀美一个女友的家。范秀美带着胡兰成走到县城,又从县城坐船走了三十几里水路,直到傍晚才到了那女友家。范秀美介绍胡兰成是她表弟,想要在女友家静养一年半载,所需的费用都由范秀美负责……不料这个请求被女友一口回绝。

范秀美和胡兰成非常失望,只好原路返回斯家。这一路,胡兰成情潮翻滚,觉得范秀美虽然是女性,但没有一点娘娘气,反而有一种男性的"壮阔无际"的美,他更加蠢蠢欲动起来。他觉得范秀美为他冒了很多的险,已经有资格做他的爱人了。她虽然没有张爱玲有才华,也没有小周年轻漂亮,但她的女侠气质,却又是其他的两个女人无法比拟的。

范秀美也终于不负胡兰成的"厚望",准备一直把胡兰成送到安全的地方,首选之地就是浙江金华。可刚一到金华,就差点落到国民党特工手里。在范秀美的建议下,两个人又匆匆地逃往温州范家的故居。

逃亡的路上,胡兰成还不忘跟范秀美讲述自己的情史——原配的妻子、张爱玲和小周,他都一一道来,仿佛这是他的光荣,女人对他是什么?大约只是战利品。范秀美听着听着,眼睛不由得放起光来。她从没有见到哪个男人有这么大的魅力能俘获这么多优秀的女人。换句话说,如果不是他太优秀,这么多优秀的女人怎么都这么爱他呢?听这个男人炫耀情史,她没有骂他一句臭流氓,还把他当成了偶像!

看范秀美这么崇拜自己,胡兰成也越发觉得她国色天香了。用胡兰成的话来说就是:

>……她的人蕴藉,是明亮无亏蚀,却自然有光阴徘徊。她的含蓄,宁是一种无保留的恣意,却自然不竭不尽,她的身世呵,一似那开不尽春花春柳媚前川,听不尽杜鹃啼红水潺湲,历不尽人语秋千深深院,呀,望不尽的门外天涯道路,倚不尽的楼前十二阑干。

他甚至还挑逗范秀美说,这么许多年,你就不曾有爱人?

这么露骨的话,范秀美不是听不出来。斯家的老爷早早去世了,身居斯家的大院,多年守寡的她,想必也不曾受过这样的撩拨,一时间也忍不住春心荡漾起来。

所以,干柴烈火的他们迅速有了夫妻之实。胡兰成给予范秀美的风流缱绻,让她刻骨铭心,等到了通往温州的船上,她羞答答地跟胡兰成说出了自己的心思:"这我可是要蛮来了的呢!你到何处我都要跟牢你了的呢!"

胡兰成听了别提多高兴，因为又一个女人对他死心塌地了，但他却故意摆高姿态，说张爱玲有千般好处，小周有万般好处，她们又都是妒忌心很重的人，如果将来到一起，会把她比下去。这范秀美倒会取巧，一下子点中胡兰成的心窝子——"只要是与你，甚至聚散，都是好的。"胡兰成心里生了感动，赶忙说自己说的是玩笑话。

但胡兰成如何给这么多女人定位或者排位置呢？

他自有自己的一套说法——

……我已有爱玲，却又与小周，又与秀美，是应该还是不应该，我只能不求甚解，甚至不去多想，总之它是这样的，不可以解说，这就是理了……

来到温州，为了避人耳目，胡兰成改了个名字，叫张嘉仪，而不是跟张爱玲约定的那样，叫"张招"或者"张牵"。

虽然他的心里已经完全没有了张爱玲，但是张爱玲却无时无刻不在牵挂着生死未卜的他。从胡兰成一个密友那里得到他的去向后，张爱玲孤身一人，从上海跑到温州寻找他。

正沉浸在温柔乡里的胡兰成，没有想到张爱玲会来找他，简直是要破坏他的好事，如果她这一路行来，没有好好地防范，再引来盯梢的人，那就更可怕了。所以，当张爱玲出现在他面前时，他不仅没有丝毫惊喜，反而疾言厉色地骂她："你来做什么？还不快回去！"

张爱玲却回答："我从诸暨丽水来，路上想着这里是你走过的，及在船上望得见温州城了，想你就在那里，这温州城就像含有宝珠在放光。"

如果不是心里滴着血，如果不是覆水难收，怎会说出这样痴绝到如此低下的心声？冷冽如她，张爱玲的姿态真的是低得不能再低了。可是这样让旁观者都要落泪的话，却丝毫打动不了胡兰成，他一心想的只是如何早点把张爱玲打发走。

胡兰成把张爱玲安置在公园旁的一家旅馆里，只在白天的时候去陪陪她。晚上怕警察来巡夜，所以不敢住在那里。而他与范秀美之间的事，他也刻意瞒着张爱玲。

张爱玲意识到胡兰成变了，除了小周，好像他还有什么事瞒着自己。万箭穿心的她和胡兰成并排躺在旅馆的床上，两个人脸对着脸，四目相视的刹那，张爱玲的眼睛里都是笑意，面庞像大朵的牡丹花，开得满满的。终于，张爱玲忍受不了自己的悲戚了，她爬起来，到窗口那里站着，旅馆后面是一个小山丘，有树有草，天空氤氲起来，低低的，泛红的，好像要滴下来红色的眼泪一样……

哪里？到底是哪里出了问题？迷茫中的张爱玲一遍遍地问着自己，但却没有答案。或者，她不想知道答案，只感觉自己要萎缩下去，好像要一直缩到地底下一般……

胡兰成带张爱玲上街去逛，两人边走边说话。晚上的时候，胡兰成就带着张爱玲和范秀美两个人上街。三个人一起走着，正值正月十五前后，店铺的门口都插着香，张爱玲就凑上去闻，还说那香味好，她竟然迟钝到不怀疑胡兰成和范秀美。也许是出于一种自保的潜意识吧，有一个小周就已经是晴天霹雳了，再出来一个范秀美，还能让人活么？她和胡兰成曾经拥有爱情的绝唱，到如今，却处处是挽歌……

直到有一天，胡兰成躺在旅馆的床上，隐隐腹痛，却强忍着，不跟张爱玲说。片刻，范秀美也来到了旅馆，胡兰成马上跟她说身体不舒服，撒着娇，博得垂怜。范秀美急切地问疼到什么程度，说等一会儿吃点热茶就好了。敏感的张爱玲一下子觉得，胡兰成和范秀美好像是亲人，而她只是一个外人一般。但张爱玲不敢去想，他和她有了什么事，她当然不知道，胡兰成的无耻已经超过了她能承受的底线。

胡兰成问张爱玲，范秀美漂亮么？张爱玲赞叹："范君的美，她的脸好像是中亚细亚人的脸，是汉民族本色的美。"然后张爱玲马上给范秀美画起画来，范秀美就配合着让她画。胡兰成站在一边看，看到张爱玲很有兴致地画了范秀美的脸庞、鼻子、眼睛，正要画到嘴角，她却停下了笔……

范秀美走后，胡兰成问她为啥不画了，张爱玲强忍悲痛："我画着画着，只觉她的眉眼神情，她的嘴，越来越像你，心里好不震动，一阵难受，就再也画不下去了，你还只管问我为何不画下去！"其实，她突然意识到，胡兰成和范秀美之间肯定是不清白的了。如若不然，为什么他把腹疼这么体己的话都跟一个不相干的女人说，而不同自己说呢？她的心进入了可怕的凌乱、恐慌状态。

但千头万绪，还是从小周的源头说起为好。因为范秀美的事，胡兰成没有跟她明说，她也没有力气捕风捉影了，她宁愿胡兰成和范秀美没有龌龊，全是自己一厢情愿的空想。

所以第二次上街时，张爱玲就只拣曲曲折折的小巷子走，好像只有这样，才能映衬着她内心的挣扎，一边走，一边说，我和小周之间，你选一个吧。可胡兰成不仅不选，还说："我待你，天上地上，无有得比较，若选择，不但于你是委屈，亦对不起小周……"

张爱玲索性不罢休，停下脚步，逼近了胡兰成："你说最好的东西是不可选择的，我完全懂得。但这件事还是要请你选择，说我无理也罢。"

胡兰成指东道西，但不能给张爱玲一个答复，张爱玲生平第一次做了这样的责问："你与我结婚时，婚帖上写现世安稳，你不给我安稳？"

张爱玲少有的咄咄逼人让胡兰成一惊，他开始胡扯起来，说些世态荒荒，他和小周也未必还能见面的鬼话，妄图偷换概念。但张爱玲不想再听他说什么了，叹息着："你到底是不肯。我想过，我倘使不得不离开你，亦不致寻短见，亦不能够再爱别人，我将只是萎谢了。"就这样，张爱玲撕心裂肺地回到了旅馆，为了爱情，她追到了海角天边，但却是这样一个被抛弃的下场……

在温州，已经待了二十多天了，看样子，张爱玲要的答案，胡兰成是不会给她了。泪洒西风，微笑作别的时刻该到了……

在张爱玲离开温州回上海的前一晚，张爱玲去了胡兰成和范秀美的寓所。更加得寸进尺的是，就因为范秀美怕邻居说闲话，胡兰成和范秀美统一口径，竟然对邻居们说，张爱玲是胡兰成的妹妹！胡兰成一心想着的是范秀美的面子，而张爱玲哭泣、滴血的心，他却连管也不管了。

张爱玲眼睁睁地看着胡兰成和范秀美这一对"神仙眷侣"，直到深夜还舍不得离开，神态已经近似于可怜了。她的愁颜幽邃，胡兰成和范秀美只当没看到。

其实，张爱玲让胡兰成在她和小周之间任选其一的时候，她在胡兰成眼里的优越感就已经没有了，胡兰成已经站在了高处，张爱玲站在低处，可怜巴巴地让他给个说法，这种做法和普通女人被抛弃的反应是一样的，是很容易让男人轻看的。但那又怎么样呢？张爱玲不是神仙，她是人！你虽然给我伤害，我还是会给你温柔，虽然不能忍受背叛，但也不会轻言放弃。只有做了最后的争取，方不会留下遗憾！

第二天，胡兰成送张爱玲去渡口，船还没开，他就忙不迭地走了。江水翻滚，时间的洪流里，是她的一颗千疮百孔的心。所有命运的纷落都有归宿，唯有此时的她，已经看不到萧瑟人海中负心汉的影子……

数日后，张爱玲给胡兰成写来一封信：

> 那天船将开时，你回岸上去了，我一人雨中撑伞在船舷边，对着滔滔黄浪，伫立涕泣久之……

是的，这样一个坚强的女子，还是被负心汉的"利剑"刺得鲜血直流。她的灵魂，她的爱情，都被这滔滔的江浪埋葬了，从此，她再也不是她。她为了一个不值得的男人低到了尘埃里，又开了一朵花，可是这朵花被残忍的蹄子践踏了。她默念的爱情赞歌，只是给自己上的紧箍咒；她苦苦等待的夫君，也只不过是她生命中的阴霾；他不是她的光源，也不是她的希望，他不能给她任何的依靠和担当，他只能给她背叛。充其量，他只是她的噩梦罢了……他频频地拥有新欢，哪还记得那曾经沧海，哪还记得那带泪的誓言？

张爱玲在《小团圆》里形容过那时候的痛苦——

> 那痛苦像火车一样轰隆轰隆一天到晚开着，日夜之间没有一点空隙。一醒过来它就在枕边，是只手表，走了一夜……

她吃不下东西，靠喝一点果汁维持生命，几个月都没有例假，一照镜子，憔悴的样子把自己都吓了一大跳。是的，张爱玲正在一寸寸地死去，这可爱的世界也一寸一寸地死去了。笑，全世界便与她同声笑；哭，她便独自哭！

胡兰成评价《倾城之恋》里的范柳原时说："他和她要好，但不打算和她结婚……结婚是需要虔诚的，他没有这虔诚。他需要娼妓，也需要女友，而不需要妻子……"虽然评价的是范柳原，但却更像胡兰成自己。

情深不寿

张爱玲悲痛地离开了温州，胡兰成和范秀美却做了许仙和白娘子。微雨中，一个打伞，一个追逐，以此方式庆祝张爱玲的离开。范秀美除了陪邻居说些家常话，就是跟胡兰成相拥而眠，"绊脚石"不在了，他们终于可以继续恣意地欢乐了。星月交辉之下，仿佛时间已经停止了，连理同心的快乐让胡兰成觉得自己是最幸福的"新郎"。

胡兰成在范秀美的陪同下，仿佛忘记了自己的逃亡身份，而跟他有婚约、却被他一次次辜负的张爱玲，被人说成是"汉奸的妾"。张爱玲随信给胡兰成寄去三十万，希望他和范秀美能生活得更好一点。胡兰成心安理得地消费着张爱玲给他的钱，却不问一句，钱都给了他，张爱玲自己怎么办。

自私的男人就是这样，自己的小舞台，自己当作万里江山，也让周围的人当作全部的世界。你对他多大的付出，他都认为是理所应当的，除了快乐地接受，他不会有一丝的感恩。

张爱玲为了胡兰成掏空了自己的感情和金钱，变得越来越单薄，仿佛一个失去血色的人。月圆之时，是属于胡兰成和范秀美的团圆；月缺之时，却是张爱玲一个人的凄迷……

张爱玲的爱情戏轰轰烈烈地演在台上，她一直演到没有了剧情，本想脱下戏服，却因为入戏太深，戏服都长在了身上。她也就如同那荆棘鸟，唱着唱着，直到荆棘最后刺穿了自己的身体，它才悲伤地死去……何其无奈，又何其悲壮！

檐头斜出桃花，阳春三月来了。三月三的灯市，每隔数十步就搭着一个牌楼，上演温州戏、木偶戏或者是鼓乐，那些放烟火的、舞狮子的，也都来凑热闹。那种繁荣的景象已经多年没有了，抗战胜利，一切都苏醒了过来，好像突然之间就有了新生命。胡兰成牵着范秀美的手，一同欣赏花灯，他们走在月亮底下，开心地踩着对方的影子，觉得人世如此美好，如果永久地沉湎下去，美人在侧，喝酒唱诗，该有多么快意……

可好景不长，行政专员开始对温州进行突击检查，专门查找漏网的汉奸，胡兰成心惊肉跳起来。四月的一天，有一个当兵的到范秀美的大门前张望了一下，然后从后院直穿过去。他并没有看到胡兰成，如果看到了，直接带走是完全有可能的。范秀美当场就吓得脸色发黄、浑身发抖。

当天夜里，胡兰成和范秀美仓皇地逃离温州，准备逃回到斯家。但船行一半时，范秀美却号啕大哭起来，因为她这次和胡兰成返回斯家，她就得变回庶母的身份，就不能毫无顾忌地跟胡兰成做"夫妻"了。甚至，她必须得装出跟胡兰成之间什么都没发生的样子。她好不容易才得到的夫君，就成为跟她没什么关系的"胡先生"了。她所认为的最佳伴侣，也只不过是一场梦罢了……

第二天晚上，船停在一个村子的岸边休息，补充给养。村子里正在演木偶戏，在漫漫的江流声中，只听得那木偶戏一片"唉唉唉"的叹息声，无论多么抑扬顿挫，也失去了在温州时的美妙了。昨天花红，今天花谢，这就是时过境迁吧。饥饿中的范秀美看到有一户农家正在剥毛豆，就问人家卖不卖，却被一句"不卖"生硬地拒绝了。烟波弥漫，两个仓皇的人重新回到船里，少有的沉寂，再也没心思调笑了……

胡兰成带着范秀美回到斯家，一看他俩眉眼相望的深情，斯家什么都明白了，但也什么都没说。舟车劳顿，胡兰成倒没觉得有什么，只是范秀美又是恶心，又是反胃，食不下咽。偷偷找先生一看，了不得了，范秀美竟然怀孕了。但胡兰成和范秀美都清楚，这个关键时刻，孩子万万不能生在斯家。对于胡兰成来说，斯家是他避难的地方，他不想有什么口实落在斯家的手里，导致自己失去安身的地方。关键时刻，胡兰成最先想到的还是自己。

思来想去，胡兰成授意范秀美去上海找他的侄女青芸。因为实在找不到借口，胡兰成没有陪同范秀美去上海。

范秀美孤身一人来到上海，找到了青芸。在青芸的安排下，范秀美住进了一家旅馆。稍事休息，青芸就带着范秀美去了医院做流产。但一百元的手术费难住了青芸，她只好拿着胡兰成写给张爱玲的字条，带着范秀美去了爱丁顿公寓找张爱玲寻求帮助。

张爱玲看完了字条，什么都明白了。小周的事不给说法倒也罢了，跟范秀美孕育了孩子倒也罢了，还转过头来让张爱玲支付手术费。全天下还有这么无耻的男人么？如果说之前，她对胡兰成还有什么幻想的话，那现在是彻底死心了。但胡兰成早把张爱玲摸得透透的了，他知道无论他把事情做得如何绝，只要他跟张爱玲开口，张爱玲都会帮他的。

果不其然，张爱玲虽然在此时已经出离愤怒，但还是马上拿出一个金镯子交给青芸，让她去当掉，然后给范秀美做手术费。此时的张爱玲因为把钱都寄给了胡兰成做生活费，再也拿不出钱来了，实在没办法才当掉了自己的镯子。她对胡兰成已经做到仁至义尽了。

十几天后，范秀美平平安安地回到斯家，剪短了头发，人也变胖了，红光满面的，但她只提到青芸对她照顾得很好，心里是真心有这个叔叔的，但对张爱玲的付出，却没有提一个字。张爱玲虽然帮了她这么大一个忙，她内心里还是讨厌她的。

而在《小团圆》里，张爱玲只是说盛九莉（自己）不知道这个女人找自己什么事，只是看到她吃不下饭去的样子，心里特别反感。

范秀美的事情解决了，胡兰成心里的一块石头也落了地。他心安理得地待在斯家，开始写起了《武汉记》，准备详细描述一下他的风流韵事了。一转眼，八个月时间过去，而《武汉记》也写了五十多万字。这个不以为耻反以为荣的家伙，看着笔下的浪荡的自己，有时会高兴得笑出声来，真是令人匪夷所思啊！

虽然斯家人待他依旧不错，但待的时间太长，让胡兰成自己都不好意思了，心里盘算着温州的风头也该过去了，就准备取道上海，去温州重新开始自己的生活。这一回，不知什么原因，范秀美没有跟随他一起前往温州。也许是怨恨胡兰成让她打掉孩子吧，觉得他并不是一个可以托付的人。

胡兰成在斯颂德的陪伴下到了上海，见到了将近一年没有见面的张爱玲，青芸也来看他。等斯颂德和青芸都走了，胡兰成开始责怪张爱玲，为什么待客这么冷，竟然不留斯颂德和青芸吃饭？张爱玲第一次反驳他："我本来就不会招待客人，我也不知道我哪里做错了……"他说什么，张爱玲马上反驳，这还是第一回，所以胡兰成也不敢再说什么了……

　　夜里，冷清的灯光下，看着眼前这个近一年没见的情场得意的男人，张爱玲只觉恍如隔世。他没有回到自己身边时，她拼命地想要拥有他，拼命地想要跟他花好月圆，死生契阔；但是现在回来了，他却早已"脏污"得不成样子了，他再也没资格做自己的丈夫了。刹那之间，张爱玲想到了小周，想到了大着肚子的范秀美。是啊，眼前的这个男人，已经到了"人尽可夫"的地步，还有什么事是他做不出来的呢？他从没有管过自己的凄楚无依，自己的付出在他眼里只是一个笑话罢了，他的皮囊包裹着令人生厌的灵魂，他给的冷寂与残酷已经杀死了她全部的爱情！

　　她不想再继续卑微了，不想再在魔鬼之前跪拜了！为他，不值！

　　罢了，也就是这样的两个字了。送给他，送给自己，也送给过去的曾经沧海。

　　除了简单的客套，张爱玲失去了同他交谈的兴趣。以往，她那么渴望他浪子回头，可他都冷血得像个魔鬼，把她的心伤透之后再想重新温暖，已经是不可能的事情了。她可以是布偶，任人摆弄，但前提是，这个摆弄的人应该是个亮亮堂堂的人，可胡兰成根本不是！

　　胡兰成真是一个又贪婪又可笑的人啊！他很想得到张爱玲的谅解，但说什么话不好呢？他偏偏把自己和范秀美之间的恶心情事讲给张爱玲听，张爱玲听了只是一言不发。胡兰成又问她是否看完了《武汉记》，间接地问她是否知道他和小周之间的感情缘起。张爱玲终于说话了，但却只说了四个字：看不下去！胡兰成竟然以为张爱玲是吃醋了，所以抱着开玩笑的心态挥手打了张爱玲的手臂一下。张爱玲大声地"啊"了一声,这一声"啊"里充满了委屈、愤怒、诘问和排斥。她好像是对这个世界呐喊,胡兰成这个男人已经让她嫌恶到了极点。同时,这一声"啊"也是一道隔离线,把她和这个脏污的男人隔开。

胡兰成拿出小周的照片给张爱玲看,心里忐忑着,怕张爱玲把这张照片撕了,没想到张爱玲看完后,只是微笑着还给了他……

胡兰成还不罢休,跟张爱玲说,青芸在他面前提过,张爱玲小姐是个很好的人。

张爱玲驳斥他,我的好坏还需要别人去说么?

胡兰成讨了个没趣,也没有脸面睡在张爱玲的床上。他们久别重逢,但却选择了分床而眠,各自想着各自的心事。

第二天,天还没亮,胡兰成就来到了张爱玲的卧房,俯下身子去亲吻张爱玲。他以为她还没有醒,张爱玲却从被窝里伸出手,一下子抱住胡兰成,突然间泪流满面,哽咽着叫了一声"兰成",就绝望得再也说不出话了,真真是凝噎住了。这一声"兰成"不仅震撼了胡兰成,连她自己也震撼到了。似乎所有的委屈、不甘心、疼痛、绝望和挣扎都被这一声呼唤代替了。从此,她再也不认识这个男人了。这一声发自肺腑的呼喊,叫的是自己曾经的丈夫,曾经刻骨铭心的爱情!这一个拥抱,是告别的拥抱,也是一个永别的拥抱!

她心里不甘,埋怨命运,既然让她爱上了这个男子,为什么不让她一爱到底?为什么不让她与他死生契阔?为什么?为什么?是因为自己的太过执着才导致情深不寿么?

到了中午,胡兰成从外滩坐船去了温州,他和张爱玲都没想到,这一别,竟是永别。从此后,张爱玲和胡兰成再没有见过面。

到了温州，胡兰成经人介绍去了温州中学教书，算是躲过了劫难。生活安定之后，他开始了《山河岁月》的书写。他忙不迭地给张爱玲写信，告诉她自己的现状。

1947年6月，胡兰成接到了张爱玲的回信："我已经不喜欢你了。你是早已不喜欢我了的。这次的决心，我是经过一年半的长时间考虑的。彼时惟以小吉（小劫的隐语）故，不欲增加你的困难。你不要来寻我，即或写信来，我亦是不看的了。"

在《小团圆》里，盛九莉写道——我并不是为了你的那些女人，而是因为跟你在一起永远不会有幸福！她甚至还想写上——没有她们也会有别人，我不能与半个人类为敌⋯⋯

这种说法比张爱玲的那封信更直接，但意思都差不多。爱的时候好好爱了，结束的时候也不要再拖泥带水，是该到了"清润静正"的时刻了。

从此，张爱玲和胡兰成结束了将近三年的"夫妻"关系。

张爱玲跟胡兰成提出正式分手的时候，正值大暑，胡兰成常去河里游泳，突然觉得大水仿佛是一张席子，可以"视生如死"，也可以"视死如生"。当然，他不可能去寻死，只是他明白——"我那张爱玲比印度诸天菩萨还好"。

胡兰成不相信张爱玲真的这么决绝，他还以为张爱玲像从前那样，只要他一句话，她就唯他马首是瞻。所以，他继续给她写信，但张爱玲真的不给他回信了。胡兰成又恬不知耻地给炎樱写信，为了让炎樱帮忙，不断恭维炎樱："爱玲是美貌佳人红灯坐，而你如映在窗纸上的梅花，我今唯托梅花以陈辞。"但炎樱同情张爱玲的遭遇，讨厌胡兰成的虚伪、卑劣成性，所以根本不给他回信，让胡兰成又讨了个没趣。

《小团圆》里这样写道——她是以她的全部生命来爱我的，但是她现在叫我永远不要再写信给他了。比比（炎樱）无奈地回应他，你叫我怎么样呢？

胡兰成还是不死心，就去爱丁堡公寓找张爱玲，没想到张爱玲和姑姑已经搬走了，迁居到了梅龙镇巷内的重华新村。

张爱玲虽然与胡兰成结束了一切恩怨和纠葛，但政治上的事情，却是她不能左右的。

早在1945年的时候，张爱玲曾经跟日本明星李香兰等参加了一个晚会，没想到照片很快就在杂志上刊登，而张爱玲的名字也出现在"大东亚学者大会"的名单上。这关乎一个人的政治立场，非常重要，张爱玲连忙写信请辞，但名单既然已经公布，就无法收回了。

而她以前发表文章的阵地，比如《杂志》《古今》《苦竹》都是在汉奸支持下才办的刊物，张爱玲虽然只管写作，跟政治没什么牵连，但背后的议论和抨击却是她自己不能控制的。特别是她与大汉奸胡兰成恋爱的事，成为人们有力的"证据"和"话柄"。虽然她没被通缉，但却被列入了"文化汉奸"的名单，被唾沫星子淹没着，被人们不断地口诛笔伐着，"夫债妾还"——张爱玲真是又无奈又恐慌！

因为舆论的影响，张爱玲停笔了一年多，直到在龚之方帮助下，在山河图书公司出版《传奇》（**增订本**）时，张爱玲不得不写了一篇《有几句话要同读者说》，为自己申辩，说自己只管创作，与政治无关，而自己的私生活除了对自己的家长，对其他人并没有解释的义务。孤傲的张爱玲完全可以不必在意别人说什么，但她却在《传奇》仅有四百多字的前言里专门解释这件事，可见这一场"政治问罪"已经到了她无法忍受的地步。其实，这一切不是她的错，她唯一的错就是爱错了人，为了这个爱错的人，她就得代为受过……

《传奇》增订本的封面是张爱玲请炎樱设计的，上面画的是一张晚清的仕女图，女人幽幽地玩骨牌，旁边坐着奶妈抱着孩子。不远处的栏杆外，却突兀地出现了一个模糊的影子，人不像人，鬼不像鬼，好奇地窥探着女人。那种突兀和不安也是张爱玲内心真实的感受吧！当时的世界对张爱玲来说，不仅是要沉下去的，而且好像充满了更大的凶险。跟胡兰成分手，又背上汉奸的骂名，写作的渠道也受到了限制，那一段时间是张爱玲人生最晦暗的时期，远远超过她从父亲家里逃离，远远超过香港的战火。

她以前写作的世界、有丈夫的世界是悲凉中的华丽，但现在她眼睛里出现的却是一个脏乱的世界。每当她提着网兜去买菜的时候，就会看到小孩的衣服很肮脏，看到男人穿着带补丁的长袍，看到穿黑布袍的道士沿街磕头乞讨……她把自己的感触写成诗，发出哀叹："我的人民，我的青春，我真高兴晒着太阳去买回来／沉重累赘的一日三餐，谯楼初鼓定天下，安民心，嘈嘈的烦冤的人声下沉。"这其实就是刚刚摆脱侵略者的中华大地的现状，好像随时会下沉。

有爱人和没有爱人是多么大的反差啊！张爱玲与胡兰成"结婚"的那年，曾经写过《诗与胡说》，里面有过这样的描述："活在中国就有这样的可爱：脏与乱的忧伤之中，到处会发现珍贵的东西，使人高兴一上午，一天，一生一世。"但现在呢，本来是差不多的环境，因为心情的改变，就完全变了模样。

从此后，张爱玲的情感世界，恐怕真像《有女同车》中描述的那样——女人一辈子讲的是男人，念的是男人，怨的是男人，永远永远……是啊，真害怕这曾经的不幸成为永远的煎熬！

而胡兰成却说："爱玲是我的，不是我的，也都一样，有她在世上就好，我仍端然写着我的文章……"但张爱玲已经从他的时空掠过，不再属于他了，从此以后，岁月更迭，人海茫茫，张爱玲只属于她自己。她好，或者不好，都应该为自己好好地活一回了，无论是在这个要沉下去的世界，还是更远的他乡……

幸亏有你

漫漫红尘中，过往的恩怨如同一场场冷风寒雨，继续袭裹着张爱玲的身心。漆黑的夜里，她真的一点点萎谢了，就像一朵将残的玫瑰，惊悸于自己僵死的花期，多少泪水已被往事掠去，未来再有什么久违，也是她无力承接的了……

旧事不敢回味，清晰的只有当下的现状。因为情感的冲击波，她的心正在经受着裂变，不是死亡就是新生……

沉下去的世界是千疮百孔的，张爱玲的心何尝不是如此呢？她只好把自己的内心"重做了系统"，一切过去的纠结和凌乱、"病毒"和戕害，能清空的都清空了，她已经和负心的胡兰成做了最后的了断，接下来要做的就是开始崭新的生活，然后自检，修复"系统里的漏洞"，能修复到什么程度就修复到什么程度。此时的她是白璧无瑕的，但显然也是非常脆弱的。她只有一个空旷的"系统"，却一个"软件"都没有，她迷茫着，不知道要装上什么样的"软件"，也不知道什么时候装上才合适……

就在这个时候，一款"软件"跳入了张爱玲的眼帘，他就是桑弧。

是的，失去爱人的女子像一株被折断枝干的绿植，如果没有木条的支撑，必将持续地枯萎下去。

这个叫桑弧的男人就像一根木条，出现在已经受到致命损毁的张爱玲身边。他虽然不够强大，但做一些简单的支撑还是他力所能及的。她不需要他的时候，或者他累了的时候，他马上可以走开，也不用担心道德的谴责，因为他的到来，对张爱玲来说也不算是一种真正的拥有……没有拥有又何谈失去呢？没有背叛又何谈辜负呢？他可以做一个倾听者，也可以做一个注视者。

只要他来过了，就已经是最好的了。只要还算是一份真挚的感情，那么就非常值得回味……

张爱玲经历了一次又一次的磨难，她能够答谢爱情的，就是她的苦痛。她守望着自己无声的灵魂，像一个幸存者，正从掩埋自己的土堆里一点点地爬出来。她看到桑弧的罗盘上，似乎给她指明了方向……但，已经轮回过的爱情，怎么可能再次回到曾经的起点呢？

张爱玲本身是不幸的，但她仍旧用悲悯的眼神看着桑弧。

桑弧是个孤儿，他幼时就失去了双亲，他对父亲唯一的印象，就是他和父亲坐黄包车，风沙很大，父亲用衣服蒙住他的眼睛，让他把眼睛闭上……他深深知道生活的不易，很小时就在证券交易所当学徒。他后来考上了沪江大学的新闻系。他热爱戏剧，在周信芳的介绍下，进入电影行当，当编剧，后来又当导演。他的每一步都经过了自己不懈的努力。他胆小而坚强，过去的不幸经历让他知道人生其实就是个体与命运之间的拼杀，无论胜者还是败者，都必将在无情的命运面前醒悟过来。

他见识过了什么叫生离死别，见识过了人海茫茫之中，什么样的低微才算得上低微。命运的残酷让他对冷、寒、悲凉、哭泣、散失这些字眼都有了免疫力，所以他不会因为这些事情的威压而萎靡不振。他是有一些无情，但好在他还是一个可以让女人放心去交往的男子。他"根正苗红"，哪怕有一天你真的和他分手，也不会有人说他是"汉奸"，而和他交往的女子也不会成为"汉奸的妾"！

其实，桑弧就是《小团圆》里那个叫燕山的男子，出现在以胡兰成为原型的邵之雍之后。盛九莉在人生最为晦暗的时候遇到了燕山。当时，盛九莉的感情陷入了绝境，经济上也陷入了绝境，而燕山的出现让她有一种得到救赎的感觉。她喜欢燕山的磊落、光明，喜欢他的清白和英俊的相貌。在燕山面前，盛九莉感到自惭形秽，觉得自己根本配不上燕山。甚至，她还哭着对燕山说："没有人会像我这样喜欢你的。"同样悲痛的燕山回她道："我知道。"但是燕山经历了许多苦，他能一步步地走到今天很不容易，而他和盛九莉的未来根本不在同一条路上……就像桑弧和张爱玲也不在一条路上一样。

桑弧和张爱玲之间，只是一个转身，便相会无期了。就像绿植的枝干已经逐渐修复，然后就不再需要支撑的木条一样。张爱玲的"系统"应该把桑弧这个"软件"卸载下去，虽然不舍，但也必须这么做。

桑弧和张爱玲是在一个对的时间遇上了，但遗憾的是，他们不是对的人。但他们不曾后悔，因为他们毕竟相遇过，最起码在工作上，他们非常愉快地合作过。他们曾经携手风雨中，曾经互相怜惜，曾经为了对方心弦抖动。在不徐不疾的岁月流转中，他是喜欢她的，而她也为他怦然心动……哪怕以后，江湖相隔，想起对方，也会莞尔……

桑弧和张爱玲的交集还得从《倾城之恋》说起。当时已经是电影公司台柱子的桑弧，耳闻目睹了话剧《倾城之恋》的轰动，在柯灵的介绍下，他结识了张爱玲。席间有"电影推手"龚之方、柯灵、炎樱，还有当时上海的舞星皇后。大家谈笑风生，唯有张爱玲因为自己爱情的悲剧而郁郁寡欢。虽然她无法让自己沉浸在这场聚会里，但就是从这次聚会开始，她与桑弧有了千丝万缕的联系。

龚之方和桑弧恳请张爱玲为文化影片公司写电影剧本，但张爱玲犹豫着，说自己从没有接触过电影剧本，这一行对自己来说太陌生了。但经不住二人的一再撺掇，张爱玲心头也激荡起来，立即从座位上站了起来，下了决定说："好，我写。"她知道，当时的处境，不仅她的心情要转向，连她写作的方向也要转向，转向之后，没准儿就能出现新的机遇。她不想因为婚姻的失败，因为被别人称为"汉奸的妾"而沉沦下去。她的经济需要改善，名声需要"更正"，事业需要变轨，自信心也需要重新树立。她要看着自己的能量释放出来，她不是那种遇到挫折就认输的女人，她想做出成绩来给自己看看，也给这个世界看看。

看她答应下来，桑弧非常高兴。他用鼓励的眼神看着她，就是这个眼神，成了张爱玲心里温馨明亮的灯，照着她此时的路，也照着她的未来。她到底在他的建议下，改变了"航线"。她要在一片未知中，再次把自己放逐，去体验人生不同的滋味……

虽然张爱玲之前从来没有写过电影剧本，但她非常聪明，只用几天时间翻看了一些杂志上的剧本范例，就开始动笔写了起来。很快，她顺利地完成了她的第一个电影剧本《不了情》。

写惯了传奇故事的她，自从开始剧本创作后，就把目光转向普通百姓，更大程度地关心小人物的疾苦。虽然她并没有底层人民生活的经历，但为了创作，她开始顺从大众的口味，更加合理地设置情节和桥段。张爱玲做事总是一丝不苟，只要她认可的创作思路，就会认真地去尝试。写作思路的转变、她所有的努力都在《不了情》上有明显的体现。

《不了情》是一个爱情悲剧，写的是一位为了躲避家庭阴影而到上海谋生的少女跟所做家教的男主人之间的爱情故事。虽然爱得刻骨铭心，但却是一段不可能有结局的"不了情"。这个女孩的父亲为了钱，竟然想把自己的女儿卖给人家做妾，后来女孩带着悲伤远走他乡……

1947年4月，张爱玲的这部电影处女作被搬上了银幕，桑弧任导演，主演是陈燕燕和刘琼，无论是编剧还是演员阵容都非常强大。所以，刚一公演，就产生了轰动效应，当时的媒体称《不了情》是国产电影里最符合观众理想的"巨片"。张爱玲不负众望，在电影领域一炮而红，创造了一个传奇。

因为被攻击成"汉奸的妾"，许多大小媒体对张爱玲都敬而远之，张爱玲的创作之路险些被一刀斩断。但好在现在，张爱玲又找到了更适合自己的路径，她仿佛有了一种重生的感觉。只不过现在再面对成功，她更加淡定了。

她知道，无论是鲜花和掌声，还是抨击和责难，都是事业和生活中的必需元素，喜乐参半才是生活的常态……

但电影剧本的风格和小说的风格是完全不一样的，比如人物的心理描写在电影中就不能得到充分的发挥和表达。所以张爱玲除了在《大家》创刊号上发表了小说《华丽缘》之外，又把剧本《不了情》改编成了小说《多少恨》，发表在《大家》上。她在《多少恨》的序言中提到，自己对通俗小说有一种难言的爱好。这也是张爱玲第一次打通小说和剧本之间的经脉，从此，她真正成了一个多面手，可以在艺术领域畅行无阻了。

《大家》月刊是龚之方和唐大郎创办的，办公室就在张爱玲的寓所附近，所以龚之方、唐大郎和桑弧就有机会经常去找张爱玲聊天。在龚之方的印象里，虽然那时候张爱玲刚刚和胡兰成决裂，但对待朋友，她还是很热情的，也喜欢听别人讲一些有趣的见闻和故事。有的时候，受到大家情绪的感染，她也会哈哈大笑。

可以看出，张爱玲不再把胡兰成当作生命的唯一时，生活和工作的视角才越发广大，文学创作才有了更大的发展，这对张爱玲来说，也算是"因祸得福"吧。

张爱玲最擅长的就是写男女爱情，《多少恨》里写到虞家茵和夏先生一起翻签，却是下下签——"莫欢喜，总成空，喜乐喜乐，暗中摸索，水月镜花，空中楼阁"，两个人都受了震动，因为那是一种不祥的征兆。到底，虞家茵和夏先生还是分手了……

她的故事，她的人，总归是美丽而苍凉的，这是张爱玲一贯的了。因为《不了情》，整个上海滩再次领略了张爱玲的风骨。也因为《不了情》，骂张爱玲是"汉奸的妾"的人少了很多。

《不了情》轰动以后，桑弧趁热打铁，邀请张爱玲再写一部。他把一个戏剧腹稿口述给她。因为有了一次成功的经验，张爱玲一气呵成写完《太太万岁》，交给了桑弧。同大家期待的一样，《太太万岁》比《不了情》更为成功，轰动一时。从1947年12月14日起在上海的皇后、金城、金部、国际四大影院同时放映，整整两周，场场爆满。上海的各大报纸纷纷报道说，《太太万岁》是巨片降临，万众瞩目。

当然有赞扬就有批评，有少部分评论者甚至骂张爱玲是"敌伪时期的行尸走肉"。张爱玲感受成功的欢乐时，也有人为她蒙上可怖的阴影。可见虽然张爱玲貌似已经"复出"了，但依旧不能摆脱来自舆论的压力甚至是警告。

基于特殊的时代背景，文化影片公司原计划筹拍的《金锁记》只好半路夭折，而《大家》杂志只出版了三期，就不再出版了。张爱玲再次沉默下来。

出于对张爱玲的关心，桑弧和张爱玲的接触慢慢多了起来。于张爱玲来说，桑弧是一抹新鲜的颜色，这个颜色是完全不同于胡兰成的。她很乐意在黄昏到来的时刻，坐在窗前为桑弧写他定义好的故事。她乐意听从他的安排，变成一个安详的写者，不管外面刮风还是下雨，她的脸上都闪动着坚定的光芒。无论和他是一种什么样的关系，她想起他来，心里就是温暖的、充满期待的。

桑弧经常来看张爱玲，他不像胡兰成那么爱吹牛，也不像胡兰成那样风流成性，他的性格很拘谨，甚至是有些内向的。他找张爱玲只是谈剧本，谈创作，其余的题外话一句也不说。他虽然很喜欢张爱玲，但从不敢对她表白，他把对张爱玲的情愫深深地埋在心底。

但在圈子里的人看来，桑弧和张爱玲郎才女貌，简直是天生的一对。龚之方更是兴奋地亲自找到张爱玲，想替桑弧说媒。他婉转地说明自己的来意，张爱玲先是摇了一下头，又摇了一下，思考了一下之后，又摇了一下，意思是完全不可能的。

龚之方碰了个钉子，只好无奈地告辞。从此后，他再也没跟张爱玲说起提亲的事。

张爱玲用这种摇头的方式拒绝了这段感情,因为她知道,她跟桑弧在一起也不可能幸福。无论她和桑弧彼此多么相爱,都是没用的。桑弧于她,是新鲜的世界,但也是完全陌生的世界,她没有勇气踏进那一望无垠的陌生的世界,没有勇气在那空旷里栽种上鲜花,更没有勇气和他一起守候这易逝的芬芳……他能容纳她的故事,但他总不会明白这些故事的缘起,不明白她为了自己的承诺,可以把自己撕碎,不明白作为"汉奸的妾",她到底经历了什么……她守望着无声的叛离,看着桑弧用冰凉的指探进她的稿件里,在距离她心房最近的地方停留,结果被她一个摇头,而选择了终止……

何况,胡兰成对她的伤害太深了,它的破坏作用明明还在继续,她也不能忘记自己当初对胡兰成说过的话,她不会爱上别人,她只是萎谢了……已经"萎谢"的她怎么可能刚刚从一个男人的怀抱里挣脱出来,就马上投入另一个男人的怀抱呢?"解决失恋的最好办法就是迅速开始新的恋爱"——说得虽然貌似有道理,但张爱玲不可能去尝试。她不能否定自己,也不能否定自己对爱情的态度,这也是她对待爱情的底线。

而桑弧也很聪明,他知道,胡兰成有可能会成为张爱玲一辈子的"心结",没有任何人能够解得开。而此时的张爱玲还没有从过去的情缘里完全走出来。他在她身边,也只是起了一些缓解的作用,但如果成为她一辈子的良药,他没有这个信心,毕竟一辈子的时间太长了。何况,"汉奸的妾",他不知道要怎样才能美化这几个字,或者,他要怎样才能不去真的在意……到底,他只是无比爱慕这朵"尘埃里的花",却怕她身上的"刺"伤害到他……

终于,张爱玲和桑弧的这段感情就这样被风吹走了,好像从来没有发生过。

张爱玲说过:"是从你起,我才学会了,怎样爱,认真的……爱到底是好的,虽然吃了苦,以后还是要爱……"这句话,成了她说给桑弧的心声。

月明的夜晚,她心里默念的是——"幸亏有你!"因为是他,给了她默契,给了她生活和事业的转机，这也就够了……

从此，她的天空，无所谓绚丽，她只是这么守着，一直到时光的无涯；从此，她不管夕阳如何遥远，也不再有这样的幻想；从此，她一个人的世界，在时间的流逝中，渐渐荒凉，越发悲戚，她不再期待有目光会抵达她，而她，在泪水的洗濯下，扑向对方的怀抱……

第四章 | 生命华彩

我送到大门外,在台阶上站着说话。天冷,风大,隔着条街从赫贞江上吹来。适之先生望着街口露出的一角空濛的灰色河面,河上有雾,不知道怎么笑眯眯地老是望着,看怔住了……我也跟着向河上望过去微笑着,可是仿佛有一阵悲风,隔着十万八千里从时代的深处吹出来,吹得眼睛都睁不开。

——张爱玲《忆胡适之》

十八春

　　许多若有若无的感情只能这么错过，生命和情感都归于无声。承诺也好，伤心也罢，都变成了永恒的梦魇，随着寂寞四处飘浮，满满地，都是伤心的滋味。她，做好了被长期遗忘的准备；她，深入到了深深的回味和自省中。她不敢跟阳光交谈，害怕它已经成了唯一的风景；她不敢与一朵闲云相遇，生怕它也是倏忽即过的，只留下她一个人探寻未来的消息……

　　红尘于张爱玲，到底是一场炫目的灿烂还是一场悲伤的沉寂？

　　也许只有文字，和她不离不弃，和她生死相依。文字做行板时，她才觉得自己是流畅的。但在当时特殊的时代背景下，她写作的侧重点应该放在哪里呢？

　　当时，姑姑在一家电影公司任职，张爱玲闲下来的时候，就和姑姑去看电影的试片，除此之外，再没有多余的应酬。而当时的社会变成了一个"人人劳动，一切公平合理的社会"，张爱玲不知道如果再继续写民国题材是否可行。全国解放了，她再写家庭悲剧似乎很不合适。张爱玲自我解嘲说，她似乎可以写一写"阿妈她们的事"……

1946年，母亲回来了，异常消瘦、憔悴，张爱玲和姑姑一起去接母亲，看到母亲站在船上，瘦得像一道影子，张爱玲强忍着没哭，但她的眼眶却是红红的。母亲带着几十个大箱子，里面装满了皮件。已经失去爱人的母亲，又在异国他乡经受着生活的磨难，她没有生活的舞台，也没有人为她遮风挡雨，所以她懂得张爱玲的悲伤，她对女儿曾经寄予深切的厚望，但现在看到女儿被爱情弄得伤痕累累，她的心碎了，但却无能为力。

母亲在上海逗留了仅仅两年，似乎在等待，似乎在思索，但终于，1948年，母亲再次离开中国，从此后再没回来，一直到去世。

临行前，母亲和张爱玲进行了一次长谈，她认为上海的环境不适合张爱玲写作，建议她离开上海去国外或者香港发展。她知道，上海不仅是自己的伤心地，也是张爱玲的伤心地。

张子静是个粗心大意的男孩，他不懂得母亲和姐姐的心思。他从无锡赶回上海去看母亲，建议母亲回到上海来生活，哪怕租一个房子也好，这样姐姐和他也算有一个家。可是母亲拒绝了，她淡漠地说："上海我住不惯，还是国外的环境比较好，不打算回来定居了……"张子静很想问问母亲，是不是她在国外又有了新的男朋友，但觉得做儿子的这样问母亲有些不礼貌，只好打住了。

张子静没想到，他这一次看望母亲，竟然是和母亲的永诀。这个一生凄惶的女子，除了逃离还是逃离。而她在某种程度上，无形中成了女儿的模板，让女儿不由得去参照和模仿。

是的，张爱玲时常考虑母亲的话。是啊，特殊的时代，特殊的命运，虽然她努力了，但是，上海，她还能停留多久呢？

　　此时，上海已经渐渐变得热闹，特别是文坛，许多沉寂很多年的大腕重出江湖，让这寂寞和萧条的文坛好像有了主心骨一样。特别是夏衍，几乎掌控着上海的戏剧队伍。他非常关注上海文学的发展，还找来龚之方等人，让他们办一份格调健康的、能力较强的、素质较好的报纸。而柯灵就在此时向他推荐了张爱玲的小说，夏衍非常看好。

　　在夏衍领导下，龚之方等人办了《亦报》。相比新中国成立之前的报纸，《亦报》形象清新，内容也充满正能量，吸引了许多名家，比如丰子恺、周作人等，都陆续在《亦报》上面发表文章。

　　龚之方和唐大郎向张爱玲约稿，张爱玲欣然答应下来，但她有个要求，就是必须用笔名。"汉奸的妾"对她造成了太大的伤害，虽然当时已经不太有人那样说了，但"一朝被蛇咬，十年怕井绳"，为了稳妥起见，还是用笔名比较好。龚之方答应了她的要求。

　　张爱玲的笔名叫"梁京"，她模仿章回小说家张恨水的方式，一边写一边刊登。

　　连载的小说叫《十八春》，是当时最受读者欢迎的作品。为什么叫作"十八春"？是因为故事是从1949年倒回去十八年开始写起的。

　　面对《十八春》的开门红，龚之方又适时地制造了一个悬念，说《十八春》之所以这么好看，是因为作者是一位名家。一石激起千层浪，很多读者开始猜测这位名家到底是谁，当然也有聪明的读者，猜到名家就是张爱玲……

　　《十八春》暗合传统京剧《汾河湾》的旧典，讲述了一个非常悲情的故事：20世纪30年代的大上海，女主角顾曼桢家境贫寒，自幼丧父，一家人的生计都靠姐姐顾曼璐做舞女维持。沈世钧非常同情顾曼桢的处境，想要跟她结婚，分担她的压力。而顾曼璐也结婚了，丈夫祝鸿才是个暴发户。当祝鸿才发现顾曼璐不能生育时，就想在外面找女人。顾曼璐为了拴住丈夫，不惜把妹妹顾曼桢软禁起来，还让自己的丈夫糟蹋了妹妹，导致妹妹生下了孩子，顾曼璐就把这孩子当成维系自己婚姻的砝码……

顾曼桢生下孩子，在病友丈夫的帮助下逃离医院，给沈世钧写了一封信，让他来救自己。信被沈世钧的母亲收到，却被她给烧了，还私自决定不把顾曼桢的事告诉沈世钧。顾曼桢却以为沈世钧介意她的遭遇，不乐意跟她见面……沈世钧面对顾曼桢的失踪，非常着急，就跟顾曼璐打听顾曼桢的下落，顾曼璐欺骗他说妹妹已经嫁人了，不可能再回来了。沈世钧非常失望、痛苦，心灰意冷之下娶了别的女子为妻……

辗转寻找沈世钧的顾曼桢从他的朋友那里得到了沈世钧结婚的消息，而姐姐顾曼璐得了肠痨，很快死了。为了自己生的孩子，她不得不嫁给了浪荡子祝鸿才……

这样一个悲惨的故事，让当时的读者疯掉了，他们怨恨着顾曼璐的疯狂，怨恨着祝鸿才的浪荡、变态，更怨恨着沈世钧的迅速移情别恋。他们每天热切地盼望报纸快点更新，好让他们知道女主角下一步的命运……

十八年之后，顾曼桢和沈世钧因为一个偶然的机会见面了，曾经那么相爱的两个人忍不住抱头痛哭。激动的沈世钧希望可以和顾曼桢重新开始，可顾曼桢痛哭着跟他说："世钧，我们再也回不去了，回不去了……"而看到结局的读者也在痛哭着，为什么应该长相厮守的爱情却是这样一个悲惨的下场？

是的，再也回不去了，也许爱不是热情，也不是怀念，也不是等待，不过是岁月的沉淀，年深日久成了生活的一部分。悲凉，永远是悲凉，张爱玲所写的都市情感故事，大多是这样悲惨的结局。但仔细一想，人生的始末，有多少人是不沾染一点悲剧的呢？"郎有情妾有意"之后的长相厮守是最普通的向往，但总归这大千世界，无奇不有，如果爱情注定是一场残美，那也只好流着泪水，凄然地接受命运的安排……

后来，张爱玲把《十八春》改写成《半生缘》——一次错过，就误了半生的情缘。最痛苦的就是这十八年的离索，最痛苦的也是十八年后的不期而遇。山水重重，风云突变，光阴荏苒，海市蜃楼……这就是顾曼桢和沈世钧的爱情。命运的捉弄，也只能让牵牢的双手再次分开，也只能让温暖的怀抱再次冰冷……

《十八春》如同一把火炬，点燃了上海滩，无论是寻常百姓还是文化名流都抱着极大的热情阅读完了《十八春》。他们跟男女主人公一起，经历着"生老病死"和一切的"哀乐"。

《十八春》爆红了，在《十八春》连载的过程中发生了许多让张爱玲又感动又害怕的事：一位女性读者读到顾曼桢被祝鸿才奸污那一段，气得把报纸摔在桌子上，大喊着"气死我了"，"不能活了"。她还声称一定要找到作者，亲手给作者两个大耳刮子。这位女读者气愤地说，梁京不应该写这么残酷和丑恶的事，她说她无法想象，顾曼桢受了这么多的磨难，她以后可怎么活下去？然后女读者痛哭失声……

当然还有更执着的读者，她从报社打听到梁京的地址，一路寻了来，靠在她的门前痛哭，说梁京写的就是她，她就是小说里的顾曼桢。张爱玲吓得不知如何是好，只好由姑姑来搪塞一番……

夏衍读了《十八春》之后，跟其他读者一样心潮澎湃，久久不能平静。他知道了"梁京"就是张爱玲，非常高兴，称赞张爱玲是非常值得重视的人才。

桑弧虽然最后娶了别的女人，但他还是为《十八春》写了推荐文章，他说：

> 我读梁京新近所写的《十八春》，仿佛觉得他是在变了，我觉得他的文章比以前来得疏朗，也来得醇厚，但在基本上仍保持原有

的明艳的色调。同时，在思想感情上，他也显出比从前沉着而安稳，这是他的可喜的进步……

而大量的读者追捧"梁京"，每天都有读者给"梁京"写信，让她不要把顾曼桢写得这么惨兮兮的，能不能给她一个好点的结局，同时问她什么时候再出下一部作品……

不负读者的厚望，半年后，张爱玲打造了又一个苍凉的故事《小艾》，在《亦报》上连载。小艾跟张爱玲笔下的很多女性一样，也是一个悲剧性的人物。似乎张爱玲已经沉迷于几度夕阳红，沉迷于风风雨雨的人生。她想要与这些悲戚的欢迎告别，却突然意识到，只有悲剧有着令她陶醉的美感。

1950年7月，上海召开了第一届文艺代表大会，夏衍担任主席，梅兰芳和冯雪峰担任副主席。因为一直对张爱玲的才华念念不忘，夏衍点名让张爱玲参加。大会召开那天，张爱玲穿着旗袍，夹杂在穿着人民装的与会代表人群里，显得非常靓丽、孤高。人们惊奇地看着这位着装古怪的女子，窃窃私语着。就是这个女子，把时间和命运都交给了文字，她的文字世界里有太多的眼泪，但偏偏那眼泪闪耀得像珍珠一般……

大会之后，夏衍担任"上海人民艺术剧院"院长，他很想安排张爱玲担任编剧，但有一部分人对张爱玲的身份——"汉奸的妾"不能释怀，夏衍也只好慢慢地等待时机。他知道，在上海，只要有一线契机，张爱玲就能创造奇迹。

龚之方受夏衍的委托去看望张爱玲，把想安排她当编剧的意思转告给她，又委婉地问她当时有什么样的打算，会不会选择出国。张爱玲没有正面答复，只是笑了笑。作为一个屡经磨难的女子，张爱玲已经学会了掩饰自己的想法……

弟弟张子静于1950年回到上海，借住在同学家里，离张爱玲的寓所很近，所以会找机会去看她。但她像是在回避着什么,哪怕是跟弟弟,她也从来不谈论政治,最爱谈的还是电影和文学。她那时候很喜欢赵树理的小说《李有才板话》和《小二黑结婚》,建议弟弟也找来看一看,还推荐弟弟看一些电影,比如《白毛女》和《新儿女英雄传》等。因为《十八春》的连载耗费了张爱玲许多精力,弟弟怕打扰她写作,就慢慢减少了看望她的次数。

后来有几次,弟弟问张爱玲对未来有什么样的打算,是继续留在上海,还是去国外找母亲。张爱玲沉默着,眼睛望向白色的墙壁,仿佛她的心跟这墙壁一样一片空白,不可捉摸,只是一切,尽在不言中……

她知道,她离开的时候到了,彻底离开上海的时候到了。而这一次离开,不是为了胡兰成,也不是为了桑弧,只是为了她自己。"树挪死,人挪活",她需要把自己这棵秧苗移栽到另外的土壤之中去。写作、男人,她都全心全力了。所以,她所做的一切也是无怨无悔的。

上海好像是一片幽深的湖泊,它的里面包容着张爱玲的许多悠悠往事,她的成名,她的过往,都与这座城市有着不可分割的关系。而现在这个城市,那些灯,那些星,好像要闪耀一辈子,也要安稳一辈子了。她,为什么还要走?是的,这所有的一切,都是缠绕她灵魂的丝线,她害怕如果它们越缠越紧,她就要透不过气来。什么是爱?什么是恨?她的心里已然没有了这些情绪,她想要的只是安然和默契,她想要的是灯塔。她不迷失的时候,仍旧会把最美的故事奉献给这座城市,那么对于这座城市呢?只要能让她远远地看到就好了,就像她心仪的男人,看着就好……

寒凉的月光照着张爱玲,她透明得令人心疼;她还是那么瘦弱,她的旗袍还是那么华丽,但只有穿在她的身上,才更有民国的味道;她的眼里带着泪意,却躬身对着上海这舞台,这世界,深深地鞠了一躬。

上海是一道栅栏,但已经阻挡不了高飞的她。家园啊,是一杯饱含酸甜苦辣的酒,一饮而尽之后,她把它当作了出发地。都说那人生的起伏,都说这世间的沧桑,均是必演的戏剧,那就好好地化一回妆,然后隆重地上演……

夜晚平静下来,风华绝代的张爱玲,去意已决,她会在哪里找到一间屋子,继续写她的传奇故事呢?

华美而悲伤的城

战火不再折磨香港的时候,香港就重新变得生机勃勃,像一个胖乎乎的新生儿,蠕动着、摇摆着自己嫩藕似的身体,奶声奶气的,让人怜惜。那些楼群,无一例外都有着漂亮的外表,几乎每一栋小洋房,都有一个小花园,里面各色花儿开得热烈,仿佛每一朵都不想错过时代的拥抱,成为崭新时代的点缀……

早晨的阳光是鲜艳的,电车丁零零的声音从香港的上空发散出去,把天空击打成翡翠般的璀璨。闪着金光的树叶有的窃窃私语,有的悄然坠落,也完全是欣欣然。每一个身在其中的人们都感到兴奋和惬意。人们行色匆匆,在城市的安详里奔向自己的前程,似乎根本不迷茫,不害怕漂泊的心被孤独的利剑所斩碎……

时光的无涯里,千千万万人的命运都被这座城市所包容……

张爱玲站在香港的街头,看着人来人往的繁华,心潮翻滚。是啊,十年前,她从这里匆匆离开,以为这一生,不会再和香港有交集,没想到,十年后,她又重返旧地,可能还会在这里停留更久,用自己的努力开辟出一片新天地。只是不知道这座城是否容她,是否真的把她当作自己的孩子……

虽然在上海的日子一度举步维艰,但张爱玲凭借自己的文字,已经在上海重新搭建了耀目的舞台。许多热爱她的人在舞台下冲她欢呼,为她喝彩。这个舞台坚固而颠扑不破,足以支撑她后续的上海生活,足以让她和穿着人民装的新时代的人们打成一片。没准儿人们会慢慢忘记她所谓的"政治背景"，而对她无比宽容；没准儿她会在夏衍的安排下去剧院写剧本；没准儿她会写出比《十八春》更为轰动的情感故事……但为什么她在最出名的时候离开？为什么她忍心抛下经过辛苦打拼换来的一切？是她感到"山雨欲来风满楼"，还是她想起了母亲"你一定要离开上海，这里已经不适合你了"的忠告？

> 个人即使等得及，时代是仓促的，已经在破坏中，还有更大的破坏要来。有一天我们的文明，不论是升华还是浮华，都要成为过去。如果我最常用的字是"荒凉"，那是因为思想背景里有这个迷惘的威胁。

——这是张爱玲多年前说过的一句话。大陆已经解放了，时代已经变得越来越好，但张爱玲仍旧为自己担忧着。曾经的不安稳，让她一直想要摆脱，为了忘却的记忆，她只想远远地走开，越远越好！

是的，张爱玲不管多么坚强，但如果把她放在时代里，她也不过是乱世中的一分子罢了。念书的时候，她遭遇了日本侵华。生命里最重要的青春时期，却经历了太多战争的炮火。时代的烙印让她的心里产生了一种威压：文明会被炮弹炸飞，世界也会在炮弹的轰击下变得支离破碎……战争换来了和平，但是谁能告诉她和平之后会是什么呢？每一个脆弱的人只有睁眼看着，睁眼承受着，所以，芸芸众生是可怜的，身世都是苍凉的，他们如同弱小的蚂蚁，在时间的长河里浮浮沉沉……

张爱玲说她害怕交响乐，因为交响乐"把每个人的声音都变成了它的声音，前后左右呼啸喊嚎的都是自己的声音，人一开口就震惊于自己的声音的深宏远大；又像是初睡醒的时候听见人向你说话，不大知道是自己说的还是人家说的，感到模糊的恐怖……"上海是繁华可爱的，但在上海的日子，就仿佛是在听着交响乐,所以她迫切地希望离开……

张爱玲到香港大学申请复学,因为只有这个借口可以成为充分的理由,让她留在香港,让她远离上海的变幻。她不是厌弃什么,她只是对她的未来望眼欲穿,她只是想知道在那繁华的浪涛里,她是畅游还是沉溺……

她拿着香港大学开的证明申请出境。走之前,她没有跟任何人联系,包括弟弟张子静,也包括工作上有来往的人。临走前,姑姑把自己珍藏的家族照相簿交给张爱玲保存,从此,相依为命的姑侄二人正式诀别,再也没有见过面。

张爱玲和姑姑都是决然的女子,在大的选择面前,她们往往自己定夺,往往一个决定一杆到底,不是生离就是死别,而她们毫不畏惧。就如同大树告诉花儿,你要枯萎了;就好像骏马告诉大路,我不再返回……

挥泪跟姑姑告别的张爱玲一个人由上海到广州,再由广州前往深圳,通过罗湖桥,对面就是香港了。过海关时,她忐忑不安,因为她的通行证是姑姑帮忙办下来的,为了稳妥起见,通行证上面用的是化名。也就偏偏赶了巧,海关检查人员好像是《传奇》和《十八春》的读者,记得她照片的模样,仔细地看着照片,又仔细地看着张爱玲,突然冒出一句:"你就是写小说的张爱玲,是吗?"张爱玲大惊失色,但也只好承认就是自己。她万分紧张,生怕自己因为用了化名而被扣下来,没想到检查人员只是和蔼地冲她笑了笑,就放行了。

踏过罗湖桥的一刹那,张爱玲心里有酸楚也有坚定。她突然觉得自己跟姑姑和母亲实在是太相像了。从青春叛逆时就开始喜欢特立独行,由自己主宰自己的命运。她们都喜欢做西化的女性,喜欢挑战陈规,喜欢在镜子里看到不一样的自己,哪怕碰了南墙也绝不回头。她们是要怒放的,在这怒放中向这个世界发出宣告:我们是坚强独立的新女性!

幼年的时候,张爱玲看着母亲花枝招展地从国外归来,她就很羡慕母亲的穿戴打扮，也想早早地梳上花头，穿上高跟鞋，走在欧洲的大街上。但现在，她的理想已经把这些初级的理想超越了，她的"胃口"变大了……

其实，张爱玲一直是一个独自行走的人，不管生活还是创作，她一直想要达到灵魂的高度，而当别人无法走进她内心的时候，也就无法跟她携手了。此番去香港，她远离了家，远离了上海，也远离了从前静默在原地的自己。从此，她改变了自我，用一切的失去换未来的归宿……

1952 年 8 月，张子静跑到卡尔登公寓来找张爱玲，开门的是姑姑，她只说了一句"你姐姐已经走了"，就迅速把门关上了。张子静茫然失措地站在那里，看着紧闭的房门，有些缓不过神来，有点不相信姑姑的话。姐姐头几天还跟他研究文学，给他推荐书目，怎么现在说走就走了呢？但姑姑也实在没有理由和必要骗自己，想必这是真的了。姐姐，你离开了上海，那你什么时候回来呢？

张子静走下楼，开始痛哭。街上来来往往的都是穿着人民装的人。他记得有一次姐姐说过，人民装实在是太呆板了，她是不可能穿的。张子静天真地以为，也许姐姐就是因为不喜欢人民装才离开了上海，一辈子都不回来了……

而一心为张爱玲计划未来的夏衍还不知道她已经离开的消息，经过再三的权衡和考虑，他认为时机已经成熟，该到张爱玲出马的时候了，所以马上派唐大郎去面告张爱玲，她可以来剧院专门写剧本了。但遗憾的是，唐大郎扑了个空，姑姑说张爱玲已经去了香港，而且说张爱玲走之前跟她有过约定，互相不联系，不通信，所以她也不知道张爱玲在香港的具体地址……

夏衍知道张爱玲离开的消息之后，连连叹道："可惜，可惜！"他为上海文坛失去张爱玲而惋惜不已。

而龚之方回忆说，当时他对张爱玲的离开抱支持态度，因为张爱玲离开大陆之后，上海的文化背景发生了许多改变，这些改变，是夏衍也完全没有预料到的。是的,张爱玲刚刚离开大陆半年,《亦报》就被停刊了。即使张爱玲真的留在大陆,也没有在《亦报》上发表文章的机会了。

是的,张爱玲离开上海是一个正确的选择,虽然她失去了上海的土壤,但上海已然留在了她的心中,无论山高水长,命运变迁,上海始终是让她最为心动的地方,那里的一切仍旧是她创作的源泉……

在通往香港的路上,她踏歌而行;

在风姿绰约的香港,她像一颗照亮黑夜的星辰;

百鸟放歌的时候,她怀抱着狂热和冷静向它飞奔;

她披着梦的云裳,在香港五彩斑斓的幻影里自由行走;

她用无声的语言问候着它,她想在香港悄无声息地放逐自己凄凉的梦想……

路过香港大学,它还是从前的样子,美好的景致,美好的校舍,半山腰上还是姹紫嫣红的,各种各样的鸟,听到人声,就呼啦啦地飞到建筑物的顶端。那种热闹和祥和就像它们从来都没有经受过炮火的洗礼,胆小的女生们也从来没有跑到地下室里,藏在箱子的缝隙之中……

唯有张爱玲,已经不再是过去的自己,沧海桑田,她以前在香港设想过的结局却完全不是她料想的结局。她是带着伤走的,现在又带着伤回来,只是现在的伤比之前的更加疼痛,更加让人难以忍受。

她觉得青春仿佛是一只罗盘,越转越快,越转越快,而她险些就要被快速的罗盘甩脱出去。好在,它终于戛然而止,让她得以晃动下混沌的大脑,看看身在何处,看看她能做些什么……

终于,张爱玲在香港大学重新入学了!

但此时的张爱玲已经失去了写作的收入,身上所带的钱物早已消耗得干干净净,她开始陷入无边的困窘之中。实在没有办法,张爱玲只好暂时停止学业，出去挣钱谋生。她先是去了日本，和昔日的同学兼闺蜜炎樱见面，希望炎樱能帮助自己找到去美国的捷径，可是没能成功。三个月后，张爱玲灰心地回到香港。在日本，炎樱混得风生水起，而张爱玲觉得自己明明不比别人差，但因为淡泊的性格，现在反而落于炎樱之后，心里很郁闷。

可能是她离开得太久，也可能是她的态度激怒了校方，校方认为张爱玲根本不是诚心来求学的，要不然怎么能"三天打鱼两天晒网"？学校岂是她想来就来想走就走的地方？所以，校方拒绝张爱玲再次入学。

但张爱玲本也是个血气方刚的女子，何况从上海到香港"复学"也只是一个借口而已，所以学校的这种做法，也没有怎么伤害到张爱玲，不让读也就不读了吧。何况她早已不是十年前那个稚嫩的学生娃，作为一个年轻的、见多识广的女作家，她每天博览群书，香港大学的那些学业，她早已精通。所以，张爱玲没有和校方争辩什么，便淡然地离开了。她临时租了一个住处后，就开始四处谋职，以期迅速安定下来。

因为张爱玲一贯的低调态度，所以在香港，几乎没人知道她曾经风靡上海滩。张爱玲是以空白的方式介入香港的，所以找工作的时候，她遭受了很多不公平的待遇。

但很快，张爱玲凭借自己的英文功底，在美国驻香港新闻处找到了一份翻译的工作，解决了她的生存问题。张爱玲先后翻译了《老人与海》《艾默森选集》等英文作品。利用工作的空隙，她又写了电影剧本《小儿女》《南北喜相逢》等。

在此期间，张爱玲一直在香港深居简出，很少与人交往。只是有一件事差点惊扰到她：已经取道香港到了日本的胡兰成得知张爱玲在美国驻香港的新闻处工作，竟然以为这个机构隶属于美国中央情报局，马上写信给张爱玲，央求她介绍自己到美国中央情报局工作，吓得张爱玲把他的信原封退回了……那时，她觉得胡兰成简直是一个疯子。

但胡兰成还不罢休,他的日本好友池田笃纪去香港,胡兰成又托他去看望张爱玲,当然也没有见到。那时那刻,张爱玲实在不想再跟他有什么交集,哪怕听到这个名字也感到惊讶和陌生了。

当时的张爱玲已经不再需要胡兰成,她需要一片天空,而这天空需要她自己打开。

罗盘飞扬

在幽静的小屋里,张爱玲安静地写作着。当风吻过梦寐,当远雷惊叹着香港,当命运的罗盘飞扬,张爱玲并没有独自一人观看着漫天的烟云,她忧愁幽思,独坐黄昏,孤单舞蹈。是的,张爱玲是幸运的,在香港,她除了得到一份保证她基本生存的工作外,还在美国新闻处结识了两个对她一生都起着重要作用的朋友。从此以后,几乎张爱玲每走一步,他们夫妇都关心着她,或远或近,成为张爱玲巨大的心灵支撑。

这两个朋友就是同样在新闻处担任翻译工作的邝文美和她的丈夫宋淇。宋淇文采飞扬,冷峻而多思,长得长身玉立,而邝文美完全是一个学术女性,安静典雅,是令人羡慕的淑女。他们深得张爱玲的尊重,能在枯燥的翻译过程中遇到她能赏识的、志同道合的人,张爱玲也感到深深的庆幸。就像十年前,她在香港认识炎樱,感受是一样的。只不过邝文美完全不喜张扬的个性,更加得到了张爱玲的喜爱。

香港这座城,很容易就忽略光亮,个人再大的光彩对一个城市来说也是微不足道的。何况当时的香港,各种文化杂糅,并没有突出的文化个性。香港文坛与上海相比,要脆弱太多,没有什么核心力,在某种程度上,它失去了文化的主宰。以前张爱玲在上海爆红时,那种一呼百应的场景在香港是不可能出现的。在这寂寞的大环境下，好在还有两个热诚的朋友跟她一起回忆过去的时光，仍旧把她当作文艺圣坛上的女王。张爱玲不是那种喜欢收获赞誉的人，但她仍旧需要默契和理解，她喜欢听别人说："哦，你也在这里……"

宋淇是著名戏剧家宋春舫之子，和张爱玲一样，他对《红楼梦》颇有研究。正因为《红楼梦》，张爱玲和宋淇有了很多共同的话题。有时候，张爱玲觉得宋淇有点像当年的父亲，有很深的文学修养。当然，他更优胜于父亲，他对《红楼梦》的研究又夹杂进了新时代的理念，显得更加与众不同。

更令人惊喜的是，宋淇夫妇竟然是张爱玲的"旧人"。因为在20世纪40年代的时候，他们曾经生活在上海，不仅久闻张爱玲的大名，还是张爱玲的忠实粉丝。当时在上海，宋淇夫妇和许多知识分子一样，狂热地迷上了张爱玲的《金锁记》《倾城之恋》《沉香屑·第一炉香》等。他们曾经很想去拜访张爱玲，但听人说张爱玲的脾气古怪，也不喜欢跟人往来，就打消了这个念头。没想到缘分的安排，让他们在香港邂逅，并结下深厚的友谊。从此，这份友谊维系了三人一生。

对于张爱玲的情感故事，他们早在坊间听说过，有时候来了兴趣，他们也会忍不住当面问询张爱玲，但张爱玲一听到他们问这个，就哑口无言。宋淇夫妇很知趣，再也不在张爱玲面前提她的过往了。他们只是爱她，只是尊重她，但他们放弃了"更深入了解她的机会"。他们喜欢看到她放松的时候眼睛里映衬的月亮，他们喜欢看到她忘记自己的"前世今生"时，那份超脱和自然……她的温暖，她的心酸，她的迷梦，都闪烁着珠光，但这珠光，让你不忍心去采撷。因为她的灵魂有了皈依，她看上去神圣得像一个童话，所以，宋淇夫妇就想保护这个童话……

因为"老乡"的身份，宋淇夫妇无时无刻不在帮助张爱玲。有时候推心置腹地跟她聊天，有时候帮助她解决生活之中的困难。

安定下来的张爱玲开始写英文小说《秧歌》，写完后交给宋淇夫妇把关，然后投给了美国的经纪人。张爱玲的文学才华得到了新闻处处长麦卡锡的认可，麦卡锡认为她是一个不可多得的文学天才。在他看来，一个中国人，竟然把英文小说写得比美国人还好，简直是一个奇迹。

《秧歌》后来在美国出版，得到了大量的赞誉，甚至有书评人说："作者所显示出的熟练的英文技巧，使我们生下来就使用英文的人，也感到羡慕……"以前，张爱玲有个梦想，就是能够像林语堂那样创作英文小说，现在，她已经完全具备了这样的能力，而且完全不输给林语堂。

虽然张爱玲把《秧歌》翻译成中文，在香港《今日世界》连载，然后又在香港出版了英文版本和中文版本，但销售冷淡。这是张爱玲第一次完全改变写作风格，但遗憾的是，无论是作品力度还是作品影响力，都不能跟在上海时的作品相比。同样写的是悲剧，但是新时代之下的人们，好像对这种悲剧完全不感兴趣，他们喜欢的还是张爱玲以前的"华丽风"和"悲凉风"，喜欢看她写时代更替时的"沉下去的世界"，喜欢看她写的都市男女的爱恨情仇。

但在弹丸之地的香港，能有人用英文写小说，还打入了美国的市场，已属凤毛麟角。所以她还是得到了许多人的关注，香港的文学圈子里，张爱玲仍旧是"红人"。《秧歌》之后，开始有人陆陆续续地知道了张爱玲的身份，知道她就是当时上海滩大红大紫的张爱玲，所以开始有文学爱好者登门拜访。

没办法，张爱玲拜托宋淇夫妇给她重新租了一处简单的房舍，就在这里，张爱玲开始了《赤地之恋》的写作。她再次尝试着摆脱香艳华丽的民国题材，希望《赤地之恋》不要像《秧歌》那样失败。她像一只小麻雀，在灰暗的日子里，顽强地练习飞翔。

张爱玲还是失败了，因为《赤地之恋》夹杂了美国新闻处的立场，她写的完全是"命题作文"，先是出版了中文版本，后来又翻译成英文，但英文版本几乎无人问津。

通过对张爱玲"上海作品"和"香港作品"的对比，人们才更清楚地发现，张爱玲就是为民国而生的，她的绝世独立也仅仅映衬出民国这个时代。通过《秧歌》和《赤地之恋》的创作，张爱玲很想更好地把握住时代的脉搏，但总显得稚嫩，稚嫩得像弱柳和含苞的花儿。虽然民国的年代已经过去，但她所创作的《倾城之恋》《红玫瑰与白玫瑰》和《十八春》仍旧是时代的典范，为人们所喜爱。

《赤地之恋》之后，开始有人冒充张爱玲的名字写小说，写的也都是背景在上海或香港的爱情故事，当然也几乎都是悲剧故事，而且都模仿到了以假乱真的地步，如果不细看，还真以为是张爱玲的作品。

"被人模仿"，让张爱玲非常诧异，担心自己的原创也被人冒名顶替或者盗印了，所以，她抓紧把自己的短篇小说收集起来，起了个名字——《张爱玲短篇小说集》，在天风出版社出版了。

有意思的是，"假张爱玲"借她的光，狠狠地赚了一大笔钱，其中有一本书叫《笑声泪痕》就曾经在龙门书局和文渊书店加印了多次。

香港的创作生涯，没有达到张爱玲的预期，创作之余，她不免思考起自己的未来。她急切地从上海赶来香港，但香港显然不是自己永久的栖身之地。土壤不是不丰饶，但她在这里明显地"水土不服"，她害怕自己在不适合的环境里"僵死和沉沦"。她的心是绸缎，所以无比害怕剪刀和火焰。生活上的任何不适她都能克服，但她最怕的就是文学创作的"不长进"……

而此时，夏衍还在关注着张爱玲的生活和创作，他辗转托人捎来信件，叮嘱张爱玲最好不要出国，能回上海再好不过了；如果不想回来，那就继续留在香港，写作之余，慢慢寻找新的契机。因为一句"慢慢寻找"，张爱玲在香港待了三年，其间创作的作品都不甚满意。好在她结识了宋淇夫妇这一对人生的挚友，这成了她在香港最大的收获，而宋淇夫妇也成了外界与张爱玲联系的唯一通道。

对张爱玲的大名，当时的天王巨星李丽华早有耳闻，时间可以追溯到张爱玲的话剧《倾城之恋》上演的时候。那时候的李丽华就是张爱玲的铁杆粉丝，她很佩服张爱玲的惊世才华。现在，她已经有了自己的电影公司，委托宋淇安排与张爱玲见上一面，她想求张爱玲为自己的公司写剧本，但害怕张爱玲不肯见。宋淇也犹豫了好久，生怕张爱玲一句话就给拒绝了，好在宋淇不断地做工作，李丽华才有了和张爱玲见面的机会。

会面之前，李丽华好好地打扮了一番，比拍电影时都要精心。见面之后，她也小心地润色着词句，生怕惹张爱玲不高兴。好在她的优雅靓丽得到了张爱玲的赞赏，但张爱玲只是坐了一会儿，就借口有事先行离开。她那时候正忙于创作，同时又申请移民美国，根本没有时间给李丽华写剧本。

罗盘再度旋转起来时，张爱玲也跟着一起飞扬。是的，随着命运的罗盘，她还必须得奔赴下一站，因为她的彼岸是没有尽头的。跟离开上海到香港时一样，此时要走的念头也像江水一样奔腾，不能止歇。她对香港已经疲倦了，而她害怕自己被这种疲倦扼杀。

在香港的时光，让她成为一个倍加孤独无助的人，有一个声音说：去吧，去往另一个地方……是盲目憧憬吗，还是一种命运的必然？是灵魂的痛楚还是眼前更大的希望？没人能懂，一切都需要自己定夺。前面是险滩，也要自己跨越；前面是迷雾，也要自己拨开……

而就在这一年，父亲在上海病逝，享年五十七岁。他那间时刻都要沉下去的书房，张爱玲再也回不去了。父亲，让她又怨又怜的父亲，结束了他的人生旅程。

但张爱玲已经不想回忆了，不仅不回忆父亲，也不回忆上海或者当下的香港。

就像《小团圆》里对盛九莉的描述——向来不回想过去的事，回忆不管是愉快还是不愉快的都有一种悲哀，虽然淡，但是张爱玲怕那种滋味。她从来不自找伤感，生活里有的是不可避免的，但是光就这么想了想，就像站在一个古建筑物门口往里望了望，在月光与黑影中断瓦颓垣千门万户，一瞥间已经知道都在那里了……

张爱玲守着小小的灵魂，高傲地立在香港的出租屋里，无论何时，都没人能偷走她的忧伤；无论何时，她的心里都长着坚固的信念；无论何时，她都感到自己的生命活跃而激烈。她要用纯净的优雅，和时光相会，无论远方在哪里……

"克利夫兰总统"号

当大段大段的悲凉从心底浮现时，它们比烟花还要寂寞。经过仔细考虑，张爱玲还是决定要离开香港了。

美国之行已经安排妥当，从此，张爱玲不用再给美新处翻译稿件了，也看不到作者冒她之名写小说了，她的家园将越来越远。在香港三年的旅迹像一把桃花扇，正在慢慢地合拢。香港没有变，但她的梦寐已经醒了。她知道，这座城，她从来没有惊动过，也从来没有真正地进入过。她本来是一个独行的观望者，从现在起，这座城和上海一样，再也不属于她了……

香港街头，正是秋雨连绵的时候，人们打着伞，或者干脆淋着雨，急匆匆地赶路，没人在意张爱玲这个告别者。那寂寞的姿影，那孤独的流盼，等待和出发，都是一种延伸，悲戚正在行走着，从肉体一直到灵魂……

张爱玲站在一株花树下，抬眼观望那无数花雨，它们和自己一样，必须要面对命运的圆缺。蝉儿都噤了声，秋天过去的时候，它们再也没机会流连这阑珊的城市了,再销魂的痴缠也得湮没于这季节的癫狂……

张爱玲选择在秋天离开香港,她要做云端之上的女子,她要看着香港的繁华在自己的目光之下,慢慢消逝,而她自己将随云而走,不再忐忑,也不再回头。要去的地方,应该就是最后一站了。西风无际,几度秋雨,人生并没有多少青春可供辜负,没有多少流年可供蹉跎,总归得有那么一个地方,不管吃苦,不管受罪,你就是得停下来,任云天翻滚,格局变换,而自岿然不动……

"克利夫兰总统"号,就是它,把张爱玲带离香港,去往美国。它在茫茫大海之中不断飘摇,它将世界分成两半,它将茫茫然的一切分成此岸和彼岸。它成全了她的向往和流连,它颠簸着,让这世界变得万分悠长。船舷之上,那些无声的眼泪啊,也成了宁静的高远……

十八岁那年,留洋曾经是张爱玲美好的梦想,只是因为香港的战火,她没有成行,现在这个愿望终于实现了,却是真正意义上的离家离国,别有一番滋味在心头。她仿佛觉得自己的一根筋脉被摧折,明明以往那些厌弃的、那些不满意的,到了现在,却仿佛都变成了一种珍贵。那是决绝的惆怅,不想在意,却偏偏于心头萦绕,不由得内心渐渐沉重。

这一次的留洋,张爱玲不是为了实现什么少年的梦想,而是跟过去的自己彻底告别,就像她画了一幅自画像,已经画得完整,但现在,她却毫不保留地给抹去了……从此,她不再跟过去纠缠不清,她真的就是干脆利落的人了。也许,直到现在,她才能给母亲一个很好的交代。是的,她离开了上海,现在又离开了香港,终于要去往国外。她也将满眼都是欧洲建筑,满眼都是穿着改良旗袍的欧洲女人……

除了母亲和姑姑,张爱玲终于成了家族里第三个留洋的女人,不再是传统的中国女人,也不再是胡兰成眼里的那个"民国女子"了。她将去往一个更深的庭院，在那里继续绽放到极致，然后慢慢地枯萎。当她想起自己的来路时，就认真地画几个旗袍的样子，穿着自己设计的衣服，然后借助跟宋淇夫妇的书信往来找到自己……

每一个人都需要方向，都需要根，张爱玲也不例外。

春的种子，秋的收获，在哪里都是一样的，只是，张爱玲在意的是那种随性和浪漫，是那种无拘无束之后更淋漓的灵魂飞扬。她听从着灵魂的指引，别无选择。

张爱玲丢失了自己的家与国，去往美国安身立命。直到若干年后，她把生命也交付给了这片土地。她的双脚生根，而她的故园永远留在了她的心里……

汽笛一声长鸣，"克利夫兰总统"号已经准备就绪。宋淇夫妇来给张爱玲送行。跟随着人流走上船的时候，张爱玲并没有觉得难过，只是觉得忙乱和道歉，心里想好的要对宋淇夫妇说的话，都没有来得及说。当然，越是她看重的朋友，她越疏于道谢，而是把对方放在心里。此次一别，不能回首，也没有退路，两个贴心的朋友反而成了自己的"后方"。前路漫漫，多少千言万语，欲说还休。但宋淇夫妇懂她，懂她所有心灵的战栗，他们给她的是沉默的期待和热情的注视。他们希望她能在异域的土地上有一个幸福的明天，但怕勾起她的难过，他们假装这只是一次普通的分别，就好像张爱玲是去旅行，几天就回来了。还跟从前一样，和他们畅快地聊文学，唠家常……

刹那间，张爱玲的心里一动，突然觉得非常舍不得邝文美，虽然邝文美不像炎樱那样幽默、搞笑，也不像炎樱那样光芒四射，但在香港三年的交往，邝文美已经成了张爱玲最贴心的闺蜜，她的性情得到了张爱玲的赏识。她觉得邝文美是一个极为端庄的女子，是自己心中美好的女神，是"中国兰花"，只要一靠近，就能感觉到她的香气逼人。

只有邝文美懂得张爱玲为什么徘徊，为什么要去美国隐姓埋名。以前张爱玲跟姑姑说心里话的时候比较多，在香港，她的所有心里话都是跟邝文美说的。以后再想说，想必她也不能在眼前了。想到这儿，张爱玲突然间想流泪。她转过头去，想说一句能够安慰邝文美也能够安慰自己的话，可她到底还是什么都没说，除了挥手还是挥手……

直到宋淇夫妇转身离去，张爱玲才突然感觉，天"轰隆"一声塌了下来，脑子明明还是冷静和清醒的，但是喉咙却堵住了，眼泪如同决了堤一般流个不停，很像她在上海跟姑姑告别时那样。

分别，无论是跟亲人还是朋友，都是一场严肃的悲剧。因为有可能这一别就是永别；有可能这一次微笑，就是双方得见的最后一次微笑；有可能所有的甜蜜和感恩都成为悲戚的回忆；更有可能，再相见，只有来生……

没有人希望生命中重要的人永远在远方，没有人希望炙热的友谊被时空隔开，没有人希望对方的容颜那么憔悴不堪，还经历着焦灼的情感挣扎。分别多么可怕，时间多么可怕，因为再坚固的情感，在它那里，都有可能给你分割成前世和来生……

张爱玲看着邝文美那窈窕的背影，心里不断地颤抖，她哀叹着："……事实是自从认识你以来，你的友情是我的生活的core（核心）。我绝对没有那样的妄想，以为还会结交到像你这样的朋友，无论走到天涯海角也再没有这样的人。"

正在张爱玲大恸时，忽然有一个人走过来问她："你就是某某吗？305号在那边。"这人并不是轮船上的乘务员。后来在布告板上看到旅客名单，她的名字是 Eileen Ai-Ling Chang，和签证上一样的名字，又认真又烦琐。她一边哭一边纠结着，上了去往美国的船怎么还有人认识她？她可是想隐姓埋名的啊！

时光太匆匆，都来不及给朋友什么承诺，轮船一点点地荡开海浪，她的心也一寸一寸地变得冰冷。如果美国真的是温暖的栖息地，那么是否还有友谊能够照亮的地方？如果美国真的是最后的家园，她是否能够经常听到亲人和朋友的消息？即便美国能够容纳一个卑微的个体，那么它能提供最合适的创作土壤吗？

这一生最大的压抑可能都在"克利夫兰总统"号上，因为张爱玲把人生所有的问题都思考了一遍。她虽然一个字都没有创作，但却创作了一生中最为重要的心灵篇章。

夜色袭来，"克利夫兰总统"号犹如静止了一般，只有涛声，仿佛是一首摇篮曲。舱内没有开灯，很多人晕船晕得厉害，一直在沉睡，而张爱玲却在想着心事。迷梦中，她梦到了溪流和春天，梦到自己和宋淇夫妇在郊游。他们奔跑着，还捧起泉水喝……

夜半醒来，张爱玲的哀痛似乎减轻了一些，她明白宋淇夫妇殷切的眼神。他们希望她不要因为离别而憔悴，也不要因为寂寞而伤感。张爱玲闭着眼睛站在甲板上，任凭那黑色的云层压下来，看着自己的披肩舞动得像一只蝴蝶。她的思念随着"克利夫兰总统"号启程了，而她的命运也搁置在了时间与空间的桥梁上。想起朋友就想到了春天，那一定要打起精神，不要辜负……张爱玲抱紧自己的臂膀，好像抱住了命运的沧桑和真谛。

船行到日本神户，张爱玲本来不想上岸，后来想到自己未来有可能写一些日本背景的小说或戏剧，还是亲眼看看日本比较好，所以才下了船，坐着电车逛遍了全城，还喝了美味的咖啡。

张爱玲留意着神户的人们，留意着这个好战的民族，到底过着一种什么样的生活。在香港大学复学的时候，张爱玲曾经到东京来找工作，发现东京人喜欢玩电子游戏。没想到神户和东京也是一样的，举国狂欢一般玩着一种一模一样的电子游戏。办公室的文员刚一下了班，就立刻把公文包放在老虎机旁，兴致勃勃地玩起来。他们通常一个人守着一台机器，三四排机器旁边都坐满了人，每个人的脸上都是一副紧张的神情。机器嘀嘀嗒嗒地不断响着，让周围的气氛也变得很紧张……而小赌场的职员把脸涂得像神像一般，嘴里还一动一动地嚼着口香糖……

张爱玲跑到布料店，又完全是另一种样子了。标价最贵的和服料子，都采用现代画的画风，几笔就勾勒出一幅画来。热衷于华服的张爱玲非常喜欢这些布料店铺，一进去就不想出来了……只是又肥又大的和服却不是张爱玲喜欢的，如果用这些好料子做几件旗袍，倒深得她的满意……

而神户的乡下，和古代的中国没有什么区别，到处古色古香的，让你一时间区别不出哪里是中国，哪里是日本。环境的相似性，也有一种回到家乡的感觉……日本也像小职员的脸，经过粉饰的样子……

不过多思考自己的命运时，张爱玲也和其他人一样，成了简单的旅行者，短暂地告别了孤独。

回到船上，张爱玲开始练习英文，还跟同船的旅客借了一些英文小说来看。其中有一本叫《唐·佩德罗远征记》，写得很好，张爱玲看得津津有味。船上的电影看了很多，但留下印象的只有一部电影——《征服太空》。

张爱玲这次坐的是三等舱。人杂是最大的特点，比如有个菲律宾人常常在太阳光下在小孩头上捉蚤子，张爱玲很担心这些跳蚤也跑到自己头上来，只好每隔几天就洗一次头，希望干净的头发让跳蚤没有容身之地……离家离国的苦涩和担忧，张爱玲已经不想去抗衡，但烟火人生的她还是会在意一些小细节，哪怕一些小细节也能影响到她。比如晚年的时候，她就曾经不堪跳蚤之扰，不知是心里的幻影，还是跳蚤真实存在，反正她因为躲避这些小生物不断地搬家……她要清爽和独特的干净，而这种品质是与生俱来的。

船又行了几天，终于到了火奴鲁鲁，张爱玲上岸去随便走走。港口虽然不是很美丽，但各色人种却嘻嘻哈哈很有趣味。当时，张爱玲正好赶上一支游行队伍，大家穿着民族服装载歌载舞……街上的一些美国人都赤膊光脚走来走去，很多外国女人穿着改良旗袍，只有胸前开个领子，系着两个中国扣子，没有腰身，还一直垂到地上……这些是"克利夫兰总统"号留给张爱玲的最后趣味，她的人生也如同这行船，在很多个港口靠岸过，但最后的终点只有一个……

"克利夫兰总统"号终于在旧金山入境了，清愁，怅惘，从此，张爱玲欣赏的将是异域的月华，从此，她也不可能特意去一回日本或者其他任何的地方了。世界是多姿多彩的，但为了生活总该要学会慢慢地沉淀，张爱玲必将在美国有一个新的开端。她没有要求自己做超人，只是，她希望自己能够华丽地俯下身，然后拥有永恒的安稳……

华丽地俯身

来了美国会是一个什么样子？张爱玲没有刻意去描绘。加缪说过："人必须要生存，必须生存到那想要哭泣的心境。"张爱玲到了美国也会有类似的哭泣的心境吗？美国对张爱玲来说，是"救赎"还是"惩罚"？

她从海上来，再回首，是海，而不是岸，而她也不可能再回头，这是她必须接受的宿命。她现在最需要做的就是落地生根。

是的，到了美国之后，面对这浩如烟海的盛世，面对咯噔咯噔的高跟鞋和云雾般的改良旗袍，张爱玲并没有无法言喻的欣喜，她还完全顾不上这些。在旧金山稍作停留，她就去了纽约。她先要找到一个途径，这个途径能通向她的文学创作，能通向她的生存。无论在哪里，她都需要基本的尊严，但是这基本的尊严需要她自己去创造……

张爱玲先是去寻找最好的同学和朋友——炎樱，炎樱此时在美国做房地产生意，已经是一个非常成功的女性。炎樱热情地接待了张爱玲，张爱玲也很高兴，但敏感的张爱玲总感觉炎樱变了，具体哪里变了，她也说不清楚，可能是她敏感的心，不想用低微的态度示人，特别是面对自己昔日的同学和朋友。她是爱朋友的，但她很担心，当她自己背井离乡时，却失去了朋友对自己的喜爱，那几乎是她尊严的底线了……

反正，张爱玲觉得美国好像是炎樱的天下，而不是自己的天下，自己完全像是一个闯入者。完全不像在上海，炎樱和张爱玲一起走着，在街上遇见路人，很多人都会回过头来盯着张爱玲看，欣喜地叫着她的名字，忙不迭地问着，你就是张爱玲小姐吗？但却几乎没有人理会炎樱……到了美国，却是完全相反的情况，张爱玲两眼一抹黑，炎樱却像个美国通一样带着张爱玲逛街，买衣服，下馆子。张爱玲的英语是蹩脚的，炎樱不仅要当她的向导，还要偶尔当一下她的"翻译"……

光阴浅淡，悠然如雪，张爱玲本来是在天上飞，飞累了，终于看到这样一处水草肥美的所在，她华丽地俯下身来，以一种古典的姿势，让自己变成一种高贵的永恒。她用目光过滤这如烟的细雨，让命运张开耳朵，她告诉它，她已抵达了梦中的家园……所有陌生和新奇都将成为命中注定，她要在这里寻找风景，贡献年华。

纽约，作为世界之都，作为举世瞩目的艺术和文化大城，其绚丽而高贵的色彩又是上海和香港所不能比的。它的暮色迷迷茫茫，它的灯盏闪闪发光，鸟语和天空之间却没有任何语言，完全是神秘的……就在这里栖息吗？就在这里隐姓埋名吗？谁家的屋檐会有这样的一个角落呢？可以遮风挡雨，可以听得懂她英汉结合的语言？炎樱显然不是首选，虽然炎樱极力要求张爱玲住在她的家里，但张爱玲知道这不是长久之计。她要存活，她要汲取营养，但都不是在炎樱这里。

好在炎樱认识一个朋友，她曾经在纽约职业女子宿舍住过。通过这个朋友的引荐，张爱玲暂时住进了这所由纽约救世军办的女子宿舍。那是一个空间不太大，也不是特别干净的地方，甚至还很混乱。张爱玲暗自庆幸，这个地方差了一点，但还是要好过"克利夫兰总统"号的三等舱……

"救世军"是基督教办的一种社会活动组织，常常举办一些慈善活动，所谓的女子宿舍也就是贫民收容所。出身高贵的张爱玲不愿麻烦朋友，宁愿住进收容所里。来了美国，她最大的愿望也就是隐姓埋名了，所以住在什么地方，她并不在乎，这也是大大出乎炎樱预料的。炎樱的印象中，张爱玲是穿着得体的旗袍，坐在雕花的椅子上，喝着上等的红茶，吃着精致点心的女子，什么时候，她开始接受这种没有品位的生活了？

但对张爱玲来说，无论条件多么恶劣，再没有人说她是"汉奸的妾"，抬着头做人真是一种非常自在的享受，哪怕从此后游戏人生，哪怕从此后穷困潦倒，都没有人说"张爱玲如何如何"了。她宁愿埋在泥土里，独自欣赏这无家可归的呼吸。很早的时候，她就已经喜欢上了"世界""天涯"这样的字眼，它们代表着远离和淡泊，也代表着无限的自由……

女子宿舍里收容了很多贫民和孤儿，还有流浪汉，张爱玲夹杂在这些人之中，无形之中受到这种落魄气氛的熏染，好像她也成了一个不折不扣的在苦难之中跋涉的人。但贫民们看向她的眼神却是澄澈的，他们的眼里可从来没有高低贵贱之分，一刹那间，她在他们的目光里卸下了沉重的翅膀。她张开嘴笑了笑，对面的流浪汉就眨了眨蓝色的眼睛，然后耸了耸肩……世界总是这么奇怪，最贫穷的地方，最没有规则的地方，往往气氛却是最和谐的，最让人放松的……

到了纽约，安定下来之后，张爱玲就准备去拜访和她有过数次通信往来的胡适先生。不知道为什么，好像冥冥之中，有一个声音告诉她，这个她没有见过面的最尊敬的长者，没准儿会给自己指一条明路。

说起胡适，张爱玲在幼年时就把他当作自己的偶像。不仅仅是她的偶像，也是父亲、母亲和姑姑的偶像。

这样一个挑剔的贵族家庭，为什么要把胡适当作偶像呢？因为胡适是中国新文学的奠基人，他非常博学，无论文学、历史还是哲学的造诣都非常深厚。在当时的中国文坛，胡适可是叱咤风云的人物。张爱玲最初知道胡适，是在父亲的书架上和国文的课本里。那时，胡适是一个儒雅的影子，在张爱玲的家庭里无处不在。当一个家庭的梦想都与一个人物紧密相连时，这个人物就显得非常珍贵，他就成了博学的本质，就成了博学的方向。

随着年龄的增长，张爱玲对胡适不仅有着崇拜，还有很多的体恤和理解。比如，她在1944年的时候写了《诗与胡说》，提到了胡适：

……中国的新诗，经过胡适，经过刘半农、徐志摩，就连后来的朱湘，走的都像是绝路，用唐朝人的方式来说我们的心事，仿佛好的都已经给人说完了，用自己的话呢，不知怎么总说得不像话，真是急人的事……

那种满满的关切之情溢于言表，好像，胡适已经是自己的家里人一般，可以直率地说出对他的赞赏和批评……

1946年，胡适从美国讲学归来，姑姑在报纸上看到胡适穿着西装、打着领结、从飞机上走下来的照片，赞叹地笑着说："胡适好年轻啊！"姑姑是一直崇拜着胡适的，而张爱玲对胡适的崇拜程度也不在姑姑之下，但她当时并没有机会拜访这位大学者。那个时候，她正处于艰难的阶段，心灵不断受到挤压的她不敢去攀爬高山了。如果放在以前，她完全可以像拜访柯灵和周瘦鹃那样去拜访胡适的。越是自己的偶像，她越不想在他面前展露自己的脆弱和苍白……

张爱玲刚刚安顿好，就在炎樱的陪同下去拜访胡适。张爱玲不擅长会客，这次去拜访胡适让她更加紧张。如果没有炎樱陪伴着，她真不知道怎么办好。

对于她尊敬的长者,她是非常想交心的,但一交心,她就像个小姑娘一样怯场……

胡适住在纽约东城区八十一街上,那里全是一排排的白色小洋楼,好像是一个个的方盒子,完全是香港公寓的风格。恍惚间,张爱玲觉得她好像回到了香港。还没缓过神来时,胡适就出来开门迎接她们了,热情地把她们迎接到客厅里落座。胡适的样子令张爱玲很惊讶,因为胡适当年已经是一位六十五岁的老者,但他穿着得体,戴着眼镜,头发梳得整整齐齐,完全是一副学者的风范,儒雅又知性,那种气质和张爱玲想象的一模一样。而张爱玲一向喜欢的就是年长一些的、博学又很风趣的人,胡适竟然完全吻合……

胡适的样子让张爱玲拘谨得不知如何是好,手脚好像都没处放了。为了调剂谈话气氛,炎樱的如簧巧舌就派上了用场。胡适和张爱玲还没有交谈几句,她已经和胡适的太太成了朋友……

胡适的太太略带了安徽的口音,头发梳得一丝不乱,还在脑后结了一个发髻。她和胡适恩爱的样子,让张爱玲忍不住想起传闻的胡适与太太的婚姻佳话来,也悄悄地感叹起自己父母的婚姻。同样是"父母之命,媒妁之言",自己父母拥有的就是婚姻悲剧,而胡适夫妇拥有的就是"并蒂莲开,花好月圆"。婚姻和爱情确实如此,有时喜悦,有时冷淡,喜悦的结局就是长相厮守,冷淡的结局就是分道扬镳……

胡适房间的摆设像极了张爱玲幼时上海的家,张爱玲的大脑不由得转换到童年的时空:父亲的书桌上总是摆着《胡适文存》《歇浦潮》《人心大变》和《海外缤纷录》等,它们被父亲整整齐齐地摆在一起,其他的小说,她并没细看,只有《胡适文存》是她坐在父亲的窗下一页页地看完的。那个时候,张爱玲称得上是胡适年龄最小的粉丝。

为了找一些话题跟胡适聊天,张爱玲就翻出这些与胡适有关的记忆碎片,说给胡适听。胡适听得很兴奋,张爱玲也讲述得津津有味。

张爱玲甚至想起早些年，姑姑经常跟父亲借书看，但有一次兄妹闹翻了，再也不来往了，父亲就抱怨，你姑姑有两本书还没还我，姑姑也有些不好意思地跟张爱玲说，这本《胡适文存》还是你父亲的。

张爱玲跟胡适说，自己小的时候，全家人都看他的书，胡适听了很惊讶。

张爱玲告诉胡适，他还跟自己的母亲和姑姑打过牌，胡适显然已经忘记了这件事，他只是对张爱玲想要翻译《海上花列传》和《醒世姻缘》很感兴趣，鼓励她一定要做到。但纳闷儿她为什么偏偏选中了这两部作品，张爱玲才说出缘由："……反正从小就喜欢。《海上花列传》似乎是父亲看了您的序文后买来的亚东版。《醒世姻缘》是后来我读了您的《考证》后破例向父亲要了四块钱买的……"胡适惊讶张爱玲记事太早了，对过去的事记得太清楚了。

看着胡适夸张的表情，张爱玲笑了起来，说起自己以前在香港读书，遭遇港战，但她正在读那本《醒世姻缘》，完全不顾图书馆的房顶上还有一架高射炮，是轰炸的目标，竟然还想着，怎么也得等我看完再轰炸吧？

胡适听了张爱玲的话，忍不住哈哈大笑起来，他也为张爱玲的书痴表现深深地折服了。而张爱玲也没想到，胡适不仅才华横溢，还这么和蔼可亲，没有一点学者的架子。

会面融洽地结束了，张爱玲有一种预感，在美国，胡适将成为她的支柱。他带给自己的将完全不同于炎樱带给她的。胡适给她的喜悦，让她突然强大起来，而之前的寂寞和脆弱，仿佛已经一扫而光了。是啊，其实，张爱玲需要更多的是灵魂上的关怀，她需要的是知己。这个知己一定要在才华上超越她，而人格魅力上也一定要"镇得住她"！

但炎樱却在这时候给张爱玲泼冷水，她们拜访完胡适没有几天，炎樱就出去打听了胡适在美国的知名度，她跟张爱玲说："嗨，你的那位胡博士在美国不大有人知道，他可没有林语堂出名……"张爱玲听了马上替胡适辩解说，胡适在美国不出名，是因为他们不了解现代的中国，更不知道五四运动的影响，因为五四运动是在中国发生的。无论是这一个时代，还是上一代，还是下一代，反胡适的时候，其实也不知道要反些什么了……但五四这样的经验是忘不了的，因为湮没多久也还是在思想背景里。

张爱玲替胡适正名可谓情深谊厚了，因为哪怕胡兰成被批判成汉奸，她也并没有替胡兰成说什么，可见她对胡适的欣赏程度了。

有人说，张爱玲和胡适都是东西文明结合而孕育出来的，因为追根溯源之后，我们才发现，他们不仅都是在上海成名的，也都是经过香港、台湾等地来到美国的。离家离国，他们都有着伤感的情绪，都在落寞的异乡预约着春天……他们在异乡怒放着，最后也在异乡凋零。美国是他们更高的苍穹，也是他们最后的著作，用生命写就的故事，再也无从更改，他们顺从了异乡，却把优美的聆听给了故土……

胡适和张爱玲有着太多的相似，所以，这一位老者和这一位年轻的女子，在大洋彼岸有了一段弥足珍贵的忘年交，成为后来的文坛佳话。

客中送客

纽约城的夜色仿佛镶嵌在花骨朵里，夜幕关闭时，女子宿舍就变成了一个巨大的襁褓，包裹着无数脆弱的灵魂。她们说着酒话，还有的打着悠长的呼噜。每当这时，张爱玲就不由得记挂起胡适。她在黑暗里行走，胡适仿佛就是前面苍绿的树，她是可以上前靠一靠的。有了他，她就不害怕失去黎明；有了他，她就不会恐慌于荆棘。胡适也从中国来，且在美国生活得不差，这个令人尊敬的人完全可以成为自己的样板，她比任何时候都希望得到胡适的启迪。她相信父亲、母亲和姑姑的眼光都不会差，冥冥之中，好像胡适就成了他们授意她依靠的那个人,那个心灵导航者……

似乎,上一次的交谈是意犹未尽的,而她并没有完全了解这个优雅和知性的老者。他是一个需要细细琢磨的人,越琢磨就越有味道……

于是,张爱玲找机会又去看望胡适,这一次,她参观了胡适的书房。她看到胡适的书柜都是特制的,每一个柜子都直接通到顶棚,但是书籍很少,一排排,一沓沓,几乎都是夹着许多纸片的文件夹,那都是胡适自己写的札记。那是一种浩瀚如大海的文化压力,让她不免震撼。她无法计算,这些札记要查阅多少资料,要记录多久才能完成。上一次见面,张爱玲还跟胡适说自己爱好读书和学习的事,现在看到这么多的札记,她突然觉得在胡适面前几乎就是班门弄斧了。

同上次见面一样,张爱玲非常拘谨,手脚无论怎么放都是错的;无论谈什么,好像都是在泄露自己的愚蠢。张爱玲纵然有惊世的才华,但她的谦逊本质让她不时地压低自己。

为了缓解张爱玲的紧张情绪,胡适建议她如果有时间就去哥伦比亚大学图书馆,那里的书很多。张爱玲只是点着头答应着,却没好意思跟胡适说,其实自己没有到较大图书馆去查阅资料的习惯。

胡适继续饶有趣味地跟张爱玲聊家常,说自己的父亲和张爱玲的祖父有很深的交情,甚至张爱玲的祖父还帮过他父亲的忙。张爱玲愣住了,一时间有些插不上话,因为她只知道自己的祖父是张佩纶,祖母是李鸿章家里尊贵的小姐,但在祖父身上发生的事,她却不太了解。她身上虽然流淌有他们的血,但他们并非活生生的。她小的时候,跟父亲问过几次祖父的事,父亲都让她自己去看祖父的文集,说里面写得很清楚。问过姑姑祖父的事,姑姑也是一知半解,因为祖父过世的时候,姑姑还小,祖父于她也只是模糊的影子……只是听父亲在书房里跟朋友聊天,会偶尔提到祖父,说"我们家老太爷"如何如何……

胡适阅览过的祖父的《涧于集》，她以前也翻过，但里面都是典故和家常的书信，枯燥得实在看不下去，愣没有看出，就是在这些书信里，包含了许多幕后的故事，这些故事里竟然还有胡适的父亲胡传……

是的，当初张佩纶考中进士后成为皇家教师，事业蒸蒸日上，当时年过四十还是一个秀才的胡适的父亲——胡传找到张佩纶，请他给自己写一封推荐信，借助这封推荐信，他找到钦差大臣吴大澂，得到了吴大澂的器重，从此走上了仕途。因为这次重要的帮忙，胡传铭记着张佩纶对自己的恩情。后来，张佩纶被流放，胡传不仅写信安慰他，还给他寄去了二百两银子。十年后，胡传受到清政府提拔，途经天津时，还特意去看望居住在此的张佩纶。

张爱玲因为没有好好地看过《涧于集》，所以关于这段往事，她也实在不太清楚。而胡适却了解张胡两家上一辈的交往……他为张爱玲细心地批阅《秧歌》和《赤地之恋》，与这也不无关系。祖辈交往甚密，下一代又继续往来着，这就是命运的恩赐。人细小如沙粒，相似的两粒沙得以相聚在一个地域，简直有一些神奇了。

胡适跟张爱玲提起他正在为美国《外交》杂志写的一篇文章，张爱玲刚想说几句恭维的话，可胡适却尴尬地笑了笑说，这篇文章还得交给美国人修改。张爱玲听了有些难过，站在学术顶端的人，却要被低于他水平的人去质疑……他的心里一定是失落和寂寞的。

其实张爱玲明白，胡适在美国看似如鱼得水，其实他也和自己一样，一直处于最深的孤独中。他在中国声名远播，可是到了美国，却只能到图书馆谋个闲差，没有人在意他如何学富五车，也没有人在乎他是不是一个博士。

除了惺惺相惜还有相见恨晚，孤独的老者，孤独的姑娘，命运的相似性，让他们之间仿佛又亲密了好多。

这次会面，胡适和张爱玲都走进了对方的心里。胡适甚至有一种预感，这个坚强的姑娘，不会惧怕美国的西风和古道，她看似软弱，看似要从自己这里得到一些灵魂的支撑，其实，她身上执着的光芒连自己都给照亮了！

这一年最后的一个星期四是感恩节。张爱玲跟炎樱去一个美国朋友家里吃饭，吃饭出来又去逛街，因为受了风寒，刚回到宿舍就呕吐不止。正在这时，胡适打来电话，担心她一个人过节会孤单寂寞，所以盛情邀请她去吃中国馆子。张爱玲很感动，但还是抱歉地跟他说自己病了，不能赴约了，胡适马上跟她约好，改天来看她。

张爱玲有些为难，如果胡适来女子宿舍看她，会不会笑话她的寒酸和落魄呢？想到此，心境就不由得沉重起来。

胡适来的那天，张爱玲真有些手足无措了，但也只好把他请到宿舍的客厅里坐。客厅很大，好像是一个学校的礼堂，但却是黑洞洞的，人走进去，要好久才能适应光线。礼堂里有个讲台，还有一架钢琴，但都落满了灰尘。台子下面是一些旧的沙发，也同样落满了灰尘。张爱玲高高的心气跟这低低的环境非常不协调，那种尴尬无法言说，越解释可能就会越尴尬。所以张爱玲干脆什么也不说，只是像那些美国人一样，冲着眼前凄凉、晦暗的场景摊了摊手，然后无可奈何地笑着。但胡适的态度，却好像他来的不是寒酸的女子宿舍，而是华丽的王宫，一直说着好。

是啊，他体恤她，也很理解一个独在异乡的女子生活上的难处，所以用这种方式来安慰她。对于这样一个才华横溢的女子，乐意在这种地方安身，然后继续自己的梦想，胡适不仅怜惜她，也很佩服她。他从她深沉的眼光中，知道在她身上发生了许多故事，但他不问，她也不说。就这样吧，她本来是一个性情中的女子，但他不希望她哭，不希望她悲哀，他希望她燃烧……生命的帷幔里，只有睁大眼睛、丝毫不迷糊的人，才能看到光亮，几乎每个人都是如此的……从她的文章里，他知道她冰雪聪明，也知道她千帆过尽，她的心里有一个一千年的月亮一直照着她，不怕，意志不倒，就会有一切！相反，倒是自己要跟这个小辈好好地学习了！因为她的无奈并不比自己少，但她坚持着，她的人已经美过她的文了。他阅读她的时候，是心灵震颤的……

胡适要告辞了，张爱玲一直把他送到门口，依依不舍地，两个人又站在台阶上说了一阵子。其实他和她，话都没说完，但情绪澎湃到极点的时候，两个人反而一下子沉默了。

天冷，大风呼呼地刮着，隔着一条街从江上吹来。胡适望着街口露出的一角河面，望着河面上缠绵的雾色，突然就看得怔住了。他好像无法掩饰自己的深情了，无法掩饰自己半生的感怀，但他不敢说。而他的样子也把张爱玲震慑到了，他的围巾裹得严严的，脖子缩在半旧的黑大衣里，整个凝成一座古铜半身像。

他想跟张爱玲说，人生就是这样，喜怒忧思悲恐惊，不管平坦或坎坷，一定要一步步地走好。但这话只是在喉咙里打着滚，然后落了下去。

张爱玲看着胡适的样子，心里漾过一阵凛然。他洞悉了自己时，他仿佛就是自己的亲人了……

张爱玲出来的时候没有穿厚衣服，只穿了一件夏天的衣服，但却丝毫不感觉到冷。她看着胡适望向河面，也跟随着他的目光望向河面，也微笑着，可心里却有一种悲风，隔着十万八千里从时代的深处吹过来……

这一老一少，突然就在这种景象里心意相通起来，好像他们马上就要恋爱了一样！人生实在太短，胡适已经是一位老者，张爱玲有一天也会变成一个老者。他们都是客居他乡的人，客中送客，这种凄凉的人生况味，让人情何以堪？

当然，张爱玲根本没有想到，这一次见面，就是她见胡适的最后一面。

胡适去台北担任"中央研究院"院长后，知道见张爱玲的机会不多了，就把张爱玲送给他的《秧歌》寄还一本给她。扉页上，有胡适的题词，里面还有他对本书的圈点，行间页眉的空白处用细密的蝇头小楷批注……这本变了模样的书，满满都是胡适的心意，张爱玲把它当作宝贝一样收藏起来。

几年后，张爱玲在报纸上看到噩耗，胡适在一场酒会上突然去世。张爱玲痛苦难当，仿佛突然间萎谢下来。异国他乡，胡适是照耀她的亮光，但慢慢地，这亮光消散了，像是他从没来过……又过了一段时间，张爱玲写了一篇悲伤的散文《忆胡适之》来祭奠胡适。胡适去了，这一定是老天的裁定，让他辉煌一生又无祸无怏，无疾而终。

胡适虽然离开了，但张爱玲没有忘记自己跟胡适说过的愿望。后来，她真的把《海上花列传》译成了英语。每当提起笔，就会想起胡适，往往眼睛一热，就忍不住泪流满面。她感觉胡适的灵魂正在铺展开来，形成一条沁凉的路，让她来走，她却背对着他的灵魂，因为她的哀伤，不敢对他展露自己的脆弱……

胡适的离去，让她感到更加孤独和寂寞，甚至是深深的惶恐。但岁月坎坷，他经历的，她最后也经历了，一直，她和他都是同路人……

第五章｜孤独情怀

于千万人之中遇见你所要遇见的人，于千万年之中，时间的无涯的荒野里，没有早一步，也没有晚一步，刚巧赶上了，那也没有别的话可说，唯有轻轻的问一声："噢，你也在这里吗？"

——张爱玲《爱》

安稳世界之赖雅

　　每个人都需要在人生的漫漫长途里有一个同路人,但同路人又有多少呢?他们无疑是鲜活的,但这些鲜活也消散于"未完成的故事"里……

　　都说张爱玲是坚强的,但她却不敢提她的"未完成"。她从黑夜中醒来,最不敢想的也是这些"未完成"。它们是寒冷的、潮湿的、寂静的……它们不是花朵和颂歌,而是悲伤的序幕……它们是一张张素净的面孔,照得见张爱玲的孤独。有的时候,她内心里的顽强,就是被这些事给一点点地瓦解着,坚强的她,也总有这些蹚不过去的寂寞……

　　是的,张爱玲的人生中有许多的"未完成",比如她没有完成香港大学的学业,比如她的作品《连环套》没有连载完,比如她没有把自己的婚姻进行到底,而她与胡适的忘年交也因为胡适的去世而再不能维系。她的心曾经一度死去，她从来没有设想过，有一个和胡适差不太多的、同样令她尊敬的老者会出现在她的生命里，最后，还成了她的第二任丈夫……

赖雅如同亮光般出现在张爱玲必经的路上……人生是苍茫和残酷的，在孤独者的眼里，哪怕一个眼神交会，也能够把对的人看得透亮，仅仅是一刹那的感情，也足够他们在一起共同生活个十年八年。是的，她把真诚的爱情看得比生命还重要，当然，她对爱情也一次次地放低着自己的底线……

她没说需要他，他却留意到，这个珍珠一样的女子正在经过一道道的关卡。他不能给她幸福，但却可以跟她一起咀嚼磨难，然后让她不寂寞。因为只有让她开心起来，她的步伐才能加快。而他愿意润湿她的希望，他也不想给她说什么情话，他只想问问她，累不累？他眼见着她的华丽，但也知道她无非就是高处不胜寒的小女子，也有着普通女子的愿望。她并没希望别人能给她多大的帮助，只要一份理解也就够了。这份理解，他乐意给她。

而张爱玲的奋争总是从内心出发，再回到内心。老去的总是青春，不死的才是时光，生命就是一场不回头的行程。这个行程中，不仅要不断地变换方位，也要不断地变换地点。

那是一个寒冷的早春，张爱玲在醉鬼们的吆喝声中醒来，她终于意识到，她在人声鼎沸、物质丰富的美国，做着孤独的旁观者，但这终究不是长久之计。世界是闯出来的，而不是等出来的。女子宿舍里的人，从来感受不到时光的流逝，也从来没有意愿去丰富自己的人生。她们已经把女子宿舍当成了自己的终点站，等待着生锈，等待着老去。而张爱玲跟她们完全不同，她虽然乐意接受贫穷的环境，但她不想放弃自己，她还想打拼。在女子宿舍，她的文学信仰不仅没有熄灭，反而越燃越旺了。奔着文学这条大道，她要绝尘而去。

在美国虽然达到了隐姓埋名的目的，也一直唱着独角戏，但人生里积极的因素和隐姓埋名的低调生活并不发生冲突。这时候，她该寻找另一个自己的地盘，把未完的稿件完成……

1956年2月13日，张爱玲向位于新罕普什尔州的麦道伟文艺营求助：

亲爱的先生／夫人，我是一个来自香港的作家，根据1953年颁发的难民法令，移居来此。我去年10月份来到这个国家，除了写作所得之外我别无其他收入来源。目前的经济压力逼迫我向文艺营申请免费栖身，俾能让我完成已经动手在写的小说。我不揣冒昧，要求从3月13日到6月30日期间允许我居住在文艺营，希望在冬季结束的5月15日之后能继续留在贵营。

从这封求助的信件，看不出张爱玲的颓丧和伤感。无论她面临多少磨难，她也不可能多说一个"痛"字。历尽千辛万苦的她，此时要的不多，只要一间可以容身的小木屋足矣。她看似是卑微的，但在这卑微中却透着尊贵。大雪纷纷扬扬，她像一只倔强的鸟，鼓荡着羽毛，和洁白的雪相映成趣。她不在乎前路漫漫，即将到来的迁徙对她来说，仿佛是一件大喜事，即使她什么都不能拥有。

就这样匆匆忙忙地收拾着行装，就这样提前跟女子宿舍的朋友们告别，口里说着再会再会，但她知道，这一次告别，又是后会无期了。大厅里，到处积满了灰尘，样子没有改变，但胡适不能再来了，炎樱也不能再来了。她，成了断线的风筝。她一言未发，只是在心里说道："我走了……"是的，能够用肉眼看见的一切，熄灭了；占据自己灵魂的，记下了。人生是产生芬芳的过程，也是释放芬芳的过程，就将这流失的芬芳留给逝去的年华吧……

请你们安好，我便能不回头地离开。这不是人生的急转，也不是命运的上扬，因为她也不知道前方等待自己的是什么，也许她也只是被命运牵着，去与灿烂的朝阳和迷幻的星空会合……都说人生许多事，但要细细地说起来，除了柴米油盐、生老病死，再就是爱恨情仇。命运的微凉里，茫然四顾之后，还是要往前行走，永不停顿。

很快，文艺营给了张爱玲回复，他们选择接纳她。大家静静地看着她，她却再没有说什么话了。留下的仍旧醉却快乐着，离开的却把自己再次藏起来。用华丽的冬日旗袍包裹住自己，期待前面是一场绝处逢生。她感激地冲昔日的朋友点点头，转身而去的刹那，人们再次记下了她华丽而苍凉、炫目又迅速的消逝。

1956年3月中旬，张爱玲坐上了从纽约到波士顿的火车，又转车到了彼得堡镇。雪一直在下着，让疲惫的她看到这个世界越来越晶莹剔透，越来越白璧无瑕。白雪中，她去往的世界好像越来越干净，越来越清爽了。跟纽约的人头攒动完全不同，这里没有多少现代化的气息，反而古朴得像中国乡下，古色古香的。它给的梦幻般的色彩，好像是她一直以来的追求。她的心就这样，突然有了着落。好像她走进的不是异地，而是故乡……

张爱玲疲惫地、静默无声地走在大雪纷飞之中，脚下的雪地发出吱吱的声响，好像是她孤单又兴奋的心声。她低着头，一直走着，走着，哈气不断地从她的口中散发出来，让她的面孔也朦胧起来。文艺营越来越近了，远远看去，它像一座庄园，稳妥地立在那儿，又像是穿着白纱裙的公主……如果说纽约对美国来说是独一无二的，那这个文艺营对美国来说就是横空出世的。所有她能想象到的美好，它都具备，它美得像一个神仙居住的地方。她不敢说话，心里是那种"不敢高声语，恐惊天上人"的感觉。

到文艺营已经是傍晚了，璀璨的光芒包裹着整个文艺营，让它焕发出梦幻般朦胧的色彩。洁白的雪给松树和柏树蒙上了漂亮的盖头，有一些小动物在林子间跑动着……实在是一个人间仙境。

而属于张爱玲的小木屋是许多小木屋之中的一间,是的,文艺营有几十家艺术工作室、图书馆和宿舍,整合起来是一个非常大的社区。这些房屋有的建在草坪上,有的建在树林里,有的还建在水边,它们在夜色中晦明晦暗,神秘又温馨。月亮趴在幽黑夜空的一角,慵懒安详。

张爱玲不禁要感谢那个已故作曲家的太太了,为了让这些流浪的艺术家有一个安身之所,她可谓是倾其所有了……从1907年开始,文艺营不知惠泽了多少才华横溢的艺术家,就在这里,无数的艺术家摆脱了生活的羁绊,在风景优雅的环境里为自己的梦想而努力。

张爱玲的小木屋里,有简单的家具,还有火炉。张爱玲烤着炉火、喝着咖啡的一刹那,就感觉是这间小木屋隔断了风尘,让她体验到了久违的安然。迁徙就是两分茫然、三分期待和四分失眠,文艺营不是家却胜似家。好吧,就在这里,她的未来终于可以好好地规划一下了。

刚刚安定下来,张爱玲的创作热情就澎湃了起来。她开始读书、思考、构思,准备写一本英文小说,叫《粉泪》,是《金锁记》的拓展本。她准备完稿后交给曾经出版过她第一本英文小说《秧歌》的公司,遗憾的是,此家公司并不准备出版她的第二部英文小说。当然,好事多磨,《粉泪》最后得以在伦敦一家书局出版。

因为《粉泪》的创作,她需要查阅一些上海沦陷时期的书籍,胡兰成写的两本书,她在美国无法借阅到。突然之间,她想起在香港时,日本人池田笃纪曾受胡兰成的委托去看望她,虽然没能见到她,却给她留下了地址。她给池田写信,通过池田给胡兰成转寄了明信片。上面写了两句话:"手边若有《战难,和亦不易》《文明与传统》等书(《山河岁月》除外),能否暂借数月作参考?"后面留下了她在美国的地址。没想到胡兰成见到张爱玲的来信,又动了非分之想,虽然此时他已经跟大汉奸吴四宝的遗孀余爱珍结了婚,但还是蠢蠢欲动。但张爱玲只是写了一份简短的信给他,道:"……兰成,你的信和书都收到了,非常感谢。我不想写信,请你原谅。我因为实在无法找到你的旧作作参考,所以冒失地向你借,如果使你误会,我是真的觉得抱歉。《今生今世》下卷出版的时候,你若是不感到不快,请寄一本给我。我在这里预先道谢,不另写信了。"

与胡兰成的疼痛过往已经被张爱玲连根拔断,她现在最想做的就是安稳地待在文艺营,继续自己的创作。

文艺营是个宁静的庄园,为了让艺术家们得到更大的自由,除了早餐大家在一起吃以外,其他的时间都归个人掌握。所有的餐点都放在大厅的一个篮子里,饿了可以随时去拿。工作累了的时候,也可以和文艺营里的艺术家朋友聊天。大厅里经常举办一些文艺沙龙,所有人都不会寂寞。但张爱玲是沉默的,她尽量回避着这样的场合,很少与其他的艺术家产生交集。她习惯在深夜写作,累了,就看看外面黑黝黝的山林。白天睡醒了,就到草坪上坐一坐,或者躺在地上,枕着双臂,看着天上大块的云朵飞快地游走,或者组合成美妙的形状……

有一天,张爱玲看到大厅里出奇热闹,很多人围着一个白发老人,正全神贯注地听他说故事。那个故事很好玩,张爱玲也受到了感染,忍不住笑了起来。这个老人就是赖雅。

张爱玲怎么也不会想到,赖雅会成为她生命中的第四个男人。如果说胡兰成是她的刻骨铭心,桑弧是她的过眼云烟,胡适是她的忘年之交,那么赖雅就是她的沧海桑田。

赖雅是和胡适差不多的男子,知识面很广博,似乎这世界就没有他不知道的事情。不知为什么,张爱玲打心眼里佩服"胡适类别"的男子。只要是胡适类别的,不管年龄大小,也不管相貌丑俊,在她心里都会有一个很高的位置。是的,赖雅出生于费城一个移民家庭,他在年纪非常小的时候,就能即兴写作了。他和张爱玲一样,在年少的时候被人称为少年天才。早在1914年,他就获得哈佛大学文艺学硕士学位,并到麻省理工学院任教。然后从20世纪20年代开始,他不断为世界各大报刊写稿,经常往返于欧美各国,结识了不少驰誉世界的文学大师,例如庞德、乔伊斯、福特、康拉德等等。赖雅一直凭借写作维持生活,只是因为他旷达浪漫的性格不适合婚姻,所以才打定主意跟女权主义的前妻分开。他虽然也交往过很多动人的女友,但他都是只谈爱情不谈婚姻。他在文艺营里,最大的理想就是重振创作雄风。而与他为伍的人中,有许多后来的世界名人,比如刘易斯就得了诺贝尔文学奖,而刘易斯说,赖雅也是当之无愧的能够获得这个奖项的人,甚至还向别人预言,赖雅会一夜成名。而与赖雅合作过的制片人和导演都称赞赖雅是个才华横溢的人。可见,张爱玲当时并没有"看走眼",从知识水平上来说,赖雅确实是个优秀的男人。

当然,赖雅没想到,在文艺营里,他会邂逅珍珠一样光彩夺目的东方女作家张爱玲。他们并没有交往太多,就互相喜欢上了。赖雅请张爱玲看他写的文章,张爱玲也请赖雅看自己写的文章,还把他请到自己的小木屋里聊天。

交流文学的时候,张爱玲完全把自己袒露给赖雅,却没有感到任何的不合时宜。那时,张爱玲只有三十六岁,而赖雅已经六十五岁了,是一个风烛残年的老者。

很多熟悉张爱玲并把她当作偶像的人,都无法理解张爱玲的选择,高贵如她,为什么会选择一个几乎可以做她父亲的人?是因为实在太孤单和寂寞么?她说过今生都不再会爱了,她要独自萎谢,甚至因为这个誓言,连桑弧都拒绝了,难道桑弧不比赖雅更年轻、更有魅力吗?

凡是爱情都会处于甜蜜和苦涩之间,只不过一部分人的爱情是甜蜜占了上风,一部分人的爱情是苦涩占了上风。对于在胡兰成那里受到重创的张爱玲来说,人们都不忍心去过度探究她到底是甜蜜还是苦涩了。是的,如果人们不单单看到她的高贵，而更多关注她的孤单和落寞，也就能理解她的选择了。

从小木屋的玻璃窗望向树林的时候，张爱玲总像一只孤单的小兽。而清晨在乡间漫步时，她的身体经常被冻僵，却没人为她捧上一杯热茶。她是骄矜的，但却常常处于卑微之中；她明明是寂寞到绝望的，但却时刻地打起精神。她把自己的身体捂在文学的寓言中，才发现文学也不过是华丽的孤独。爱情像一个沉睡的孩子，躲在自己的血脉里，因为受到了冷落，时不时地哭闹一番。

张爱玲，这个孤单寂寞的女子，是应该需要一些感情的拯救了……

在文艺营中，在冰雪封盖的世界里，赖雅的白衣白裤让他看上去那么具有绅士风度，他的风趣幽默感染了张爱玲这位孤独的东方女子，他总有办法让她哈哈大笑。赖雅像是漫不经心，又像是煞有介事，他对张爱玲微笑或者注目的瞬间，张爱玲仿佛看到了胡兰成，看到了桑弧，看到了胡适，都是似曾相识的情景，每一种情景都让她伤感而失语。失去了爱情的女人是不是一生都要在疼痛中度过？自从她来到美国，已经很久没有这么开心地笑过了。只有他，乐意逗她笑，她每一个笑脸仿佛都是对他的赏赐！

赖雅知道张爱玲的要求并不高，不要求外貌，也不要求年龄，甚至都不要求经济的富足，她只是一个简单的、灵魂需要温暖的女子。如果他为她敞开一道门，从这道门里，她就能看到炫目的光，而她，多么需要这些光来照亮她的去向和足迹啊！她需要他成为她的音符，音符跳荡的时刻，她终于可以动情地舞蹈！

简单的小木屋里，赖雅的温暖，张爱玲的唯美，在疏朗的夜色里，成为最动人的风月。天上的星，她的泪，他的怜惜，都是最动人的幸福……

张爱玲和赖雅，就像当初她和胡兰成，是不被大多数人看好的。但张爱玲不想给任何人交代和解释，她只想做自己，她也情愿为自己的选择承担后果。

　　有了赖雅，张爱玲才有了美国的安稳世界；有了赖雅，张爱玲才有了清新有氧的生活；有了赖雅，张爱玲人生的萧瑟也仿佛有了诗意的味道……

　　张爱玲说过："他是粗线条的人，爱交朋友，不像我，但是我们很接近，一句话还没说完，已经觉得多余。"是的，她要的也无非是这种默契，千帆过尽的她并不需要什么花言巧语，所有的花言巧语被胡兰成说尽之后，他不也一走了之了吗？再绚烂的花言巧语也不及短暂的相濡以沫啊，她需要的也无非是这种坦诚相待的依偎，不与流年共短长，却是流年里最重要的一部分……

相逢何必曾相识

　　一段深情，一片挚爱，同是天涯沦落人，相逢何必曾相识。汨汨的心声因为春光而斑斓，迷茫的感情因为坦诚的依偎而坚实。

　　张爱玲虽然和赖雅心意相通，但她从来没有想过要嫁给赖雅，而过惯了单身生活的赖雅也从没想过要跟哪个女子再次走进婚姻的牢笼里。赖雅是张爱玲心情的小径，只供她寂寞的时候走上来徘徊。张爱玲可以靠在他的肩膀上，共享大自然的静谧。虽然文化不同，但他们的灵魂却没有国度的区别，无论是张爱玲的欣喜还是低泣，赖雅都给予最大程度的理解。他乐意捧着她的脸颊深情无语，虽然他给不起她任何的誓言。他也不需要她如何仰望自己，只是在她伤心和失落的时候，他可以提供一个可以依靠的臂膀。

　　赖雅给了张爱玲一条不是路的路，但远远好过凡事都是她一个人突围。他从来不鄙夷她，他赞美她，承认她，让她看到自己在他眼中的华美，他乐意做她默默无闻的镜子。文艺营里，赖雅的朋友有时候会恭维他艳福不浅，只有他有些哀伤，这艳福往往是寻常人的认知，张爱玲优雅得像一道彩虹，他生怕自己会成为挡住她艳丽的雾霾。

在文艺营，赖雅和张爱玲很快达到了难分难舍的程度，关系进展得非常神速。但赖雅在文艺营的期限到了，也只能依依不舍地离开。张爱玲知道他生活得不易，所以在送别的时候，把自己身上仅有的一点钱给了赖雅。这一点也不足为怪，胡兰成逃亡的时候，张爱玲也几乎是倾囊而出。这个炽热的女人，只要她全情付出了，就恨不得把自己的一切都奉献出去。

赖雅感动地收下了张爱玲给他的钱，然后跟张爱玲吻别。她黯然无语，心里凉凉的。不过越是在悲哀面前，她就越发坚定，好像她也不在乎什么分别似的。善良的她只想让赖雅安心地离开，而不是过度地牵绊他。他在她的眼里也是一个天涯断肠人，何必还让他的疼痛增添几分？他也是夕阳下拒绝寂寞的一匹瘦马，为什么不能让他笑傲狂沙？他曾经给予自己爱的虔诚，那就回报给他真心的祝福吧！

在张爱玲深情目光的注视下，赖雅走出了文艺营。他白衣白裤的高大身子在树丛中穿过，一群鸟儿喳喳地叫着飞到了晨曦深处。

赖雅去了纽约北部另外一个文艺营居住，和从前一样过着潇洒的文艺浪子生活。不是苏醒也不是更新，而是按部就班的老年生活，不可能再有什么惊世骇俗的生活，在这个年纪，也只是遵循生命的规律罢了。

痴缠着相爱，又万分冷静地分开，正是张爱玲和赖雅的风格。因为他们都知道"天下没有不散的筵席"，流年似水，没有哪一条规定说，哪个男人就要陪着哪个女人一起守着未来。和赖雅分开是疼痛的，但张爱玲也只好由着赖雅去做闲云野鹤，而她又回到了之前一个人的日子。只是，她变得更沉默，眼神更深邃。她不责怪赖雅的离开，就像她现在已经不怨恨胡兰成当初的薄情寡义一样，她所做过的事情都是问心无愧的，这也就足够了。

前路的坎坷，人生的遥远，该来的总会来，该走的总会走。当命运露出它狰狞牙齿的时候，张爱玲仍旧能够从容地饮尽悲欢。不做生活的违心者，不做感情的违心者，做一些牺牲又有何畏惧呢？远方有多远？分别人何时再相会？一时间似乎找不到答案，那就做一个孤独的守望者吧。她，喜欢赖雅到极致，却也无从期盼，无从设想。

　　有一段时间，张爱玲感到懒懒的，经常有睡意，还不断地恶心反胃。她躺在小木屋里，听到檐下的鸟儿啁啾地叫个不停，但她仿佛在梦里，想要醒过来，却如何也睁不开眼睛……是相思病吗？不是！张爱玲竟然发现自己怀上了赖雅的骨肉！她说不出来自己是高兴还是悲伤，她已经三十六岁了，但却是第一次孕育生命，她也算是高龄孕妇了，胎儿是留下，还是舍弃？因为这个胎儿，她和赖雅的关系也注定是要发生改变的。但不管如何，还是先把这件事告诉赖雅为好。

　　张爱玲写信给赖雅说明了情况，赖雅接到信后，又激动又兴奋，当然也踌躇不已。以他现在的能力，他无法抚养孩子，但又觉得作为一个男人，他应该承担起对张爱玲的责任。他坚守的"不婚"的原则，因为这个未出世的小生命而发生了改变。他虽然穷困潦倒，但他想给张爱玲一个稳定的婚姻。他只有一个要求，张爱玲必须打掉胎儿。他毕竟老了，再也不能改变活法，不能拥有崭新的生命风景，一个老者如果成为一个新生儿的父亲，难堪的倒不是他的境遇，而是这个孩子的未来……

　　而赖雅的建议也得到了张爱玲的认可，他提的要求都不算要求，只要能与他在一起。

　　虽然文艺营还没有到期，张爱玲的文学创作也没有收尾，但她又开始收拾行囊了，只是这次与她一起同行的，还有腹中的胎儿，他们去投奔一个自身难保的男人，他们来不及欣赏生命的远景，就走在了路上。生命，突然变成了一件尖锐的事情，但张爱玲没有退路。这次远行，对她是新生，对腹中的胎儿却是一种虐杀。她不敢与腹中的胎儿对话，也不敢去抚触他，他是爱情的精华，但他何尝不是爱情的牺牲品？人的生命是一种循环往复的过程，但张爱玲的生命延续就在他这里戛然而止了。所以，到死的时候，她没有后代可以托付。她的一生一世也只是一生一世了……生命的幽微、深远和宿命，在一开始就是注定的了。

也许此刻才是颠沛流离的开端。人生就是如此，每当你产生多少希冀，就会产生多少重量，那几乎就是一种泣血的悲壮。

张爱玲隐隐地觉得，前面再也没有一马平川，但只要与赖雅在一起，她也心甘情愿。相比于无期的守望，再艰难的相守也是幸福的。只要与赖雅在一起，她就不会一个人孤零零地对话明天。从此，每当回首，他就已经在灯火阑珊处；从此，再大的风雨，也会有一双有力的大手扶持着她；从此，这个浪漫的男人，就是自己最美好的文章，是自己爱情的全部；从此，当自己夜不能寐的时候，他也会肝肠寸断……

就让自己变成种子吧，投身到最适合她的土壤里。以前，她和他是平行线，以后就是交叉线，每一个共同的点上，都是共同生活的故事。

而同样心情振奋的赖雅也早早地去了火车站，迎接他的准新娘。想到年轻的张爱玲即将成为他新婚的妻子，他就激动得不知如何是好。那些从没有说过，也没有想过的爱情誓言，一遍一遍地滚过他的喉咙，好几次，他都泪湿了眼眶。他无望而痛苦的新娘，从此后就沉湎于自己的怀里，而他将用所有的温暖来灌溉她。明明是一个垂垂老者，因为这些念想，仿佛进入了逆生长，瞬间就充满了活力。

赖雅找了间旅馆把张爱玲安顿好，然后才开始向张爱玲提结婚。当然，他再次提到孩子的问题，他本来还隐隐担忧，生怕张爱玲不能放弃孩子，但张爱玲竟然答应了他的要求。

对于做母亲，张爱玲并没有过多热望，她甚至以为不是所有人都适合做母亲，也不是所有来到人世间的孩子都幸福。如果不能给予自己的孩子真正需要的，还不如不带他来到这个世界。自己的母亲倒是有了她这个女儿，但到头来如何呢？还不是抛下她，一直辗转流离于国外？她能够得到的母爱又有多少呢？父亲呢，那就更不用提了，因为一件小事都差点要打死她。舅舅也有很多子女，但也不是每个子女都幸福，其中的一个女儿要自杀，还有一个女儿死于肺病。这些孩子都是痛苦的，痛苦的根源就在于他们无法选择的命运，如果命运可以选择，他们宁愿不来到这个世界。

张爱玲不是缺少母性的温柔，只是不想让自己和赖雅的朝不保夕影响到腹中的胎儿。对于她和赖雅的状况，她心里明镜似的……生是什么？死是什么？当对这一切还没有深切感知时，作为一个母亲，可以替自己的"孩子"做一个了断。她知道生命之通达，但以后，也只能与这还没有感知的生命遥相呼应了。

赖雅和张爱玲举行了婚礼，失落和疼痛之中的张爱玲嫁给了"孩子的父亲"。

婚礼结束后，张爱玲和赖雅开始了蜜月旅行，走遍了欧洲各个地方。张爱玲还把自己已经结婚的事，告诉了身在伦敦的母亲。母亲虽然不太满意女儿找了一个比自己大近三十岁的女婿，但女儿的命运和自己太像了，一个人在异国他乡，身边没有一个贴近的人，根本无法度过惨淡的岁月。所以想到女儿毕竟还是有人照顾了，在异地他乡，也有个说话聊天的人，不至于太寂寞，所以也没有说什么，就算是默许。

张爱玲又把自己结婚的消息写信告知了宋淇夫妇，说她和赖雅的生活很幸福。宋淇夫妇很高兴，连忙写信祝福她。

张爱玲以前曾说过："我一向是对于年纪大一点的人感到亲切，对于和自己差不多岁数的人稍微有点看不起。"当年她与胡兰成相爱时，胡兰成比她大十五岁，第二位丈夫竟然比她大近三十岁。她选择的另一半都是比自己大很多的男子，也算了了她的心愿。

张爱玲和赖雅之间虽然不会像与胡兰成那样爱得"欲仙欲死"，但还算相亲相爱。张爱玲对赖雅的依赖就像女儿对父亲的那种依恋，她沧桑的心正好搭配上赖雅沧桑的年龄，她华丽的红颜倒也和赖雅苍白的鬓发相映成趣……

爱情这么艰难，而他们选择团聚，已经是一种难能可贵，所以这凝重的现状竟然也有神圣的意蕴。心疼张爱玲的人，只有恭喜她，恭喜她，再恭喜她。

但不幸的是，婚后刚刚两个月，赖雅再次中风，病情严重的他，每天在死亡线上徘徊，张爱玲没日没夜地照顾他。在张爱玲的悉心照料下，他挺过了危险期。但他彻底失去了写作的能力，家里的经济重担压在了张爱玲一个人身上，她不仅要照顾赖雅，还要为生计不断地奔波。吃什么？喝什么？下个月的房租到哪里去找？事无巨细，事情虽然都很小，但仿佛是扎在身上的刺，碰碰哪根都很疼……

因为没钱，他们仍旧居无定所，靠张爱玲卖字为生。张爱玲不计较赖雅的现状，还开玩笑说他是没有作品的作家。而赖雅因为不懂中文，也无法明白张爱玲所看的中国通俗小说，比如《海上花列传》《歇浦潮》等。他发现张爱玲几乎不翻阅西方的作品，就忍不住取笑她，说她虽然看的全是不入流的作品，但是却能写出一流的小说，实在是 very good！

家里的男人一直在养病，家里的女人一直在养家，张爱玲跟赖雅组成的异国家庭就是这样的一种状态。什么事情也做不了的赖雅不是不心疼张爱玲，但他也只能口头安慰一下，各种出力的事都由张爱玲一个人来做，他只好做着指挥者。张爱玲的事必躬亲，赖雅的内疚自责，每一个家庭里的人都要面临生活的考验，张爱玲和赖雅也不例外。

赖雅仿佛是一个客人，他看着张爱玲布置，如果错了，经过他的指点，张爱玲再重新布置。爱情是什么呢？不管是有意义的还是无意义的，它只是存在了而已。爱情里会包容什么呢？不仅仅是耳鬓厮磨，不仅仅是风花雪月，更有那冷雪寒霜。张爱玲的世界总是这样，刚刚见到点亮光，马上又沉入到黑暗之中去了。但庆幸的是，在这黑暗中，有一个男人总会陪着她。他的谈吐仍旧很健朗，但毕竟，谈吐是不能换钱的。爱情是缥缈的，生活才是现实的。赖雅煽情的话语说得太多，后来也就不好意思说了，他开始掂量自己的价值，但从不说分开……

很多人心疼张爱玲，说她跟赖雅生活在一起，就是带薪的保姆，是赖雅的养老送终者罢了。当然，在夏志清的眼里，赖雅完全是一个自私的男人，为了自己的晚年幸福，拖累着无辜的张爱玲。但无论如何，这也许就是张爱玲的情劫吧。当初为了胡兰成，她受尽了屈辱，现在为了赖雅又不得不辛苦挣扎。她明明可以是一个小鸟依人的女子，但却没能享受过一点这样的待遇。她有太多的悲伤，但她只是把悲伤当作了幸福。

张爱玲的心里明明有着大的悲戚，却不言。她的顽强和坚韧里也包含着苦恋的情绪，委身于一个异域老者，也是她独特的生活方式。通过这种生活方式，反而激发了她更大的力量。爱情的帷幕下，她竭尽全力地贡献着自己的热忱。

这人世间，多少迷惘的灵魂，仰头追逐那可爱的人生亮点；多少人一生踯躅，就为了抵达梦的归宿；多少有情的人，虽然不崇高、不伟大，却为爱情付出自己的担当和责任。一个人真正的成熟就是接受生命和生活的真相，平静、坚韧地去抗争……

张爱玲那句话说得实在是恰如其分——长的是苦难，短的是人生。

互为锚

在美国，张爱玲为她和赖雅的家已经竭尽全力，她用热忱的态度关注着赖雅的一切，所有花谢花飞、潮涨潮落的故事也不及赖雅一件特别小的事情重要。她把他的叮咛当作这人世间最动听的音乐，再艰难的事情，有了他的鼓励，她也毫不畏惧。她的虔诚和热爱像雨露一般滋润着他。相濡以沫的日子里，他是她的一咏，她是他的一叹……

但赖雅毕竟不能跟她一起分担任何难处。而对于张爱玲来说，创作最辉煌的时刻好像真的已经成为过去了。当初在上海滩时的创作胜景，在美国并没有出现过。中国人眼里的巨匠级人物，在美国也会遭遇到不平等的待遇。就像胡适在美国时一样，他写好的无可挑剔的稿子，还要拿给美国人指点……也许人世间的许多事就是如此——有心栽花花不开，无心插柳柳成荫！在中国，没有刻意地强求创作的结果，却创作丰富；在美国，每天眼巴巴地等着写作的钱买米下锅，却往往是令人伤心的结果……

当生活跟你撕下脸皮，那么生存的危机马上就来了。在残酷的生存处境下，没有人是高贵的，没有人是不食人间烟火的，张爱玲也不例外。为了挤出钱给赖雅买药，张爱玲变成了一个处处算计的人，可是钱还是不够用，而赖雅病得越发严重了。他加速地老去，加速地脆弱，他越来越依赖张爱玲，好像一个小孩。他惊愕于自己的病体，但完全不能控制自己发病的速度。他手上和脸上的老年斑好像是死去的萤火虫，任你怎样分辨，也看不出以前闪亮的影子。他是失落的，但他愿意守着张爱玲，直到生生世世。他很担心张爱玲会放弃他，他在年老体衰的时候为张爱玲抛了锚，他也希望张爱玲也能永远为他抛锚，人世间再美好的光景都不要去欣赏了，再大的机会也不要去寻找了，这样守着就是最好的……哪怕贫穷到顶点。每个人到了极度衰老的时候，就会失去最基本的上进心，赖雅就是如此。

赖雅的病痛折磨着他自己，也捆绑着张爱玲。婚后将近五年的时间，他们几乎是在贫困潦倒之中度过的。为了改善自己和赖雅的处境，张爱玲萌生了去香港和台湾发展的想法。虽然此时，赖雅和她已经搬到了旧金山，生活也稍微有了一点起色，但写作的前景还是非常渺茫。她不能踩踏进这一塌糊涂里，她想转过身去，谋求新的转机，然后再回来救助赖雅……想尽办法去开创一片绿洲，这可能就是张爱玲接下来的生活。

赖雅非常不情愿张爱玲离开，他想跟她朝夕相伴，得到她全部的爱和温存。如果她走了，谁来照顾自己呢？虽然张爱玲给他留下了生活费，还把他托付给他的女儿露丝，但赖雅还是感觉张爱玲把他抛弃了。一想到这，他的心里就像划过了闪电，巨大的雷霆震得他透不过气来。他害怕这失去，害怕她再也不能回来。

朗朗晴空之下，赖雅的心仿佛进入了午夜——即将跟爱人分离所受的打击，已经远远超过了病痛对他的折磨。赖雅绝望地以为，张爱玲既然走了，就不可能再回来了。张爱玲受的苦太多了，他每天都看在眼里，他认为，张爱玲是无法承受这种痛苦才选择离开的……

对于一个执拗的老人，再多的话也是说不通的。面对赖雅的苦苦哀求，甚至是苍老的眼泪，张爱玲没回头，毅然地坐上了从美国飞往台湾的飞机。

张爱玲要让赖雅继续有生命力，就得自己出去寻找出路，像一个贴心的母鸟，冲进风雨的深处，就为了拯救甚至是哺育另一半。

美国驻香港新闻处的麦卡锡是张爱玲的老上司，当时已经升迁为美国驻台湾领事馆的文化专员。张爱玲还没有从美国动身时，他就开始积极准备为张爱玲接风了。该通知的人都通知了，特别是那些崇拜张爱玲的先锋文化人。

为了给大家制造悬念，他还跟他们说，张爱玲长得又胖又丑，搞得他们也半信半疑。

到了台湾，麦卡锡将自己的老部下接到他的大别墅里住下。张爱玲又感动又兴奋，感动的是，麦卡锡的家简直是太豪华了，豪华得让她想到了过去在上海时父亲的家；兴奋的是，她终于可以好好地享受一下这种似曾相识的华丽的家庭环境了。她心里五味杂陈，觉得刚刚离开的美国是干涸的雨季，是枯死的花期，但那里却有一个苦苦等待自己回去的人……

那个夜晚，台湾的夜色非常美。在浓郁的花香里，在婉约的夜色深处，所有的霓虹和马路似乎都有着不一样的味道……六年啊，仅仅是六年而已，中国的世界，就仿佛增添了太多的亮色，让她有恍如隔世之感。

当然，更让张爱玲意外的是，虽然她已经离开了好几年，但是人们对她的热情和崇拜并没有减弱。特别是台湾大学的学生，简直都把张爱玲当作了神。她对他们来说，是站在高处的神，面庞朦胧，满身香气，他们须抬起眼看，但却还要羞涩地低下头来。

他们一遍遍地问着，张爱玲来了么？张爱玲来了么？她到底什么时候到？

似乎所有人，包括整个台湾都按捺不住了……

麦卡锡特意选择了一家豪华的酒楼为张爱玲接风洗尘，陪客有白先勇、陈若曦、王文兴和戴天等人，他们都是台湾大学非常有名气的文学青年，是麦卡锡精挑细选出来的。但这些年轻人都没有见过张爱玲本人，席间等待的时候，他们兴奋地猜测着，张爱玲到底长什么样，真像麦卡锡说的那样，是又胖又丑的吗？大家被郑重其事的麦卡锡搞得半信半疑的，只有白先勇断定张爱玲肯定是又细又瘦的。

等张爱玲出现了，大家才确定麦卡锡是跟大家开玩笑的，张爱玲长得还真跟白先勇描述的差不多。她皮肤雪白，又高又瘦，穿着一身素净的旗袍，得体地裹在细弱的骨架上，让人看起来非常年轻。陈若曦忍不住瞪了白先勇一眼，因为白先勇总吹牛，说自己推断人的长相很有一手，哪怕没见过面，他也能判断出来，这一次果然又让他给说中了……

张爱玲的头发没有烫，而是剪短了，披在脑后，看起来非常清爽利落，她的脸蛋瘦长，脖颈也是瘦长的，眼睛是一双杏眼，射出来的光却是专注和锐利的。她的身架和五官的组合，很有一种立体画的感觉，但她浅浅一笑，却非常羞怯，像是一个小女孩……大家都惊奇地看着张爱玲，惊叹她满身上下都透着一种特殊的神采和风味，而这种神采和风味正好属于特殊的20世纪30年代的上海。她像雪般安静洁白、单纯素雅，但偏偏这种雪是燃烧着的雪，因为一经接触，她就融化在了人们的心尖尖上……她孤独得可爱，她单纯得透明，她哪怕刚刚跟你打个照面，你也要兴奋地把她当成是许多年未见的老朋友一般。这也就是她的个人魅力，人生中，得遇一次张爱玲，足矣！

张爱玲是羞涩的，无论任何一个场合，如果周围超过五个人，她就会感到手脚没处放。但那天的宴会一共十二个人，却没有惊吓到张爱玲，她只是看起来非常敏感和羞怯。她不健谈，语速很慢，嗓门也不高，是一个字一个字地咬出来的，好像每句话都经过了长时间的考虑一般。她看起来是那种天塌了也面不改色的女人，每个动作都迟缓而稳当，非常有耐性。她慢悠悠的，但看起来是一个可爱而又有主意的人。吃饭的时候，回答别人的问话几乎占据了她全部的时间，导致她吃得很少。大家天南海北地聊得起劲，但张爱玲最关注的还是创作的话题，跟大家谈的所有话题都一直没有离开创作。

因为张爱玲看过王祯和所写的《鬼·北风·人》，吃饭的间隙，她夸赞王祯和写得好，特别是对老房子的描写，简直令自己也想住进去了。听到偶像的夸赞，王祯和很高兴，马上邀请她去他的老家住上几天，体验一下老房子，张爱玲马上高兴地答应下来，哪怕是搜集一些素材呢。台湾，她也是非常想要待上几天的，因为她目触之处，皆是奇花异草，美而鲜艳，天很蓝，路很平，人们的服装也很可爱。一时间，她的心里就浪漫了起来，觉得那些蜜蜂也是有思念的，蚂蚁也是带着泪光的，而人们对她的好，是她在几年异乡生活之后遇到的第一次真挚的热情。这种热情让她非常感动，竟然舍不得离开了。

席间的所有人都在为张爱玲的瘦弱担心，麦卡锡跟大家透漏："……她刚刚完成一部八万字的英文小说，夜以继日地写，一定很辛苦，所以，更瘦了。在台湾待两个礼拜后，她就要到香港去，开始另一部小说的创作，同时写点电影剧本，以维持生活。像她这样认真写作，恐怕要永远瘦下去……"

吃完饭后，这些好客的年轻人陪同张爱玲上街买衣料，准备送给王祯和的母亲做见面礼，因为张爱玲打定主意要跟王祯和去花莲了。在三轮车上，她终于放得开，渐渐发散出自己独特的女性魅力。她不停地谈着服装、发式、衣料和色彩等等，还谈了不少香港旗袍之类的话题。印象中，除了跟炎樱、姑姑、宋淇的太太，她已经好久没和别人谈论过这么女性的话题了。一谈起旗袍，好像她过去的自己都复活了。

终于跟王祯和到了花莲，张爱玲准备好好地出门逛一逛，所以就穿着凉鞋出了门，但因为不习惯走远路，所以把一只脚磨破了。有创意的她便在伤脚上面套上厚厚的袜子，另一只脚继续让它光着，然后不管不顾地走进了大街小巷……正赶上花莲举行丰年祭，规模非常盛大，观看的人达到了近万人，摩肩接踵，往往是你盖过了我的目光，我又盖过了她的目光。丰年祭的主办方知道张爱玲是从美国来的大作家之后，恭敬地把她请到主席台上。因为人太多，看不清楚，她便索性跑到最前头，坐在草地上，舒舒服服、开开心心地看起舞蹈来……张爱玲就是这样充满个性而洒脱的女人，她要做的事情，并不怕被人非议或者别人投来的惊诧的眼光，她要做的就是她自己……

花莲街头，张爱玲总是拿着纸和笔，看到感兴趣的，或者值得记录的，就马上记录下来。为了了解花莲的妓女，她还在王祯和的陪同下特意去游玩了有"大观园"之称的一甲级妓女户。那些妓女们眼睛很毒，一看到张爱玲非常时髦的美国式打扮，就知道她不是本地人，所以也都直勾勾地盯着她，看上半天。那些妓女往往坐在那些嫖客的腿上，跟张爱玲眼神交会的时候，更是兴奋得不能自已。她们嘀嘀咕咕的，当听说张爱玲真是从美国来时，竟要从嫖客的腿上跳下来，追着张爱玲看。这一刻，她们对张爱玲的兴趣超过了她们对嫖客的兴趣了。这些妓女当然不会知道，这个拿着小本记录她们的年轻女子，会把她们的一切表现都写进小说里。

晚上，游玩归来，张爱玲和王祯和的母亲用日语聊天，一老一少，又说又笑。早晨，张爱玲用各种各样的化妆品梳妆打扮，王祯和的母亲对这些印着英语的瓶瓶罐罐很感兴趣，但又不好意思直接问张爱玲，就用台湾话悄悄问王祯和："她往脸上擦的是什么？"街坊邻居对王祯和家来了个美丽轻盈的时髦女孩也非常好奇，都窃窃私语着，甚至有人推断，张爱玲是王祯和的女朋友。王祯和听到大家的议论，心里美滋滋的，好像张爱玲真的成了他的女朋友一般。

只是遗憾，张爱玲不可能成为他的女朋友，她牵挂的是远在美国的赖雅。此次回国，也是承担着生计的重担才回来的。她在花莲很快乐，但也只是勉强住了一个星期而已。因为美国那边把电话打到了麦卡锡那里，说赖雅的病突然恶化了，让张爱玲马上回去。麦卡锡马上联系到王祯和，让他通知张爱玲，抓紧制定方案，到底是马上回美国，还是继续从台湾转到香港。

张爱玲听到消息，万分着急，不断地在房间里打转，甚至想马上飞回美国。但是考虑了一阵，还是决定放弃了，因为实在是难堪啊，她身上的钱不够买一张机票了。即使她现在想办法回美国，也是马上就陷入山穷水尽的地步。

怎么办？赖雅斑驳的老泪、缠绵的目光重新缠绕上了她，让她险些要窒息。她何尝不知，赖雅需要她。但是此次下了一百次决心回来，不就是为了挣钱吗？如果钱一分没挣到就回去，就相当于白跑了一趟，不仅差旅费白白浪费了，她和赖雅改变命运的机会可能也失去了……

张爱玲迅速由高雄返回台北,到了麦卡锡的家,跟美国通了电话,急切地询问赖雅的病情。听说赖雅的病情刚刚得到了控制,才稍微松了口气。她茫然的心也再次坚定起来:不能回去,如果挣不到钱,坚决不能回去!

张爱玲希望赖雅能够理解自己,相信她所做的一切都是为了他。她必须要给他付出全部,她才能心安。她按照原定计划准备飞往香港,找她的老朋友宋淇夫妇,希望在他们那里找到合作的机会……

云天开合处,总是刚刚有了美丽的天空,突然又要阴云密布。虽然张爱玲一直在眺望生活,但命运总是无法猜测。她的命运啊,如同一支皮影曲,唉唉唉,罢罢罢,尾音悲伤得听不下去,局外人都心疼得意欲流泪了,而她还是专注和单纯的样子。命运惨痛无比,而她的人生也是无法更改的了……

张爱玲再强大,也是弱弱的强大,因为她何尝不是一个弱小的女子?她虽然被台湾的文学青年们认为是"最可爱的女人",但谁能解她惆怅的心事呢?她要如风般飞扬,她要如尘般坠地,她要为赖雅载回斑斓的月色,她要让赖雅安享晚年。她要为赖雅努力地向上飞,她不害怕奔波,只要赖雅能够好好地休憩。

如果此次回国能换来赖雅的幸福,那她不怕走得累,走得远……

因为爱过,所以慈悲

1961年11月,张爱玲从台湾飞到了香港,她再一次站在了香港熟悉的街头。天空仍旧那么蓝,阳光也很柔和,群鸟飞翔成一道美丽的弧线,从城市的上空招摇而过,似乎是送给天涯游子的一个见面礼……

张爱玲不由得感慨万千,原以为这苍茫簇拥的人海,她再不会涉入其中;原以为它再有多少华彩乐章,她也不会为之所动;甚至以为凡是与自己的生命相错过的，就不会再有重逢的机会……谁曾想，山水轮流转，这一回，为了生存，她再次踏上了这座她几进几出的城。她说不出来自己对这座城市的问候，但却明显地感到，自己的翅膀在掠过熟悉的大地之后，一下子断裂了，好像远行的游子见到久违的妈妈一般。她第一次感到了内心里彻骨的疼痛，那种险些让她窒息的感觉让她一句话也说不出来……

是的，故乡是飘浮着的一团火，炙热地搁浅在游子的心里。虽然香港并不是上海，但回到香港，就有了故乡的滋味。美国，其实就是张爱玲的天涯，她在美国过的日子，也是从天涯遥望故土的日子。当她"水土不服"时，当太多的不如意降临到她的头上时，当黄皮肤的标签如影随形时，都会提醒她，她的根在中国……

故乡也好，天涯也罢，混淆了视线时，张爱玲觉得自己已经迷了途。如今回到读书、工作过的城市，她感到自己的内心是战栗的。她战战兢兢着，庞大的怯意已经把她裹缚。光天化日之下，她觉得香港是在她的梦中，梦里的花开得美艳，梦里的人匆匆忙忙，都对她行着注目礼，但她却不知要对梦中的一切说些什么。

是无力，还是卑微，还是害怕不管说什么都会引发自己的泪奔？甚至见到好朋友宋淇夫妇，张爱玲也险些无话可说了。装着笑脸跟朋友客气么？似乎她做不出来，开门见山就诉说自己在异国的不易么？她也断然不会说。

宋淇夫妇何尝不知道远在异乡的张爱玲的难处呢？但凡有一点办法，她也不会从美国回到家乡寻找生路。如果不是已经成为贫穷的俘虏，如果不是美国的创作空间暂时有限，她怎么可能会回到中国来写作？

是啊，在美国，除了收获了一位丈夫，张爱玲只是一个卑微的看风景的人，而美国看风景的人却不会过多地留意她。她装饰过别人的窗子，但别人的梦里并没有她……

张爱玲的苦也好，悲也罢，在美国都没有任何的参照物。美国是天堂，但这个天堂里并没有给她留下什么位置。她只是一行诗句，如果在美国，只有坠落，但在中国，她却能得到喝彩，这就是美国和中国的区别。

中国像一棵大树，有极为发达的根系，让张爱玲能够吸取写作的养分；而美国也是一棵大树，甚至有更加壮丽的景致，却飘浮在她的灵魂之外。

张爱玲的晚年，在美国不断地搬来搬去，但无论她搬到哪里，那些地方都属于美国。最后，她唯一想要的就是安宁，就是孤独，她咬紧牙关演绎着逆风飞行……是的，她就是这样特立独行到怪异的女子，不管是中国还是美国，都是她回不去的地方，因为到最后，她只能为灵魂而活了……所以，她终于不担心，在哪里会失去她的鲜艳，甚至，她也不再去挂怀，什么地方才是她的故乡。就只是让自己跟随着悲凉一起延伸，一起延伸，延伸到对所有的悲凉都无话可说，都坚强地承受。

张爱玲此次回香港的目的非常单纯，就是挣钱给赖雅治病。好朋友宋淇约她给香港电懋影业公司写剧本，正好可以帮助她挣几个钱。张爱玲最先写的是《红楼梦》的改编本，上下集的剧本可以得到两千美元的酬劳。如果得到这笔钱，赖雅的治疗费用就有着落了。

在美国实在是穷怕了，而现在，张爱玲仿佛看到了前面的曙光，所以迅速整理自己的情绪，在宋淇家附近的小旅馆租了个房间，迅速投入到了紧张的创作之中。

每天十几个小时的伏案写作，让张爱玲腰身疼痛，手臂发麻。但为了可观的稿费，她简直豁出去了。不管多么累，她都想快快地完成创作，因为赖雅还在美国盼望着她尽早回去。为了安抚赖雅，她一边忙着写作，一边还要抽出时间来给赖雅写信，告诉他自己的现状，同时让他不要胡思乱想，自己只是为了挣点钱，绝对没有摆脱他的意思，让赖雅一定要相信自己。她要带着创作后的荣光，带着稿费回去见他。

而身体刚刚有了好转的赖雅已经在华盛顿安顿了下来，他虽然一直不满意张爱玲回了中国，但接到张爱玲的信，心里总算安稳了一些。他理解这个东方女人所做的一切都是为了他，如果不是为他，她完全没有必要这样东奔西跑，她甚至可以留在中国，在适合她的土壤中继续创作。所以，他的心里也满含着愧疚，但要让他放弃张爱玲，也是万万不能的，因为他无法舍弃与张爱玲在一起时的美好回忆。他崇拜她的慈悲和信仰，他能活着，爱着，并且在她的身边才是人生中最幸福的事。他不敢经常去想自己已经拖累了她，因为，他只有在她的爱里才能沉睡，只有在她的爱里，他才敢离开这个世界……

张爱玲着急把剧本迅速换成钱，因为她跟赖雅做过承诺，写完《红楼梦》的剧本就返回美国。但当她把剧本交给宋淇的时候，宋淇却说他做不了主了，要把剧本给了老板之后再定夺，张爱玲的心一下子悬起来。一边写剧本一边安抚着赖雅，她已经身心憔悴，而且她手里的钱已经不多了。如果稿费拿不到手，不用说赖雅的治病钱没了着落，就是她在香港恐怕都不能立足了。

但除了苦苦等待，还能有什么办法呢？为了金钱而卑微和恐慌，还是生平第一次。张爱玲不知道如何跟宋淇催款，也不知道如何跟赖雅解释。

不明真相的赖雅看到张爱玲迟迟未归，又对她产生了怀疑，情绪又起了巨大的波动，以为她对他们的婚姻失去了希望，是在逃避。也许，她不会再回来了，她跟他说的，也只不过是敷衍而已。

面对赖雅的误解，张爱玲又给他写了一封信，几乎字字血泪，无比辛酸。她不得不告诉赖雅，她已经在中国逗留了几个月了，每天熬夜写作，累得要死，但却没有拿到一分钱的稿费，她的心已经冷若冰霜了，拜托能不能给她一点理解，如果他也不能理解她，她要怎样活下去？

张爱玲生活的意义是什么？难道只是为了一点稿费低三下四地求朋友吗？只是为了一点稿费就丧失自己的尊严吗？赖雅啊赖雅，明明已经接近腐朽，却还抱着一颗浪漫的心，觉得高山就不应该隔阂流水，觉得他曾经拥有了张爱玲,她就要在他耄耋之年紧紧跟随。他哪里知道,张爱玲的抗打能力已经快要超支……

赖雅能理解她的诉说吗?他只想拥着她痛快地哭泣,然后诉说相思之苦,怎会想到她为了他的救命钱,一直在忐忑不安,苦苦挣扎?

暮色降临,张爱玲在租来的小旅馆里,茫然地望向外面。"因为懂得,所以慈悲",她慈悲着赖雅,可是,有谁来慈悲自己呢?吃了今天的饭,就没有明天的饭了,交了这个月的房租,下个月的房租就没着落了,怎么办?此时,她已经山穷水尽了。

从美国带来的钱终于花得一分不剩,绝望之中的张爱玲只好向好友宋淇夫妇借钱,但就是这一次借钱,伤了张爱玲的心。也许他们痛快地借给了她,也许他们借给她钱时,说了一些无心但却伤害她的话,但这钱,还是要接受的,其中的尴尬,对清高的张爱玲来说,无疑是一记响亮的耳光。

借到钱之后,张爱玲给赖雅写信说:"他们不再是我的朋友了!"如果不是因为受到最严重的"羞辱",怎会这么谈及自己最要好的朋友?那些隐忍的伤口,那些钻心的疼痛,那些尴尬的隐秘,都在这一句话里露出了端倪……

敏感如她,高傲如她,往往是别人不经意的言辞或者做法,就能置她于死地,可见在生活的磨难面前,她已经脆弱到了极点。灵魂的城池里,除了卑微、敏感、脆弱和绝望之外,坚强只占了很少一点比重……张爱玲毕竟不是铁人。

到香港,是她勇敢奔赴,是她热情献身,为了一些生存的钞票,她奉献着自己的作品,她已经完全顾不上灾难深重的自己,这不正是血淋淋的现实对浪漫爱情的对白吗?无论多疼痛,她也不要抛弃爱情的使命,哪怕她被捉襟见肘的羞愧所杀死……也许,她已经不在乎宋淇夫妇借钱的态度,最让她焦急的还是剧本的结果,她真害怕几个月的点灯熬油付诸东流。小旅馆暂时安放了她的身体，但焦急万分的她，却不知要如何安放自己的灵魂。她心事重重，两手空空，不知道下一步应该怎么办……

好在，电懋公司开始让张爱玲写其他的剧本了，她马上投入到其他剧本的创作中。这一回，再没有发生什么"不该发生的事了"。

是的，早在1958年，张爱玲曾经为电懋公司写过《情场如战场》《桃花运》《南北和》等剧本，都如期上演，而且取得了很好的效果。尤其是《情场如战场》还打破了香港国语影片的卖座纪录，《南北和》的卖座状况也非常好。在这种情况下，电懋公司建议她写《南北和》的续集《南北一家亲》。

在创作完《南北一家亲》之后，张爱玲又接着创作了《一曲难忘》。写作速度之快，令电懋公司都为之咋舌。两部高质量的剧本，竟然不到半年时间就完成了。本来，还要再写一部《南北喜相逢》，但由于要赶时间回去照顾赖雅，所以就把未完成的《南北喜相逢》带回了美国继续创作。

而电懋公司连续几年一直在拍摄张爱玲的电影剧本，1962年10月上映《南北一家亲》，1963年上映《小儿女》，1964年7月上映《一曲难忘》，1964年9月上映《南北喜相逢》……这也正是张爱玲的剧本创作高峰期。香港市场的打开，真是盛况空前，其轰动效应直逼20世纪40年代中期张爱玲在上海的爆红，张爱玲成了香港家喻户晓的人物。但她已经不在乎什么鲜花和掌声了，对香港来说，她只是一抹远去的背影，而她也宁愿做这个背影，渐渐消失在时光的尽头。只要人们知道，她努力过，这也就够了……

到张爱玲离开的时候了，应该最后感受感受香港了，所以她去了当初在香港读书时常去的咖啡馆。二十多年了，咖啡馆还在，且没有太大的变化，一进大门，还是那熟悉的半环形玻璃柜台，但上了楼去，却发现卡位都是黑洞洞的，朦朦胧胧中，人声喧哗，原来是很多上海人一边喝咖啡，一边谈生意。听到亲切的乡音之后，张爱玲马上落荒而逃了……

为什么要逃离？是啊，在上海人眼里，虽然她在文学创作上爆红过，但她依旧是"汉奸的妾",哪怕只是听到上海人的声音,她心里的那种威压也会马上降临。萦绕于耳边的明明是"故乡"两个字,却像是一股强大的电流,伤害到了她。"故乡"这个字眼在她眼里是神圣的,所以哪怕她没有做错什么,她也要没来由地痛悔,好像所有的一切都是她的错……

但,除了离开故乡之外,张爱玲没有其他的办法。

张爱玲不能否定,这次回来台湾和香港,她的心里是万分愉悦的,是感到踏实和放松的。因为在这两个地方,她的艺术创作引起了人们的共鸣,而且在这两个地方,人们才认为她是清白的。但遗憾的是,她还是要匆匆地到来,匆匆地离开。除去人生的大悲和大喜,她要负起自己的责任。是的,虽然绝大多数美国人根本不欣赏她的中国情趣,不欣赏她的创作风格,但是却有一个美国人成了她的丈夫,还在苦苦地等待着她归来。

1962年3月,张爱玲拿着写剧本的钱,从香港飞回了美国,此后的三十多年,她再也没有回到中国。尽管,她明明知道,在美国,根本没有适合她作品的土壤,那又怎样呢?毕竟,离开了就是离开了,香港也好,台湾也罢,她不能选择在这些地方繁华,那就选择在美国静默吧。对于一个打定主意要孤独到底的人来说,选择哪里作为人生的终点都不是最重要的。

张爱玲最终要与赖雅一起饮尽人生的悲苦,同宿同醉。他们要因为时光的缓慢而互相消遣;他们要因为爱情的最后游离而彼此倾诉,在最后别离的时刻,再把对方好好地收藏……

是谁说过,友情就像一对眼睛,相近却不能相碰。相近的时候,谁也离不开谁,但是相碰的时候,却是非常危险的。是的,被孤独和敏感主宰的张爱玲已经不能近距离地靠近宋淇夫妇了,但一旦离开他们,他们仍旧继续通过书信往来维系着最好的朋友关系。

离开香港之后,不管大事小情,张爱玲都要跟宋淇夫妇汇报一下,跟电懋公司的合作也直到 1964 年才结束，因为电懋公司的老板在空难之中丧生了。而那几年的稿费，都是由电懋公司提供的。

宋淇夫妇大约也内疚于对张爱玲在香港时的照顾不周，有了什么写作方面的机会，总是不忘张爱玲。1965 年，宋淇和皇冠出版社的平鑫涛一见如故，第一件事就是向他推荐了张爱玲，希望能有出版的机会给张爱玲。而张爱玲在人生接近尾声时，也把自己的所有遗产都交付给了宋淇夫妇。可见，当年的"他们不再是我的朋友了"的哀怨早已烟消云散，真正的友谊最终还是经受住了时间的考验。

1963 年，张爱玲用英文写了一篇散文《重回前方》，详细地记述了这次港台之行，也当作是写给故乡的回忆……

回到华盛顿的张爱玲，与赖雅之间的感情是甜蜜的，但更多的还是辛酸，因为赖雅已经病入膏肓，连自己都照顾不好了。虽然他对张爱玲万分疼惜，也有着难以割舍的深情，但生生世世的豪言壮语，他也不敢多说了。病痛让他越来越自卑，有亲友来看他，他就将头扭向墙壁，并执拗地让其离开……

不幸的是，行动不便的赖雅又摔了一跤，把股骨头摔断了，彻底失去了行动能力。最后，又频繁中风好几次，导致后来完全瘫痪了。因为病痛的折磨，他非常瘦弱，再也撑不起雪白的西装了。他经常嚅动着嘴唇，却说不出心里话。往往这时，张爱玲就冲他点点头，表示她懂了：爱情是精彩绝伦的，并且往往还带着难以言传的希望……

张爱玲不想让赖雅归于寂静和与世无争，哪怕看着他流泪也是好的。她不要他的生命归零，因为他会让她疯魔，会让她坠入无底的黑洞。

但赖雅是真的累了，这一生所有的喧哗和寂寥，所有的欣喜和沮丧，都要被他一一地抛弃了。爱情像泉水一样在他的身体里汩汩而出，但其流淌的速度明显缓慢了下来……

等待张爱玲的会是什么呢？

无法解剖的心

张爱玲希望赖雅的时光能够更长一点,然后可以让她借着他的亮光勇敢地走下去。他哪怕是贫病老的,也可以让她安心地附着在他身边贪婪地呼吸。当孤独扑面而来的时候,只有赖雅是她最后的支撑了。如果赖雅离开了,那必将把她的灵魂也一并带走……

张爱玲知道再没有机会与赖雅一起举目四顾,长袖漫卷;再没机会跟他一起拿着一本英文书,又咏又叹。如果没有赖雅在她身旁督促,那些美国式的小说,她会彻底失去兴趣,更不用说提起笔来写迎合美国人口味的小说了。虽然她有过硬的英文水平,但她在美国文坛做不到像林语堂那样风生水起。

美国等于赖雅,赖雅等于美国,如果赖雅离开了,美国对张爱玲到底还有什么意义?

她的灵魂,她的目光,她的才华都植根于中国的土壤,而在美国,她所有的一切只能被欧风美雨冲刷成断梗和败叶。是的,她已经写不出爆红时代的小说了,不是因为她的才华消逝了,而是在不适合自己的土壤里,她收获的大多是苦涩。无奈之下,张爱玲只好把自己的创作方向转向文学翻译。

张爱玲与余光中等人一起翻译了《美国诗选》,还翻译了爱默森和梭罗等人的诗。翻译工作是她不乐意做的,当初在香港的时候,在美国驻香港新闻处,她的翻译工作也完全是为了生存的需要。现在,当小说创作遭遇壁垒,她又不得不重操旧业。

在张爱玲的眼里,凡是与小说创作没有太大关系的事情几乎就是不务正业的。只有小说创作是一种灵魂的纪念,是为了心中深刻的苍凉和慈悲,也只有小说创作才会给她插上想象的翅膀,跟随悠远的时光,潇洒起舞,快意出尘……

　　除了翻译工作，张爱玲要为赖雅写点什么呢？她忧心得下不去笔。风声细微，赖雅的呼吸越来越困难，他正在与死神搏斗。他的手颤抖着，也许他是想像从前那样，摘一朵怒放的花儿插在张爱玲的发髻。但他到底知道，花开和蝶舞，蜂飞和露滴，都不是他能把握的了，何况眼前的佳人？

　　绝境中的人，往往把自己的愿望降到最低。赖雅祈求上苍哪怕给他多活一天的机会，他也会感激不尽的。他可以瘫痪，可以意识模糊，但只要让他多活一天，他就可以看到身边仍旧华丽灿烂的人儿……

　　但命运已经到了最残酷的时刻，哪怕是小如尘粒的愿望，它也不会帮你达成了。它让这痛苦的磨难戛然而止，只留下赖雅最后一声遗憾的叹息，震撼着他最爱的人儿。

　　1967年10月，赖雅在张爱玲一个人的陪伴下去了天国。

　　这一年，赖雅七十六岁，张爱玲四十七岁。

　　天塌了，地陷了。从此，张爱玲的灵魂和夜晚都崩裂开来，绝望和孤独逼开一颗避世的心。从此，她的心里，除了隐忍就是疼痛，这一切都埋藏在她的失语中……最彻底的扼杀也不过如此。

　　十一年的风雨相伴，只是倏忽的一瞬间。张爱玲所渴望的现世安稳一直是一个梦，根本就不可能实现了。也许，根本就没有所谓的现世安稳，只留下孤零零的一个人，带着Reyher这个姓氏无奈地度过孤独的后半生。

　　赖雅的离开让张爱玲觉得美国变成了浑浊的洪水世界，而她不知向哪个方向泅渡。这个繁华的城不是母亲，也不是家园，它只能让人在暗夜里痛苦地歌吟，一声声地呼唤，但再也唤不回相濡以沫的那个人。这个城只是一句谶言，预示所有的恩爱只能走向阴阳两隔。

　　除了复活一个新鲜的内心，张爱玲再没有其他的办法可以拯救自己。

　　但，轻轻松松地继续生活下去，对张爱玲来说太困难了，因为她的灵魂被赖雅带走了，她除了怀旧之外，再不能做什么了。她躲进时空里，安静地绝望着，安静地恐慌着，好像她已经提前进入了暮年，最惨痛的心死也不过如此。

在美国，张爱玲的写作范围本来就非常狭小，好在有赖雅陪着，她还可以承受从"爆红"到"平庸"之间的落差。现在赖雅离开了，她失去了最后的依靠，她几乎什么都不想做了，只剩绝望，恨不得要在绝望之中死去。如果在美国，注定是一棵默默无闻的小草，她认了，她的意义可以任由美国抹杀。她只是一遍遍地背诵着爱情，当然她也知道，这悲怆的爱情也只能由她一个人欣赏，由她一个人祭奠。她在饱经沧桑之后沉默着，她的华丽和高贵正在一点点地凋零。在深沉的夜里，月华照射着她细细瘦瘦的躯干，试着擦亮她的颓然，可终于无功而返……此时的她，孤高如昨，拒绝接受任何的拯救。她背对着月光，是不忍心看到自己的破碎。但尘世深厚，时光如镜，照见了她所有的爱与伤怀。因为一份痴念，她从此成了一个放不下的女人……

西方人的天下，没有张爱玲的位置，她的情趣和追求都是东方式的，美国人不可能理解，也拒绝接受，所以，她的东方背景的小说在这里没有市场。《怨女》的英文版几经周折后在英国出版，但却受到了读者和书评者的指责，说她在这部小说中塑造的人物银娣简直令人作呕。还有一些英文小说，怎么也卖不出去，不用说看看内容，就是外国人一看到小说中三字经式的中国人名，就拒绝了。

来自西方世界的种种冷遇，在赖雅死后变得更加铺天盖地。张爱玲彻底断绝了小说情缘，在中国爆红过的张爱玲此时变得黯然失色，整天把自己关在家里，回味着曾经的大爱、大恸、大悲和大喜。它们融合在一起，成为一支最悲壮的进行曲，响彻心中，激越得好像擂起的战鼓……她倾听着，终于，泪如泉涌。

爱情，只是一个旋涡吧，忘恩负义的胡兰成曾经把张爱玲颠覆了，钟情后离去的赖雅又把她掀翻了,她最后匍匐于悲伤,收获了绝望。她跟从前一样闪闪发亮,但没有任何人再留意她的美,没有人问她,她要怎样才能站起来然后继续行走。

也许只有笔才能让张爱玲继续与命运抗争,才能让她打破头顶上的桎梏。但美国,几乎让她停了笔……

一个已经四十七岁的女人,该经历的都已经经历了,内心里所有的角落几乎都被冲刷过、破碎过。现在,只要把这一切藏好,如果有悬崖和冰川,最好也一并装下。最好让生命的阴影如同虚空,最好永远也不要看清前世和来生,就让自己默默地腐朽,默默地燃烧吧。人世间的很多事情都没有答案,那就不要再找了,就让这颗痛苦的心,在宽阔而忧郁的世界里,放得稳一些,再稳一些,准备接收命运给予的更加痛苦的暗示……

也许每个人都需要源源不断的知己,以帮助自己捕捉生命之中的隐痛。但在美国,张爱玲陆续地失去了知己。以前的校园好友炎樱,好像已经淡出了她的视线,她们仿佛是生活在两个世界的人,彼此很难再听懂对方的话,干脆就放弃主动的联系,也落得一个清静。

楼台酒肆,长亭更短亭,婆娑人影里,有她的父亲、母亲、姑姑、子静、炎樱、宋淇夫妇,还有胡兰成和赖雅,这些人都消隐在了张爱玲孤独的世界里……

美国的世界,真实而繁华,但张爱玲知道,只有逝去的才是通向永恒的,比如她的爱情。当现实的华丽淡漠了远去的爱情,谁还能说出活着的真相?谁还能有信心去揣摩生活的意义?一切都是哑的,而夕阳更加苍凉,它在突兀之间就被疼痛的天空席卷得无影无踪。既然已经是一棵孤独的草,那就只好在繁华的异地他乡隐居起来。至于爱情,那就交给梦境吧,那里有诺言,那里有相亲相爱……

1967年，张爱玲离开波士顿，去担任纽约拉德克里夫女子学院的驻校作家，开始翻译《海上花列传》。两年后，张爱玲又得到陈世骧教授的赏识，任职加州伯克利大学"中国研究中心"的研究员，搜集研究中国的一些语汇。因为生存，从美国哈佛到伯克利，她开始由东到西，不断地辗转流浪。

繁华历遍的张爱玲，不再奢望什么站得更高，看得更远，所有的工作也无非是糊口的需要罢了。她已经抵达过生活的最底端，所以对生活的凄切和摇曳已经司空见惯，再没有什么可以威慑到她，短暂的平和也换不来她的微笑。她的抄写，她的翻译，都已经不是纯正的小说创作，她也不会再去抒写都市男女所特有的所谓的爱恨情仇了，她的内心里再大的关于人生的回响，也都被她的孤独所包容了。

时光慢慢地流淌，孤独是一根越结越粗的绳子，把张爱玲牢牢地捆住……

哪怕遇到熟悉的同事，张爱玲也只是淡淡地一笑，绝不多说一句话。为了避免尴尬，她总是快速地走路，快速地坐在自己的位子上，然后马上开始工作。她的身上没有什么秘密，但她的样子却像她有很多秘密，生怕被人窥探到一样，她成了一个卑微到令人产生恭敬和无比怜惜的女人。

好在，还有大学图书馆，让张爱玲能真正地放开自己。因为在那里，她体验到真实和温暖。她被各种书籍围拢着，暂时忘记了自己的痛苦。工作之余，天天泡在图书馆，好像成了她心灵的一种需要。她不自觉地靠近文字的盛宴，找到灵魂的居所，苍凉的心也开始闪烁起来，似乎它有着不可磨灭的光亮。

拉德克里夫女子学院是哈佛大学两大学院之一，是美国最著名的女子学院，这里的图书馆藏书丰厚，实在是令人着迷。以前，张爱玲不乐意来图书馆查找资料，但现在，却体验到了图书馆巨大的好处。她在这里看到了许多珍贵的研究《红楼梦》的书籍，激发了她研究《红楼梦》的兴趣。

而伯克利大学的图书馆藏书量在美国大学中列于第二位，这两个大学的图书馆对张爱玲起到了很大的帮助。她一边在图书馆里查阅着资料，一边把自己沉浸到《海上花列传》的翻译和《红楼梦》的研究之中，而对《红楼梦》的研究竟然持续了十年之久。

时光如飞，痴迷于工作的张爱玲仿佛进入了一种梦幻般的迷境。她的生活模式已经形成，除了极特殊的情况，她跟外界都不发生联系。在陈世骧的研究中心，她往往是昼伏夜出，作息时间跟别人完全不同。别人上班的时候，她留在家里；只有当别人下班的时候，她才赶去上班，像一个幽灵一样待在研究中心，尽力地工作，一直到午夜，把工作做完了，才披星戴月地赶回家去。所以，她的同事都很难见到她，张爱玲在他们眼里是一个既高贵又神秘的人物。

其实，除去神秘的外壳，这是一个异常孤单、异常寂寞的女子，她所有的高贵也只是隐藏在她的灵魂深处。偶尔的光华闪烁，也只是人们幸运的窥见罢了。

在《红楼梦》和《海上花列传》的世界里，张爱玲才能够自由徜徉。而在这凡尘，总是多一事不如少一事，简化到最简，还是嫌它烦琐了，这就是当时张爱玲的心态。

黄昏微雨，月落乌啼，张爱玲薄弱得如同一抹淡雾，心里再大的抱负，再大的欲求，都无处生根，无处发芽。有时在梦里，她会遇见赖雅，穿着非常绅士的白西装，用温和的眼神看着她。她想要诉说一些什么，但却一言不能发，只是沉默地流着泪……

张爱玲居住的房间几乎没有什么装饰，视线所及处都是悲凉的白。对着金山湾海面的方向，是一整排的落地玻璃长窗，拉开窗帘的时候，外面是极美、极壮观的红尘，下面是熙熙攘攘的人群，金山湾海面上波光粼粼，映衬着远处旧金山的高楼大厦……夜幕降临的时候，那些红的灯，绿的灯，遥远得好像是天涯之外的天涯——这个死寂的公寓楼里，就隐藏着她的家。这个家里永远点着好几个大灯泡，把房间里照耀得如同白昼，而电视机的音量也总是开到最大，这就是她自己孤立世界里的喧哗。要它的时候，它就喧哗到极致；不要它的时候，就可以让它戛然而止。这些喧哗是假的喧哗，但她也只乐意接受这假的喧哗，真实世界里的真实的人，她是不乐意相见的，最好全世界的人都不要来见她，那才是她高兴的事。不是她多么不可靠近，也不是她多么自以为了不起，只是因为她没有时间，她要安静，要休息，要翻译，还要买菜，看医生，打一些不得不打的电话，接一些不得不接的电话，还要给国内的重要的朋友写信，她太累了，休息的时间总是太少……

有的时候，张爱玲还会陷入沉重的病痛之中，连说一个字的力气都没有，只要刚一张口，就想呕吐……她的房间里，只有她身体的余温，阑珊的外部世界已经不能和她有任何的交集。

对于写小说之外的工作，张爱玲认真却不甚在乎结果。她给陈世骧递上自己的研究报告，陈世骧非常失望，他把张爱玲的研究报告给了其他三位学者，他们也表示看不懂，觉得写得实在是莫名其妙。这样的结果，要是放在《连环套》的时代，恐怕她要写一些文字以抒发自己的见解的，但她这一回却什么都没说，不生气也不辩驳，别人对她什么看法，她已经毫不在意。所以后来她失去了这份工作，反而觉得是一种解脱……

后来，陈世骧教授逝世，开追悼会那天，张爱玲强撑着自己的病体前去悼念，感念其赏识之情，可是也只是待了一会儿就离开了。她受不了那种悲恸。在美国，她经历了很多人的黯然离开，死在英国的母亲、死在台湾的胡适、死在美国的赖雅，再加上现在的陈世骧……她乐意欣赏花好月圆之下活力的青春，却不愿目视华鬓飞霜，不愿目视干枯的身躯，不愿目视生命在恍惚间就要灰飞烟灭……甚至，她已经产生了一种恐慌，有一天，她会走了和他们一样的道路。

在悲伤里苟活，在孤独里养命，张爱玲不知道自己心灵的劫难何时才能到达终点。她的心无法解剖，桃花谢了春红，时光真是太匆匆。往事只堪哀，而生命中重要的人，似乎都已经离去了……珠帘不卷，天阶晚凉，月华与秋霜，总是一滴离人泪，砸进生命的余韵里，不堪回首……

生命之中的"贵人"

20世纪60年代的欧美和中国，都处于一种动荡之中，而张爱玲只好避开这一切，继续活在自己的灵魂深处。她像一颗种子，把身体埋在异乡最为偏僻的角落，克制住自己不往回看，她接受生命的流程，随它花开与花谢。如果灵魂注定要被穷困所掩埋，那她也不再有什么怨言。因为她知道，对生命最好的尊重就是顺其自然。

人活的是一种精神，活的是一种受到威压仍旧选择高贵的魅力。张爱玲的脸庞仍旧单纯得似儿童，就像她不改初衷的一颗心。世界在无穷地演变，时光遁去，她还守着自己哀伤的爱情童话，在贫瘠中蜗居。

张爱玲生命中重要的人慢慢地离开，当然还有一些人仍旧持续地关注她，他们是有善心的，同时也是有慧眼的。当她跟随时光一起荒芜的时候，他们把鲜花铺在她的必经之路上；为了让孤独的她不必过分心碎，他们极力帮她把名字打磨得炫目一些，把作品传播得更广泛一些，不管是在美国还是在中国台湾。他们确信，她是天生的文学大师。无妄无邪的她，守望着惊心动魄的红尘，自己消减了锋芒，想要幻化成空影的时候，却吸引了独具慧眼的朋友们无私的帮助。

他们不希望张爱玲高飞的灵魂沉沦下去，他们希望她和她的作品都成为永恒之中的永恒。

在台湾见过张爱玲的王祯和、白先勇等人，把张爱玲当作神一般看待。而夏志清评价张爱玲是"现代中国最优秀、最重要的作家"，他甚至还说，是他把张爱玲从被遗忘中挖掘出来的。也正因为夏志清的挖掘，张爱玲再次体会到了什么是"山重水复疑无路，柳暗花明又一村"。

学贯中西的夏志清一直不能忘怀他和张爱玲第一次相见的情景。那是一次大学文友聚会，张爱玲戴着厚厚的眼镜，穿着自己设计的风格另类的服装，既美丽又清高，给夏志清留下了深刻的印象。但张爱玲却不会想到，她和夏志清还会有什么交集。

张爱玲在文学道路上执着前进时，夏志清也在不断地发展。他从上海沪江大学英文系毕业后，跟随哥哥到了北京大学担任助教，后来又赴美深造，取得耶鲁大学的博士学位后到哥伦比亚大学东亚文学院担任教授。因为出色的才华，获得了洛克菲勒基金会的一笔研究资金，专门从事中国文学史的研究，准备写一本《中国现代小说史》。

宋淇知道夏志清在写这本书后，把香港盗印的《传奇》和《流言》寄给夏志清。当时夏志清已经读了不少五四以来的小说，但多数是粗制滥造的，精品太少。但读到张爱玲的《传奇》和《流言》，全身都为之震动了，想不到中国会有这样的奇才，就作品的质量而言，实在是无人能比的。他坚定地认为张爱玲是五四以来最优秀的作家。

后来，《中国现代小说史》的英文版出版了，就在这本书里，夏志清把鲁迅、钱锺书、沈从文和张爱玲等人介绍给了美国人。描写鲁迅的篇幅只有二十八页，而描写张爱玲的篇幅达到了四十二页之多。后来，这本书还成了美国大学的教科书。他所说的"张爱玲的《金锁记》是中国自古以来最伟大的中篇小说"，给当时在美国过着贫困生活的张爱玲带来了很大的安慰。从此，夏志清这个名字跟胡适的名字一样重要，刻印在了张爱玲的心里。夏志清和胡适都被张爱玲看作是学术的顶峰，是葳蕤的高原，而她这朵无名的小花能在高原之侧开放，实在是让她感到无上的荣光……

夏志清甚至认为张爱玲的文学成就完全可以超过欧美现代文豪波特、韦尔蒂等人，他石破天惊的评论引起了文学圈巨大的震动，不仅震动了美国人，也震动了中国人。《中国现代小说史》相当于一次文学革命，它破土挖掘了文学巨匠给美国人，同时也让中国人对包括张爱玲在内的文学大师们有了新的认识。虽然很多人抗议夏志清把张爱玲捧得太高，但夏志清坚信，张爱玲凭借自己的实力已经成为中国文学的典范。特别是未来的美国大学生，只要涉猎了中国文学，必然从《诗经》一直读到张爱玲，而且她会名列李白、杜甫、吴承恩和曹雪芹之中。

夏志清的哥哥夏济安在1956年的时候创办了《文学》杂志，向弟弟约稿，夏志清就把《中国现代小说史》里专门写张爱玲的那一章发给了他。夏济安亲自把它译成了中文，然后分解成两次发表，分别题名为《张爱玲的短篇小说》和《评〈秧歌〉》。

而形容张爱玲最有代表性的词汇"华丽与苍凉"也来源于夏志清，因为形容得恰如其分，就被后来的学者和"张迷"们一直沿用了下来。

在夏志清眼里，张爱玲本身就是一个传奇。他甚至无比同情家财万贯的李鸿章，好好的女儿、好好的女婿，他给的陪嫁光是别墅就有十一幢，但竟然生了一个吸鸦片的败家子，卖光了所有的别墅，最后只在一个十几平方米的出租房蜗居到死。张爱玲本来也是含着金钥匙出生的，只可惜有一个烟鬼的爹，不能给她一个容身之地。

是啊，李鸿章当年来美国，都是被美国部长和参议员团团围绕，自己的曾孙女却沦落到住在救世军的贫民窟，再不就去住难民营，再不就嫁给美国穷老头……传奇才女张爱玲的起点是一个春天，但她的终点却被迫沉陷在一个寒冬里。

夏志清和胡适、宋淇一样，用知识分子特有的方式，尽力帮助张爱玲，让她尽量躲避掉人生的浓霜。如果她继续一个人待在空荡荡里，继续待在清冷里，不仅是中国文学界的一个损失，也是中国人的损失，而夏志清他们恰好认识到了这一点……

经历生活磨难的时候，张爱玲跟宋淇夫妇经常通信，和夏志清、平鑫涛等人也经常通信，但凡与她有书信交流的人都是她非常信赖的人。在张爱玲的孤独岁月里，给他们写信成了张爱玲唯一抒发情感的方式。她不乐意与任何人面对面，无论相熟到什么程度。但她能够把"信"当作"人"，她用灵魂与人神交，成了她呵护友谊的唯一方式。在她眼里，宋淇夫妇也好，夏志清也好，他们就是故乡的代名词，故乡回不回得去，见不见得到，都是次要的，只要有一颗心，能够敞开来，对着他们，也就够了……然而，她孤独的底线还是不能破的，她与他们也只是"君子之交淡如水"罢了。好在他们都体恤她，知道她用这样的方式，反而促成了她与他们的长情。

拉德克里夫女子学院和伯克利大学研究中心的两份工作其实都没能解决张爱玲的经济困境，只有夏志清的《中国现代小说史》出版之后，才对张爱玲有了实际意义上的帮助。

夏志清喜欢张爱玲的才华，同情她的遭遇。他认为如果张爱玲乐意去做写作之外的事，可能会在纽约生活得很好，或者她可以融入纽约的繁华，写写纽约的第五大道、时代广场、林肯中心等，也算与发展中的美国有一个接轨。

可是夏志清的希望只是个希望而已，张爱玲从到了美国就一直在小地方生活，也拒绝结交朋友，她埋头写的还是三四十年代的旧上海的文章，无论美国人乐不乐意看，她都不改自己的初衷。

以前张爱玲在上海的时候，弟弟张子静曾经建议她去当老师，被她拒绝了。现在在美国，她也不会去搞什么绘画和服装设计，虽然这些都有可能帮助她生存，远远胜过她的写作，没准还能帮助她打入美国的主流社会，但清高如她，又怎么会放下身段去做她不感兴趣的事情呢？

夏志清说张爱玲在某种程度上是被写作限制死了，但张爱玲何尝不是一直在等待着写作改变命运的机会呢？

1968年，张爱玲的生活在美国走低的时候，她的作品却在台湾开始畅销起来，正所谓东方不亮西方亮。

因为夏志清的《中国现代小说史》，张爱玲的作品在台湾掀起了一股热潮。当宋淇把张爱玲介绍给皇冠出版社的平鑫涛时，平鑫涛非常兴奋，觉得能够有机会给张爱玲出版作品是他的荣幸。而张爱玲听到可以和皇冠出版社合作，也非常高兴。她让夏志清代理自己跟皇冠出版社签了出版合同，从此，她跟皇冠出版社开始了长期合作。

首先，平鑫涛把张爱玲之前在香港出版过的《张爱玲短篇小说集》再版，同时，《流言》《怨女》《半生缘》和《赤地之恋》等都先后在台湾出版或再版。而《半生缘》还在香港《星岛晚报》、台湾《皇冠》杂志连载。

说起皇冠出版社的老板平鑫涛，可是一个来头不小的人物，他不仅是著名女作家琼瑶的丈夫，还是当时中央书局老板平襟亚的侄子。他和妻子琼瑶都是张爱玲的崇拜者，琼瑶甚至还跟朋友说，张爱玲就是自己写作的老师。

张爱玲一生都没有见过平鑫涛，但她的命运却被平鑫涛给重新安排了一遍。

可以说，宋淇、夏志清和平鑫涛都是张爱玲生命之中的贵人，如果没有他们，张爱玲20世纪三四十年代的作品，不可能在她离开中国多年后还能在中国再版，这完全是几位贵人的功劳。

美国成了张爱玲的"留白"，她真正的辉煌还是在中国。她站在寂静里，欣赏着远方的故乡、灿烂的自己……她在异乡神秘，张爱玲在故园辉煌，二者竟然是这么和谐成趣……

《怨女》在台湾出版后，人们掀起了又一轮追捧张爱玲的热潮，在美国陷入绝望的张爱玲终于在台湾找到了属于她的那片阵地。当年上海的盛况在台湾出现了，无疑，是平鑫涛帮助她缔造了又一个生命中的传奇。虽然她已不再年轻，但她的文字却经受住了时间的考验，在她悲伤的视线里，旧上海鲜活了起来，还带着花草的清香。

张爱玲非常感激平鑫涛，终于解决了她的生存问题。她在给夏志清的信中说，平鑫涛是一个具有商业道德的出版商，他给她支付的稿费是她唯一的固定收入。一个卑微的写作者，得到出版商和读者的认可，必定是她的殊荣。

而张爱玲跟平鑫涛的友谊也维持了很多年，虽然一直没见面，却不断有书信往来。张爱玲给平鑫涛的信件总是很简短，为了节省张爱玲的时间，平鑫涛的回信也总是三言两语的内容，有时候连客套的问候也没有。平鑫涛知道张爱玲习惯了这种淡淡的交往，也只有这样，她才不至于有压力。

别人给张爱玲的信件都是通过她住所附近杂货店里的传真机，她只有去杂货店买东西的时候才会收到传真，当然收到了传真也不一定立刻回复，有的时候会相隔几十天。她跟夏志清的书信往来也经常如此，但她非常有礼貌，只要她写了回信，必然会说明为什么回复晚了……而收信人的家属，她都要问候一下，她的真诚和善良总让收信人感动不已。

张爱玲的作品历久弥香，她的气质也越发与众不同。她的创作经历和情感经历总是一波未平一波又起，传奇大抵都是如此吧。所以，张爱玲的魅力吸引了越来越多的人，最值得一提的就是三毛。她在自杀之前，还写了一个以张爱玲和胡兰成为素材的剧本《滚滚红尘》，而她的剧本风格很接近张爱玲的写作风格。当然还有很多人非要面见张爱玲，比如台北有一位女作家，专程去了美国寻找张爱玲，但当找到张爱玲的住处时，张爱玲却因病不能接见，女作家失望地痛哭失声，但也只好失望地离开……

还有更执着的求见者，因为始终见不到张爱玲的人，只好搬到她的公寓楼里住下。但张爱玲在家里埋头写作，几乎不出门，只有在她倒垃圾的时候才能看到她，所以痴狂的求见者甚至在她的垃圾中寻找线索……最后，执着的求见者吓坏了张爱玲，她不得不在一天的时间内仓皇地搬走了。对于求见者利用"张爱玲的垃圾"写的文章，因为涉及张爱玲的隐私，哪家出版社或者报社都不愿意"冒天下之大不韪"，所以他们拒绝出版。也是他们具备基本的良知，不想给孤独的张爱玲带来更大的困扰，"张爱玲的垃圾事件"才不了了之……

　　张爱玲只想用文字与世人相见，却不想与世人面对面接触，这是她多少年前就自立的规矩了。她是孤独和寂寞的，但好在有文字相陪；她是对这个世界充满着热爱的，但她把最后的美景都装在了心里。名声也好，爱情也罢，总归已经千帆过尽，所以，再华美的盛宴也不抵一场荒芜的孤独更加让她自在。完美的幸福谁不想拥抱呢？但今日的来岂不是就为了明日的去吗？

　　看透，看破，就只需经历，而不需要再去验证。

第六章 | 最后的世界

我觉得一条长长的路走到了尽头。

——张爱玲《小团圆》

请许我被遗忘

其实，张爱玲是一个勇者，她孤独地守候着岁月，从不抱怨，从不退缩，只把最艰难的历程留给自己。

面对世间种种，她宁愿做飘零的隐士，绽放自己的同时，也淡然地接受这生生灭灭。她给这世间展示过灿烂和辉煌，也展示过孤独的定格……而她又慢慢地出画，定睛一看，她仍旧是那乱世里的佳人，何时曾改变过颜色？她最喜欢穿的还是那种前清的缎子袄，有绳边，有镶盘，还有繁复、精细的纽襻。她衣袖翩翩地走在上海的街头，就为了购买几块做旗袍的上等料子，就为了几盒可口的小点心……

张爱玲曾经站在"乱世"上疼痛过，也曾经站在"乱世"上觉醒过，在黑色的亮色里，把汉字仔细地排排坐，让它们形成一个华丽而苍凉的传奇。

艺术和生命的完美需要她竭尽所能，直到生命的最后。她被这华丽和传奇浸润成了孤独……乱世，是她的巧合，也是她的命运，没有早一刻，也没有晚一刻，就在这一刻，把她打造，再把她推开到遥远的异乡。

人生最庆幸是一个看透，但人生最悲壮也是一个看透！

在台湾，张爱玲再次爆红，这种地位，是许多作家奋斗一辈子也不一定能够得到的荣誉，但那又如何呢？东风吹醒英雄梦，不是孤独是寂寞。到如今这个年纪，沧桑过尽，再不会像青春年代那样为了一个荣誉的到来而欢呼雀跃，为了一个荣誉的失去而耿耿于怀，毕竟这不是当年上大学时"西风"的评奖……毕竟，生命中各个阶段的辉煌其实都是昙花一现，是阳光闪闪之下的霜花；再高的赞誉也只是一肩风月，人总会跌入命运的虚无之中，而安稳和平静才是最重要的，大起大落和惊心动魄都是她所不能承受的。

人间风浪几重天，再大的荣耀，再大的磨难，都是浩渺的禅声。只有每天的孤独成为绝版，背负着命运的千山万水，对所有的一切淡然一笑。

对这人世间，张爱玲只有一个要求，那就是——请许我被遗忘！或者，就把我当作一只蝼蚁吧，每日奔走，快走或者慢走，一点点走向最后的归途……

张爱玲曾经说过，只有年轻人是自由的，年纪大了，便一寸一寸地陷入习惯的泥沼里，孤独的人往往有着自己的泥沼。

是的，此时的张爱玲就自愿地陷入了这个泥沼。这个泥沼在别人看来显然是不好的，但对张爱玲却有着特殊的意义。毕竟，她可以一点点地陷进去，然后主观上认为她已经被人遗忘，她已经远离了尘世的喧哗。她终于可以把所有的情愫深藏于心，在独处的时光里自由自在地百感交集，这又有什么关系呢？

隐居也好，逃离也罢，张爱玲只是想安静而已，因为碌碌尘世里的风来雨去，已经无法挽留一颗悲伤的心。

有钱也好，无钱也罢，张爱玲不可能再回中国了，她只想把暮年放逐在美国,选择一份遗世独立的生活。站在巨大的落地窗前,她看到光阴犹如箭镞,"嗖嗖"而去,视线所及的金山湾海面,已经成了一片孤独的海洋。她舔舐咸腥的海风,全是异乡的肃杀的味道,但这味道令她陶醉。她觉得自己的灵魂已经被打得细碎,正对着飞翔的尘埃……和光同尘,就在此,地老天荒……

1970年,幸运的水晶得以见到了张爱玲,从这一次开始,长达二十六年的时间里,张爱玲就再也没有和谁有过长久的接触了。

可以说,水晶是唯一一位也是最后一位看到张爱玲站在幽居大门的边缘,一脚门里,一脚门外,挥手、笑语,然后,门关上了。

难以约见的张爱玲为什么见了水晶?后来的人无法知道真正的原因,也许只是她偶尔的无意吧,但对水晶来说,却是一生的刻骨铭心。

水晶是"超级张迷",原名杨沂,毕业于台大外文系,毕业后到南洋教过书,当过翻译,三十二岁到美国读比较文学硕士,学成后在加州大学任教。

水晶是专门研究小说的,古今中外的小说读得非常多,很多类似于《战争与和平》这样的千页巨著,都是一页页地研读的。他同时也是"张迷",大约在上中学的时候,就已经熟读了《传奇》和《流言》。他把张爱玲的小说放在和《红楼梦》一样高的位置,不仅读得烂熟,还当作自己创作的借鉴。

水晶针对张爱玲的《倾城之恋》《桂花蒸 阿小悲秋》《沉香屑·第一炉香》《红玫瑰与白玫瑰》,写了很多论文。他和夏志清的观点是一样的,张爱玲的写作水准远远超过五四以来的新小说。

他欣赏张爱玲的从不讳"俗",她自己心里想什么,笔下就会说什么,从来不会装腔作势。她的世故和智慧也会在笔端洋洋洒洒地表现出来。她写的都市男女的情感,都很感性,也很真实……她是洞察人心的艺术家。如果说五四时代的小说是粗糙和幼稚的,那张爱玲的小说就是细致和成熟的……

跟张爱玲的见面过程，水晶记忆犹新。

那是1970年9月的一天，水晶提着行李刚刚到伯克利城，便一路打听找到了张爱玲的住所，忐忑不安地按响了张爱玲的门铃，生怕她拒绝见面。张爱玲以为是送报纸的上门了，话筒里传来她慵懒朦胧的英语问候——"哈罗……"水晶吓坏了，顾不得说中国话，竟然用英语给张爱玲通报了姓名和来意。同他想象的一样，张爱玲慢悠悠地拒绝了他，说不能见面，但马上补充了不能见面的原因——她感冒了，刚刚才从床上爬起来，很抱歉。可能对远道而来的客人感到于心不忍，她告诉了水晶自己家里的电话，让他以后再来的时候一定先预约一下。

水晶虽然很失望，但也算是早就有了心理准备。因为他早就从胡兰成的文章里知道张爱玲是不会随随便便接待客人的。这一次虽然没让他见到人，但是给了电话号码，总算是给他留下了希望。

从此，这个电话号码就成了水晶跟张爱玲沟通的渠道了。他算好张爱玲的时间，尝试着给她打电话。但尝试了一个多星期，张爱玲都没有接过电话。好在有一个深夜，电话竟然接通了，张爱玲破例跟水晶煲起电话粥来。

水晶是一个非常会聊天的人，他跟张爱玲说自己是她的粉丝，她的小说，自己都是当范文来学习的，当初张爱玲回台湾的时候，自己却因为怕生而错过了机会，这次到美国，也是壮起胆子来拜访的，并问她可否给机会让自己再上门去探望，张爱玲马上说自己身体还是一直没好，一天中的大部分时间都是躺在床上的。

水晶关心地说，那肯定不能上班了？张爱玲回说她一直带病上班，因为工作的地方有冷气，会比在家里舒服一些。

虽然这一次，张爱玲再次拒绝了水晶，但在电话结束之前，她要去了水晶的电话和地址，说等自己身体好了会给他写信的，到时候再约定具体什么时间见面。

水晶不知道，写信一直是张爱玲与外界交流的唯一方式，能写信，她就不会想到要见面了。所以见面的事情就无限期地搁置起来，水晶甚至都要放弃跟张爱玲见面的打算了。

直到1971年的6月，水晶发表了一篇文章——《试论张爱玲〈倾城之恋〉中的神话结构》，复印了一份寄给张爱玲，同时在信上说自己要离开了。很快，水晶收到了张爱玲的回信："……我总希望你在动身前能见着——已经病了一冬天，讲着都嫌腻烦。下星期也许会好一点。哪天晚上请你过来一趟，请打个电话来，下午五六点钟后打。"

水晶接到张爱玲的回信，简直是要欣喜若狂了。好不容易盼到约定好的时间，他急不可耐地来到了张爱玲的住所，这次没有紧张得不知道用英语还是用汉语跟张爱玲交流了。但他到底没有白先勇的本事，没见面之前就已经推断出张爱玲长什么样。他设想过很多次的张爱玲的形象都没能跟现实之中的她对上号。

水晶听王祯和说过，张爱玲很瘦，但没想到竟然瘦到如此地步。因为太瘦，显得眼睛出奇地大，是那种"清炯炯的洋溢着颤抖的灵魂"。头发仍旧是短发，是她小说中经常要描写到的那种"五凤翻飞"式的。她的胳膊也是又细又长的，被晶莹剔透的皮肤包裹着，透着青色的血管，好像她所有的血液都已经流泻到稿纸之中去了……她的样子忍不住让人为她的健康状况担忧，但好在她笑盈盈的，精神状态很不错，或许，也是她待客礼貌的需要？

水晶神情恍惚之间，张爱玲却捧出了一款香水，原来张爱玲知道水晶已经订婚了，所以特地为他购买了一款八盎司重的Chanel No.5牌的香水，让他送给自己的未婚妻。水晶面对这份礼物，激动得有些语无伦次。他认为文学前辈一定不会花精力关注他这个名不见经传的年轻人的，没想到张爱玲竟然这么细心、周到，连自己订婚这么小的事情都记得。

水晶原以为张爱玲是高傲的，何况一直生病，也许没什么兴致招待客人，没想到张爱玲却很热情，详细地问他喝酒么，平时都喜欢喝什么样的酒。水晶赶忙告诉她自己不喝酒，张爱玲马上起身给水晶拿了一瓶可口可乐，亲自为他打开盖子。而她自己则泡上一杯咖啡，又给水晶也端了一杯。她一边喝咖啡一边跟水晶解释，其实她最喜欢喝茶，只是在美国无法买到上好的茶叶，只好改喝咖啡了……

张爱玲姿态优雅地坐在沙发上，完全是一种贵族的气质，是从骨子里渗透出来的贵族的气质。在和水晶闲谈的时候，她一直保持着微笑的状态，很淑女，很端庄，很有礼貌，完全没有大作家拒人于千里之外的样子。

张爱玲随意地跟水晶聊着天，说自己最爱看的小说其实是章回体小说，特别是张恨水的，一看精神就会松懈下来，会产生一种很放松、很随意的感受，读起来简直"嗜之如命"。

而水晶跟张爱玲讲的则是他在南洋教书时候的生活见闻，特别是一些原始民族的见闻。她听得津津有味，那神情像一个稚气未脱的小女孩一般。

水晶一旦放松了身心，就敞开心扉跟张爱玲聊起来，不管是《海上花列传》《红楼梦》，还是《歇浦潮》，他都谈得兴致盎然。张爱玲很高兴，仿佛遇到了知音一般，说《歇浦潮》这本小说，提到的人不多，以后还真应该多提一下。《歇浦潮》作为民国时代非常有名的鸳鸯蝴蝶派小说，在挖掘人性方面做到了极致，而水晶的点评仿佛说到了她的心里。她很有耐心，一边配合着水晶聊天，一边解答着他的各种问题。

水晶跟张爱玲提起，她的作品，自己很多都能大段大段地背诵，特别是在引用的时候，几乎不用再去查录，完全是信手拈来。张爱玲听了很惊讶，说水晶竟然记得这么清楚、这么仔细，她自己都不太记得早年的作品了。水晶说他记得她的许多作品，比如《倾城之恋》《桂花蒸 阿小悲秋》《沉香屑·第一炉香》以及《红玫瑰与白玫瑰》等等，还把自己认为好的地方说出来征求张爱玲的意见。

自己的作品得到水晶的认可，让张爱玲开心地笑了起来，那笑声清脆，像极了十多岁小女孩的笑声……如果单从这笑声里，叫人不敢相信她是五十多岁的人了……

水晶受到张爱玲情绪的感染，忍不住说她和自己想象的不一样。张爱玲误会了水晶的意思，说自己确实老了，而水晶是想说，她不像有疾病的样子，反而充满了活力。

水晶问她为什么这么大的房间，却没有书架和书桌呢？张爱玲指了指床头的小台子，说她的东西就是在这小台子上写出来的，如果太正式，反而写不出来了。

她的情绪一直很好，只有提起五六十年代的中国，她的心情才突然黯淡起来，生出了一种痛楚又无奈的感觉……因为这样的中国，是她回不去的中国了。

至于张爱玲此时的尴尬境况，她自己没说，但水晶是很清楚的：除去在台湾的爆红，她在美国的创作并没有什么大的起步，《怨女》是《金锁记》的重写，《半生缘》是《十八春》的改编，她的灵感其实还一直停留在早期的上海。她在美国所从事的翻译、小说考证、中国研究方面的工作，只是为了生存而已。但她只是跟水晶说，她有好几个长篇和短篇要写，有的已经开了头，有的还没有写完。当下的状况一定是她颤抖的伤口，她忍受着不合时宜环境下的创作干旱，外表还是好好的，但是魂魄却如同散失了一般，无论她如何击壤而歌，命运给她的也是悲哀的"雨霖铃"。她必然知道，她是为中国而生的，为中国的文学而生的，而美国，只是幽深的喉咙，喊不出东方的音调……

她的灵感已经长成一寸寸美妙的战栗，但却没有一个美国人在意她用什么样的方式去抒发……这就是张爱玲在美国的创作尴尬。

《中国现代小说史》把张爱玲"广而告之"了一次，但文学的指引和熏陶毕竟是一个缓慢的过程，需要在时光里慢慢地发酵。

这些情感，水晶和张爱玲没有交流，但他们心里都非常清楚。她与《诗经》同在，与李白和杜甫同在，与曹雪芹同在，只是，无论如何，名扬千古之前，总有一个青黄不接的过程……笔尖下的烟火流转，佳人最好的搭配就是故园，当她文学殿堂的定位去向不明的时候，当人们还不能更清楚地认识到她的价值的时候，她需要淡定，甚至是委曲求全。

当水晶捧着张爱玲题赠的《怨女》和一瓶香水从张爱玲的住处辞别时，已经是次日凌晨了。张爱玲送别水晶时说，这样痛快的交流，十年才会有一次，当然，朋友之间难以忘怀的见面，一辈子也没有几次。

之所以这样说，是她觉得，这一生，还能有一次这样的惺惺相惜就已经够了，有这一次温暖和贴切的认可也就够了。水晶是水晶，但水晶也代表了很多人，甚至是一个时代，她宁愿相信，她的人、她的作品都已经深入人心。

水晶走后，千家万户仍旧在酣然的梦境中。那突然寂静下来的世界才是属于张爱玲的。她知道，是时候，她要默默一个人走近孤独的红楼了……

《蝉——夜访张爱玲》是水晶拜访完张爱玲后写出的极为重要的文献。在这篇文献里，他形容张爱玲是一只蝉，它的纱衣虽然很脆弱，但身体的纤维质数却很结实，潜伏的力量也很大，只消一飞就飞到了柳荫的深处……它不再言语，不再奋争，只是筹划着如何有一个安静的未来……

现代曹雪芹，隐身《红楼梦》

张爱玲委身于孤独中的静谧，仿佛口唇都已经退化了，只有眼睛和耳朵紧密地观察着这个世界。她频繁地咳嗽着，感冒的困扰让她苦不堪言，北加州的天气实在是太寒冷了。是该继续迁徙了，不管这里有多少令人眷恋的故事。

1972年，张爱玲托人帮她寻找新的住处，移居到了较温暖的洛杉矶，正式开始了她的幽居生活。除了一日三餐，她需要找一个梦，而这个梦跟她血肉相连，可以让她的灵魂走进去，"偶遇拂逆，事无大小，只要'详'一会红楼梦就好了"。是的，只有《红楼梦》是最适合她的。在这个梦里，乌云是白云的换装，风声是暴雨的呼吸，无论梦多么没有秩序，最后也都是"落了片白茫茫大地真干净"……她喜欢这样孤独的结局，热闹也好，华丽也罢，最后所有人的结局都是殊途同归的。

人已没，水犹寒，日色欲尽，月明如素，《红楼梦》里妄断肠，醒来泪看明镜前……幽居开始，她太想沉迷进《红楼梦》了，因为在这个梦里，张爱玲可以忽略长久不好的感冒，也可以忽略摇摇欲坠的牙齿，也不用在乎骨质疏松和突然骨折带来的锥心疼痛……

但愿所有怯懦的幻觉都一起消逝，时光已经渐渐变老，但张爱玲不愿与青春背道而驰。《红楼梦》是她儿时起就开始悉心研读的，她乐意回到儿时，虚构另一种红楼的可能。她不管要历时十年还是更久，如果自己的余生都与《红楼梦》同在，那必将是她最大的欢喜……

疼痛的是梦，欢喜的是梦，倒下的还是梦，梦倒在了《红楼梦》上，把心事说透了，也把生命过完了。

是的，张爱玲研究《红楼梦》，从20世纪60年代末直到70年代末，整整十年的光阴。身在《红楼梦》，她觉得自己的灵魂是贫瘠的，所以她要扎下根去，她要成为每一个才子、每一个佳人，跟他们一样经历人生的断垣和斑驳，她要用笔墨好好地描下一个个人物，为他们的悲剧作证，也借机找到自己和他们的相似点，与他们同呼吸共命运。笙歌过处，她也好和他们的爱情一起迷惘、一起深沉、一起枉然地叹息……

其实，童年时，张爱玲对《红楼梦》就是熟稔的，小小的她甚至和父亲有着同样的见解,《红楼梦》从第八十回开始就已经变了味道,不光是人物的语言没有味道了,就连人物的面貌都不是那么可爱了。但《红楼梦》还是吸引着她一遍遍地看下去,几乎每隔几年就要从头到尾看一遍,而每次重新阅读,都有不同的感受。稍微生涩一点的字,只要一扫眼,它们就会自动地跳出来。中学的时候,张爱玲甚至还自己写了一个有关《红楼梦》的小说,叫《摩登红楼梦》,虽然只有五回,但也写得有板有眼,很有《红楼梦》原著的神韵了,好像她把《红楼梦》里的人物重新安排着,在当下的世界里又活了一回。

她最大的愿望就是好好研究《红楼梦》,最好能用自己的力量还原《红楼梦》的真实样貌,那才是最好不过的,不管要用多少时间。

而前期的准备工作是非常重要的。在美国,虽然小说创作差强人意,但是她却有机会在哈佛燕京图书馆和伯克利大学图书馆看到《红楼梦》的多种版本,甚至还看到了非常珍贵的高鹗续书的原本,还有曹雪芹朋友的诗集等等。胡适和周汝昌的红学研究类的著作,她也看了好多。

张爱玲几乎把所有的资料都烂熟于心了,她对《红楼梦》的一个最大感触就是,它改写的时间太长了,何止是十年时间增删五次呢?她认为《红楼梦》改写了至少有二十年,各种版本新旧不一,但又不能根据某一回年代的早晚来判断各个版本的早晚。

张爱玲研究《红楼梦》已经达到了废寝忘食的地步,如痴如魔。她把研究大纲寄给宋淇夫妇,宋淇跟她开玩笑说,她这简直是"红楼梦魇",往往给她写信的时候都要问一句:"你的红楼梦魇做得怎么样了?"

宋淇的一句玩笑话却让张爱玲认真起来,她觉得"红楼梦魇"这个词汇很形象,就把自己的红学研究文章统一起来,放在同一本书里,合称为《红楼梦魇》。

从在哈佛燕京图书馆看到第一本《红楼梦》开始,一直到《红楼梦魇》

于1976年在皇冠出版社出版结束,正好历时十年,张爱玲基本放弃了任何小说的写作,专门研究《红楼梦》。《红楼梦》好像是迷宫,也像是侦探小说,那些隐秘中的更深的隐秘,让张爱玲仿佛进入了梦魇深处。太多熟悉的人物成了她的朋友,而《红楼梦》也成了她的精神家园。《红楼梦》里的每一个字句都在替她发言,说她曾经的喜悦、曾经的痛苦,说命运的清澈和残酷……睡去又醒来,她手不释卷,研究着《红楼梦》,自己已然在梦里。

她要找的,是一个真正意义上的曹雪芹。而她的《红楼梦魇》,她把它当作是一场长途探险。

研究《红楼梦》的探索作品就是《红楼梦未完》,主要是分析《红楼梦》的前八十回与后四十回的异同。1973年,张爱玲出版《初评红楼梦》,副标题是"论全抄本",主要是比较乾隆年间的抄本和其他抄本的不同;1975年出版的《二详红楼梦》主要是关于甲戌本与庚辰本的年份的考证;在1976年发表的《三详红楼梦》里,张爱玲给出了这样的总结:

> 宝玉大致是脂砚的画像,但是个性中也有作者的成分在内。他们共同的家庭背景与一些纪实的细节都用了进去,也间或有作者亲身的经验,如出园与袭人别嫁,但是绝大部分的故事内容都是虚构的。延迟元妃之死,获罪的主犯自贾珍改为贾赦贾政,加抄家,都纯粹由于艺术上的要求。金钏儿从晴雯脱化出来的经过,也就是创造的过程。黛玉的个性轮廓根据脂砚早年的恋人,较重要的宝黛文字却都是虚构的。正如麝月实有其人,麝月正传却是虚构的。红楼梦是创作,不是自传性小说。

《四详红楼梦》是考据《红楼梦》的改稿和遗稿,主要研究《红楼梦》内容的演变。而《五详红楼梦》是尽量还原曹雪芹最早原著的真面目。

在张爱玲的心里，《红楼梦》是未完的，而她想要全心全意地做完未了的《红楼梦》。当然，如果真的从梦中醒来，她能继续做什么呢？好像人生的目标又少了一个。十年风雨，十年的孤独闭锁，她的人生到底还有几个十年？

风一更，雪一更，她饱尝了《红楼梦》里独自凋残的悲辛，而世事如书，她犹自钟爱《红楼梦》。用尽十年探一梦，不是春愁是秋愁，她要奔着孤独赶路，任谁也摇撼不了她的初心……

每个人的人生都有遗憾，曹雪芹的遗憾是没有写完《红楼梦》，张爱玲的遗憾就是在美国不能继续小说创作。好在《红楼梦》就是晚年张爱玲的秘密通道，借助这个通道，她照亮了自己长达十年的孤苦人生。跟随岁月的长风，她已经潜入到了曹雪芹的书房。十年的泣血研究早已让她和曹雪芹合为一体，那悲，那喜，那苍凉，那大大的格局都是一样的。

张爱玲何尝不是现代的曹雪芹？隐身在《红楼梦》里，自己也跟《红楼梦》里的人物一样，"无不与痛苦相始终"……

幼年期熟读《红楼梦》开始，《红楼梦》的精髓就已经融入了张爱玲的灵魂深处，成了她"一切的源泉"。而成年后，她越发感叹自己和曹雪芹命运的相似性，因为她的家庭和曹家也一样，也有着显赫的家族史。

用尽十年的光阴专门研究《红楼梦》，用张爱玲自己的话说就是："十年一觉迷考据，赢得红楼梦魇名。"她从没想过要标新立异，也从没想过要石破天惊，她只是以一个学者的严肃与认真，对《红楼梦》来一个全方位的细读和比较。也许，她所做的一切都是一场梦吧。梦醒了，《红楼梦》依旧在，只是，"年年岁岁花相似，岁岁年年人不同"。一百个研究《红楼梦》的人，总会有一百个说法。跟人生的多样性是一样的，每一种说法都具备它的合理之处。

张爱玲喜欢的是曹雪芹的情调，因为她跟曹雪芹的爱好是相似的。她也喜欢写美的幻灭，写人间的悲剧，让读者产生惋惜、惊异甚至是愤慨的情绪，让读者体验到那种悲剧的美感。所以，深谙她作品之道的读者们说她是"现代曹雪芹"也不是没有道理的。可以说，张爱玲大大发扬了曹雪芹的悲剧传统。张爱玲的笔下，永远是"胡琴拉过来又拉过去，说不尽的苍凉的故事"，这些故事都带着巨大的悲哀，印证着人生中永恒的悲剧意味。

张爱玲笔下的曹七巧生活在绝望和仇恨之中，她笔下的碧落又如同绣在屏风上的鸟儿，不仅羽毛暗了，发霉了，被虫子给蛀了，最后还"死"在了屏风上……几乎她所有的人物都深陷于悲剧中，满满地都是悲凉的意味。

甚至，人们阅读张爱玲的作品跟阅读《红楼梦》的感受都是一样的，因为他们的创作风骨惊人相似。他们都珍视生命中的欢乐甚至是荣耀，但这一切都是倏忽即逝的，人生最长久的还是迷茫和困惑，所以张爱玲要时时感叹："这可爱又可哀的岁月啊！"

张爱玲的小说背景经常很繁华，簪缨家族不为普通人所体验的富贵和荣耀总是被她形容得逼真玲珑。但聪明如她，人生的悲凉、时代的残酷、人性的冷漠和软弱，都被她分析得入木三分。可以说，她已经完全得到了曹雪芹的真传，把悲剧和繁华、美丽和苍凉完美地杂糅在了一起。

张爱玲对《红楼梦》总有她别致的点评，对于一个爱情失败过的女子，她认为《红楼梦》的一个好处还在于它是一部以爱情为主题的小说，而我们的国家就是一个爱情荒芜的国家，这也是《红楼梦》取得空前绝后成功的一个原因。

不难发现，张爱玲的小说也有着《红楼梦》的影子。当张爱玲写《沉香屑·第一炉香》的时候，周瘦鹃就曾经评价张爱玲的小说已经受到了曹雪芹的影响。红学家周汝昌对张爱玲的评价是——若论真才女,张爱玲其庶几乎？未见第二堪与比肩者也……周汝昌甚至认为张爱玲无论从事任何一门艺术创作，都会是一流的大家。

但凡研究文字都未免枯燥，但张爱玲不是入了"枯燥的瘾"，而是她把自己的创作历程、自己的人生和暮年的感悟都杂糅进《红楼梦》的研究里，也算对自己的人生有一个"可靠的交代"。她跟曹雪芹有着共同的人文品格，都洞悉了人生的荒凉，所有世景凋年，都融入笔下，成为万古的慨叹了。正所谓"相知无远近，万里尚为邻"。隔着遥远的时空，他们完全可以对着彼此微微一笑了……或者就像周汝昌所说："只有张爱玲，可以称得上是曹雪芹的知己！"

张爱玲一个字一个字地研究着《红楼梦》。她相信这个梦就是她渴望的安静的梦，只有在这个安静的梦里，她才是清醒着的。

幽居的岁月里，《红楼梦》里最为不经意的时刻，都是无比生动和亮堂的。因为张爱玲与曹雪芹笔下的人物同在，高举着爱情和世情的酒杯，带着微笑，心灵生华。这一路走来，繁荣和平淡、荣耀和静穆，所有的虔敬和希望都在这酒里了，没有共饮之人，就对着这时空一饮而尽……星辰落在海里，闪动着，与她琅琅对语，是了，就是这孤独的海，承载住她孤独的目光……

恍惚间，是上海的电车吧？丁零零地响成一片。是香港的繁华吧？开放在半山腰上的大学校园里。数次铺开稿纸，蘸着墨香，书写着《红楼梦》里的大境界。贵族也好，簪缨家族也罢，只消一滴水就可以看穿大海，一棵大树就给了蚁族爬行的意义。《红楼梦》也许只是一种艺术的象征，所有传奇的制造者和传奇里生活着的人们都可能端然地在红尘中，带着无上的乐趣和哀伤，然后又被红尘所掠去。

岁月残缺，而他们慢慢地老去，燃烧吧，就燃尽最后一点孤独，燃尽最后一点相思。因为《红楼梦》里，多少雨雪风霜，都是虔诚的礼赞。一路迤逦而来，多少苦难和幽怨，都成了她研究《红楼梦》的底蕴……

她恪守的，是沉甸甸的孤独，她苦苦寻觅的，是她独一无二的路标。向着文学的方向，她昂着头走路，又卑微地低头创作。她本是一枚苦果子，在殷红的生命里，她终于最后成熟……《红楼梦》里，她做了最孤独的女王；《红楼梦》里，她知道，孤独更是一种生命的再生。

生命像诗歌一样

感受着时光如梭，张爱玲甚至都顾不上休息，她担心自己在老去之前有太多的未完成。她用瘦弱的双手举着自己行走，目标离开《红楼梦》之后，又转向了《海上花列传》。她成了书卷里的灵魂，又一次悲壮地开始。她不敢闭上眼睛，怕万物不再生长，怕自己的生命也同干柴一样失去水分。

越到最后，越没有了同路人，一个人走的时候，尤其害怕自己混沌的呼吸，尤其害怕镜子中的脸。咖啡的香融入肺里，她知道，属于自己的东西真的是越来越少了。她坐在黑暗里，默默地奋斗，就是要让时光知道，我在这里，我一直都在。

残阳如梦，弱柳扶风，穿着华丽旗袍的她，仍旧渴望自己可以写尽天下文章。一切将流逝，可她不愿意白白地"流逝"，她虔诚地希望，容她给爱情、给光阴、给作品，都做一回隆重的修饰，然后对它们行着注目礼，来一场微笑的送别……

她盛开着，只为那失落的记忆，哪怕一首诗就可以给她生命的力量。人生华美的章节开始被渐次打开，清秀也好，孤僻也罢，都开始在苍茫中舞蹈。

一丝白发成了绕指柔，一滴眼泪成了黑夜的光芒，透视着异乡的苍穹。她已然老迈，但容纳的依旧是天空的重量。她满目蒹葭，心事沧桑，但奈何这些光阴上的凉，已经浸入了她的无眠……只有那行苍凉的老泪引爆了思想的自由……

张爱玲是不写诗的,但是,却因为诗意的人生,而让自己趋于肃穆、趋于隆重。

她感到自己要失去一切的时候,自己的命运却被诗歌所总结。陈世骧教授有一次对张爱玲说:"中国文学的好处在诗,而不在于小说。"这句话引起了张爱玲的感怀,她最擅长的是小说创作,但也往往会沉迷于写得比较出色的古体诗。她能够在古体诗里看到一两句正好符合自己的心情,或者那诗歌是为了她量身定做的一般,或者那诗歌就是出自于她的心灵。

是的,有时,中国各种名著在张爱玲眼里,是会有这样或那样的毛病的。比如《水浒传》,张爱玲认为首领宋江接受了招安攻打方腊已经失去了可信性,结局再悲凉已经没什么用处了,充其量它只是一部被腰斩的作品。而自古以来《金瓶梅》都是禁书,《红楼梦》还是一部没有完成的作品,被人续了四十回不说,反而连写得最精彩的前八十回都要被改写。而《海上花列传》却因为是吴语小说,鲜有人知道。对于可圈可点的名著,就只有《三国演义》《西游记》和《儒林外史》是完整普及的,但却缺少"通常的人生的回声",也实在太贫乏了点。

《海上花列传》是张爱玲十四五岁时就非常感兴趣的作品,她甚至让弟弟的私塾老师用吴语给她念书中的妓女对白,开心得哈哈大笑。因为对《红楼梦》的痴迷,她研究了十年,也算了结了自己的一个心愿。对于《海上花列传》,她也想把它翻译过来,让它被更多的人知道。

都说婊子最无情,但在《海上花列传》里却有太多重情重义的人。那些妓女和嫖客们,如果长期接触下去,也很容易就发生真感情。妓女之中的很多人,都厌倦了风尘而向往真爱。当然,那些从一而终的嫖客,也是受到了爱情的吸引。

哪怕卑微的人也有令生命焦灼的爱情,哪怕在最痛苦的时刻,也能体验到爱情的圣洁和快乐。《海上花列传》的创作也曾经模仿过《红楼梦》,虽然没有达到《红楼梦》的传世效果，但它的真实和朴素却也形成了它特殊的高贵。

也就是《海上花列传》中偏重爱情的部分感动了张爱玲，但只看过从前父亲家里的那一个版本。后来胡适对《海上花列传》的研究，张爱玲也看过一些，她也曾经对胡适说过，有朝一日，她想翻译《海上花列传》。现在，是该到上手操作的时候了。扩大《海上花列传》的影响，不仅是自己的责任，也是对胡适的交代。

张爱玲对于《海上花列传》的看重程度，是和《红楼梦》一样的。在完成《二详红楼梦》的时候，她已经完成了英译《海上花列传》的初稿。

把心血给了《红楼梦》和《海上花列传》之后，张爱玲身心都轻松了。自从被翻译成英文版，《海上花列传》就再不会被历史的尘烟所湮没了。

然而，她老了。少年，青年，中年和老年，她一步步地走过。她知道，总有一天，当所有的事情都做完的时候，也就是挑破夜色的时候，那些洇血会涂抹在她瘦弱的身体上，再也不会消散。人的一生都是为了尽力完成"未完成"的，但又在"未完成"中结束。

独身一人，到了暮年，多是凄惨的，无论把自己的时间安排得如何满，如何让自己充实，也无非是黑夜和白昼互勉，孤独和寂寞谈情。曾经习惯了的青春的个性已经不再有，或者说，不再有人去留意。物质的困顿似乎已经不再去留意，不再去关注。生活质量的好坏也无法再影响到她，唯有灵魂的纠结是一生中最沉重的。这也几乎是老之将至时人们的共性。什么会是永生的呢？可能只有作品了。

张爱玲说过："人生的结局总是一个悲剧。老了，一切退化了，是个悲剧，壮年夭折，也是个悲剧，但人生下来，就要活下去，没有人愿意死的，生和死的选择，人当然是选择生。"

她是想好好地、健康地活着的，除了《红楼梦》和《海上花列传》之外，她还有自己的作品。是的，老年人整理自己也是人到老年的一个目标。

如同一种寻寻觅觅，如同一种拨云见日，在审视中批判，在批判中又包含着一种感怀。看到作品，就如同看到了自己。是的，对于过去的作品，张爱玲的感情很复杂，一面是她对过去的作品并不是很满意，另一面是虽然不满意，但也知道，这些作品，如果把它们串起来，就可以组合成她的今生今世了。对于一个作家而言，作品即为生命。

日暮归来，晚钟飘摇，多少爱情的绝响，多少逝去的纪念、困顿挣扎的痕迹竟然维持了一生。大浪淘沙，留下来的都是最真诚的倾诉。因为曾经被伤害，才有了珍视的机会和珍重的理由……张爱玲的作品何尝不是她心声的演变？

1976年，张爱玲把以前的散文《姑姑语录》《论写作》《天才梦》《连环套》《创世纪》《忆胡适之》《谈看书》等，统一放在同一本集子里，命名为《张看》，交给皇冠出版社出版。《张看》分为"日常生活""亲友素描""未名小草""艺文天地"和"著译自述"五部分，每部分按照作品发表时间先后排序，而所谓"张看"就是张的见解或管窥。在《张看》中，她心平气和地接受了当年傅雷对《连环套》的批评：

> ……一路看下去，不由得一直龇牙咧嘴做鬼脸，皱着眉咬着牙笑，从齿缝里迸出一声拖长的"Eeeeee！"（用"噫"会被误认为叹息，"咦"又像惊讶，都不对），连牙齿都寒飕飕起来，这才尝到"齿冷"的滋味。看到霓喜去支店探望店伙情人一节，以为行文至此，总有个什么目的，看完了诧异地对自己说："就这样算了？"要想探测写这一段的时候的脑筋，竟格格不入进不去，一片空白，感到一丝恐怖……

而《创世纪》写的是祖姨母，她的孙女与耀球恋爱，大概没有发展下去，预备怎样，当时都还不知道，一点影子都没有……张爱玲认为《创世纪》比《连环套》更坏，所以也腰斩了。

后来出版《传奇》（增订本）的时候，就没有收录《连环套》和《创世纪》，甚至从大陆离开的时候，张爱玲都没有携带这两本小说。张爱玲对《连环套》和《创世纪》是不满意的，也不想把这两部作品收进《张看》之中。但当时研究她小说的唐文标教授执意不肯，张爱玲给他去了几次信进行协商，他都坚持如果不把《连环套》和《创世纪》加进《张看》，就不会把《连环套》和《创世纪》的旧稿子寄给她，还强调说盗版猖獗，如果自己不印刷出来，也会有别人印刷出来。无奈，张爱玲只好把《连环套》和《创世纪》收进了《张看》里，也正好顺便说一下这两本小说当初草草收尾的原因。张爱玲尴尬地说："抢救下两件破烂，也实在啼笑皆非。"

而就在1976年，胡兰成的《今生今世》由台湾远行出版社出版，但他跟他的作品都无法再在张爱玲的心里荡起涟漪了。她和他早已是独立且漠不关心的人，相互之间再没有了丝毫亲近，当然也无所谓争斗了。不是没有特别眷恋的东西，只是这眷恋已经先于生命而死去了……至于胡兰成如何评价张爱玲，如何把她写入他的作品里，借助她的光辉而让自己扬扬得意时，也是张爱玲不乐意知晓的事情了，但愿自己的名字只是胡兰成的一个"符号"而已。他要把这个"符号"跟他龌龊的人生夹杂起来，也是没有办法的事情了……张爱玲能把握的只有自我，在宁静中，叨念一句——我已经不爱你了，就像你早已经不爱我了一样……也只有这一句，她是深深记得的！

晚年的时光是过得最快的，张爱玲以前的作品也如同雨后春笋般重新出现在世人面前。她的《连环套》（重刊）和《"卷首玉照"及其他》在台北《幼狮文艺》上刊出，《创世纪》在《文季》上重刊，《谈看书》和《谈看书后记》在《中国时报》副刊发表，水晶写张爱玲的《张爱玲的小说艺术》也由台北大地出版社出版。

1978年，张爱玲的《赤地之恋》由台湾慧龙文化有限公司出版；1979年，《色，戒》在《中国时报》副刊发表；1981年，《海上花注译》由台湾皇冠出版社出版；1983年，《惘然记》由台湾皇冠出版社出版，其中收录了《色，戒》《浮花浪蕊》《相见欢》《多少恨》和电影剧本《情场如战场》等；1984年，《金锁记》重刊；1987年，《余韵》出版；1988年，《续集》出版……从1972年正式幽居开始，二十多年的时间里，张爱玲虽然没有多少新的作品，但以前的作品却如同串珠一般，全部得以再版，或修改整理后再版。关注她的人也越来越多，似乎是对她多年沉寂的一个补偿。唐文标还编了《张爱玲卷》《张爱玲资料大全集》《张爱玲研究》三本书；张健主编了《张爱玲的小说世界》；香港的郑树森写了大量关于张爱玲的考据文章，后来编了一本《张爱玲的世界》，由台北允晨文化公司出版；宋淇以他与张爱玲的长期友谊写了《私语张爱玲》《张爱玲语录》……这些学者和研究者似乎都已经意识到，他们的作品有朝一日都将成为研究张爱玲的重要资料。

"张爱玲热"是从20世纪70年代就开始的，并且经久不衰。世界风云变幻，张爱玲的轻盈和飘逸被五彩的光环所围绕，人们赞美她，她的灵魂高贵、永恒。抛开她人生中的数次爆红，"张爱玲热"的热度将与日月共久长。

张爱玲的生命像诗歌一样，她渐渐要在诗歌里歇息了。她的作品，每一个字都仿佛是一滴血，洇透在孤独的生命里，和诗行相遇，仿佛是这个世间最美好的暗语。她不问去向和归处，兀自追赶生命的温润，没人牵挽的时候，她由着自己跌入那幻灭里。

旧日作品的飞速面世，也让张爱玲慨叹时光如飞。人海弥漫中，她越来越老了。月色妩媚了千年，谁再给她鬓间插花，谁再为她肩上捕捉柳絮？流不出的眼泪，已经隐藏在了心底，它们是热的，仍旧能够激发出滚烫的情绪。

而它们干涸的时候，或许就能够放下对老迈的迷茫，对生死的恐惧……

对于爱着张爱玲的人们，她光芒四射；对于她自己的认知，她觉得自己渺小甚微。只庆幸这一生与文字相陪，只庆幸懂得了许多诗句，只庆幸一路纯净、一路执着，还达到了许多人生的目标。为爱情她可以肝肠寸断；为文学她可以鞠躬尽瘁。她抱住的是芬芳，释放的也是芬芳，这也就够了……

被蚕食的命运

她曾经天赋仙姿、玉骨冰肌，她曾经是民国世界的临水照花人，她曾经暗香浮动、浑身溢满动人的华彩，但时光到底还是改变了她的模样。她走在街上，如果没人告知她就是张爱玲，她就会被错过……她的安静、祥和、内敛都融于老年人特有的平缓里了。

戴文采曾经形容过张爱玲，说老年的张爱玲太瘦了，骨架却非常细窄，像一个女学生般把衬衫扎进裙腰里，腰上打了无数碎细褶，像只收口的软手袋。因为太瘦，衬衫肩头以及裙摆的褶线光绫绫地始终撑不圆。头发剪短了烫成大卷，身体像两片薄叶子一样贴在一起。而她走路的姿势像一卷细龙卷风，低着头，仿佛有什么大的灾难要来……岁月，已经攻不进张爱玲的内心，她不在意自己是黯淡还是模糊，不在意曾经刻骨铭心的是近在咫尺还是远在天边……是的，张爱玲已经到了这样一种年纪，不在意人生的幕后，也不在意前面会有一个什么样的舞台。背后红尘滚滚，她在沧桑中驻足，她每日与孤独相伴，连想念都变成一件奢侈的事了，她甚至都没有精力去关注自己的姑姑和弟弟。而姑姑和弟弟也不知道她的踪影，毕竟，他们已经是几十年的天涯相隔了。

时光滔滔，亲情如雪花般飘荡，融进炙热的心里。是啊，时光一定是分了岔,把张爱玲和最亲的人放在彼此平行的时空里。张爱玲路过风雨的时候,亲人们却正在丈量流霞的长度。张爱玲的孤独是雪花的孤独,亲人们的期待却是月亮的期待。张爱玲驮着的是苍天的无语,亲人们载着的却是大地的悲凉。张爱玲满怀挚爱,默默地读着对方,却宁愿对方无从知晓。这一切的心理活动,最好只是留在心底吧……

姑姑张茂渊经常说的一句话就是:不知道爱玲到底怎么样了……1979年,姑姑在宋淇的帮助下,给张爱玲写去一封信,失散多年的她们总算取得了联系。而在这一年,姑姑结婚了,结婚对象就是一直陪伴她的情人李开第。空闺独守五十年的姑姑终于有了人生的归宿,让张爱玲百感交集,马上给姑姑写了一封祝贺的信。她以前说过的,姑姑哪怕到了八十岁也会结婚的,果然,她到底是如愿了。但一直独居的姑姑,该忍受了多少岁月的寒凉和寂寞呢?同样独居的张爱玲感同身受,她从卡尔登公寓离开后再也没有回去过,可姑姑却一直住在那里,守着岁月的变迁……也许姑姑的心从来都没有安宁过,她长达五十年的爱恋也从来没有停止过,但她岿然不动地独居着,守候着唯一的一份爱恋。张爱玲了解姑姑就像了解自己,她们都有着惨淡的光景,沉迷进去之后,竟然连悲欢都无处安放了……

当人生由一个人孤单走过的时候,时间越长,孤单的影子就越长。

人间生疏了,最亲的人的影子,也会越来越模糊。她越是思念亲人,越是无法告知自己的归期,甚至,她都不敢再相见了……

亲人啊亲人,却开启了她更加孤独的旅程。她耽于流年,也耽于遥望。她不知道,自己要以一个什么样的姿态被亲人看见或者想念。

1988年,一位熟知张爱玲家世的老人拿着一张报纸找到她的弟弟张子静,慌慌张张地说:"你的姐姐可能出事了!"张子静吓了一大跳,马上打开那张报纸,只见上面有一行被红色圆珠笔圈起来的字:"已故女作家张爱玲……""已故"?难道姐姐已经离开人世了?

张子静回想起上一次跟姐姐通信是 1983 年，那时已经和姐姐中断联系达三十一年之久。最近这五年因为姐姐经常搬家，信件都被退回，难道五年没联系的姐姐出事了？姐姐才只有六十八岁啊！

恐慌中的张子静开始给上海的亲戚朋友打电话或者亲自走访，打听姐姐的事情，可他们都不清楚。张子静还是不放心，又写信给美国的亲友，他们也不清楚。最后，张子静只好委托上海市政府华侨办，写了一封信请华侨办帮忙处理，帮助他寻找姐姐的下落。

1989 年，在华侨办的帮助下，张子静再次和张爱玲恢复了通信。他这才长出了一口气：姐姐还活着！但他也更加担心姐姐了，因为姐姐长期幽居，别人很难随时知道她的情况，万一有个三病两灾，别人没办法对她实施救助……担心姐姐的同时，张子静也不得不考虑到自身的处境，他只比姐姐小一岁，也是一个孤苦伶仃的人，一辈子没结婚不说，身体还不太好，为了预防万一，他开始经常开着房门，如果自己有个什么事情，进进出出的邻居们也能看到。

张子静是爱姐姐的，可他也知道，姐姐和自己一样，已经到了日薄西山的年纪，人生中许多该放下的不该放下的终于都要放下了。流逝、空洞、荒芜，这些词汇，应该要淡然地接受了。从幽暗中传来的亲切的呼喊，是最真实的、最熟悉的，但毕竟各自走着各自的道路，默想亲情的时候，已经是最大的惊喜。唯愿你平安，就已经别无所求……

张爱玲给弟弟写了一封信，描述自己一直处于多病的状态之中，整天忙着照料自己，占掉的时间太多了，总感觉剩下的时间不够用，很着急，实在没有办法，连信都简直不写了。而且经济条件不大好，勉强够生活而已，不像传说中的那样发了财……弟弟劝张爱玲有机会回上海看看，被张爱玲拒绝了，她没有说不想回来的原因。似乎，幽居的张爱玲没有什么精力跟弟弟进行亲情互动了，但弟弟完全不责怪姐姐，他同情姐姐晚年生活的难处，充满深情地说:"不管世事如何变幻,我和她是同血缘,亲手足,这种根底是永世不能改变的。"

人生是一场追逐着的梦,梦醒了,繁华不再。张爱玲和弟弟都曾经是孩子,但倏忽之间已经成了大人,都到了风烛残年的年纪,到了需要抚恤对方沧桑的时候了。是的,也该到长久分别的时候了……

感谢弟弟张子静对张爱玲的理解,但张爱玲晚年的状况却比弟弟想象得更加糟糕。从1984年到1988年这一段时间,她几乎每个星期都要搬家一次。年轻的时候,张爱玲说过一句话:"生命是一袭华美的袍,爬满了蚤子!"却没想一语成谶,张爱玲的晚年真的受到了跳蚤的无穷困扰。跳蚤虽然只是一种小小的爬虫,但对张爱玲却有着无穷大的震慑力。每当见到这种小生物,张爱玲都如临大敌,仿佛这个世界一下子就被跳蚤所主宰,而她只有逃离的分了。

最痛苦的时候,张爱玲给夏志清写去一封信,念叨着,属于她自己的时间太少了,她不仅要天天照顾自己,还要搬家,往往上午搬了家,下午就要去看病,有的时候回到家都已经是午夜了。而且张爱玲看病没有固定的私人医生,她所去的医院都是政府指定的免费医院,不仅路途遥远,看病的时候还要等候很长时间。而且搭公车去看病的多数是穷人、流浪汉和不懂英语的非法劳工,张爱玲装束奇特,手里拿着纸袋夹杂在这些人之间,心情该有多么凄惶。

而且,张爱玲因为搬家太频繁,不得不经常住在简陋的汽车旅馆,自己的东西越丢越少,差不多只剩下自己了。辗转奔波,不得消停,让她的精力越来越差了。老年人最怕的就是奔波,偏偏她要奔波不停。她的牙病和皮肤病似乎总也看不好,让她苦不堪言,她更加害怕与人往来,更加害怕接电话,更加害怕写回信……

在幽居的生活里,张爱玲的生命中又出现一个重要人物,他就是庄信正。

如果说夏志清、宋淇和平鑫涛等都是她创作生涯的贵人,那么庄信正就是她生活中的知音良友。因为自从张爱玲迁到加州之后,直到去世之前的将近三十年时间里,张爱玲搬家等重要的事情,都是由庄信正代为处理的。他们之间的往来通信也多达八十四封,有些微妙的信件里,还表达了一个作家的爱好、情趣等等,这对不爱写回信的张爱玲来说,可以说是一个奇迹了。

有一次,庄信正很担心张爱玲的健康,就托付好朋友林式同照顾张爱玲,当林式同带着庄信正的信找到张爱玲的住处时,张爱玲却抱歉地拒绝见面,说自己还没换好衣服,把信件放在门口就好。林式同没有见到张爱玲,带着好奇和遗憾离开了。

林式同是个心肠非常善良的建筑师,虽然不懂文学创作,但对张爱玲有一种莫名的倾慕。他将自己的住址作为张爱玲的永久地址,也从不跟别人透漏张爱玲的隐私。一年之后,林式同帮助张爱玲搬家时,才得以见到张爱玲。在林式同的眼里,张爱玲虽然很瘦,但是很潇洒,这种潇洒是一种传奇女作家特有的潇洒,是别人完全不能模仿的。

当然,后来这种潇洒是维持得越来越艰难了。为了躲避跳蚤,张爱玲只好剪掉了头发,包上头巾,或者戴着一顶假发,有时干脆穿一双最便宜的塑胶拖鞋……她一生追求思想华丽、文章华丽,甚至连服装都是奇装异服,小资流派的她到后来却潦倒得自绝于世……其实,她的心里仍旧是高贵的,只是时光浑浊,似乎要掩埋她的一切,而她无力抗拒。她不再低吟浅唱,不再怨天恨地。她的欢愉,她的痛苦,她都乐意一并交付给时光……

爱她的人为爱而守望、祈祷,而她退避于静静的一隅,成为一个释放灵魂的人,她悄然地接受温暖,也接受无奈和悲凉……

月光下,她踩着自己的影子,陷入了深沉的思索。她作为五四以来的小说之王,却不知要如何抒发自己的晚情,如何抒发自己犹在的气节、犹在的华丽和传奇。也许,所谓的"传奇"也只不过是一段"未完成"而已……

传奇湮灭

人老了，就成了一个透明人，外界看不到她，她自己也找不到自己。她无论跟谁相遇，故园都是回不去的了。或者有一两个地址可以写在信封上，但信也几乎不写了。目光迷离间，大风起兮云飞扬，却也只是异国和他乡。白云苍狗也罢，吉人天相也罢，岁月都已经沉了下来，再解读什么都没机会了，传奇，该到湮灭的时候了。

张爱玲偶尔也会有悲观的情绪，面对最终凋亡的命运，她并不想回避这宿命。她经历过生活大浪的冲撞，也经历过爱情毁灭性的破碎，现在，应该感恩这一切，毕竟这就是整个世界跟她的交涉。不管苦和甜，总归是命运的风韵和姿容，而她有幸悉数品尝。

当生命进入尾声时，太多的凄惶，似乎再动人的故事也充满了悲凉的色彩。命运多变，该牵挂的事无穷无尽，但力量渐渐消散。人不是神，自然不能在时空隧道里穿梭，青春明明依旧清晰，但却无法再抓住一缕。天涯一梦，明明是想涉足人生的清凉，却携了混沌而去。一路迤逦而行，遗落了岁月绵长，遗落了青春的容颜，只剩一颗彷徨的心。是的，生命只是时光的奇迹，有谁能做到真正坦然地接受命运安排的一切呢？如果时光带走一个人，恐怕就是千年，恐怕再也没有机会重生。

在月光下顾影自怜吗？异乡的城市，没人会注意到这个行将就木的老人，被光阴侵蚀得失去了美丽的容颜。夜幕低垂时，她无法拒绝寒冷和黑暗，孤单一人谛听着无边无际的天籁……她解读着命运，命运也对她喃喃絮语……

老去的翅膀不能继续飞翔，张爱玲只把无言的祈祷注入悲伤的灵魂。她也不得不考虑一些生死的命题了。

有一回，张爱玲问林式同，三毛为什么自杀了？林式同没有回答，因为他根本不知道三毛是谁，当然也不知道三毛临死前还以张爱玲和胡兰成为素材写过剧本《滚滚红尘》。而张爱玲也只是随意地一问，谁的生死都不是她能操控的，只是她的心里满是悲悯罢了。

不是谁沉默无言、孤独避世，就可以逃脱掉死神的安排。自1991年开始，张爱玲生命中重要的人一个个地离开。她经常会做一些回家的梦，甚至梦到了姑姑，还是青年时候的样子，打扮漂亮，谈吐幽默，而她也开心地叫着姑姑……醒来之后，她却有了一种不祥的预感，姑姑不是出什么事了吧？果然，几天之后，张爱玲收到姑父的来信，他在信中嘱咐张爱玲一定不要过度悲伤，他们共同的亲人张茂渊已经去了天堂……

姑姑是她最可亲最可敬的长辈，她的离去，残忍地打断了张爱玲亲情的链条。上海那悠远的世界顿时沉了下去，她的心里是訇然的震颤，但终于没有让眼泪流出，因为她知道，不久，她将和姑姑在天堂相会。

后来，好友炎樱也去世了，这个跟她甜蜜过也疏离过的朋友，在她心中一直占据着重要位置。她无法相信大大咧咧、性格开朗的好朋友，也这么痛快决绝地走了，她的离去无异于把她们的青春时代也一起带走了。

亲情和友情一直是她内心的支撑，但却在命运的安排下消逝得无影无踪。张爱玲也意识到，自己离死神召唤的时间也不是太久远了。这世间没有什么长生不老药，她自己也没有健康到可以跟流年对抗，只有这样孤独、淡然地活着，随时等候死神的来临。

张爱玲整夜里思索的，也无非是：我还有什么作品没有完成？我还有什么后事没有安排妥当？

1992年2月14日，林式同突然收到张爱玲的一封重要信件，竟然是她的遗嘱副本，遗嘱的内容是：一、所有的私人物品留给香港的宋淇夫妇；二、死后不举行任何丧礼，把遗体火化后将骨灰撒到任何空旷的荒野……遗嘱的执行人为林式同。

许是担心自己突然寄给林式同遗嘱，会让他感到突兀，所以张爱玲还在信中解释说，遗嘱是在书店里顺便买的，免得剩下的钱要充公。是的，遗嘱是顺便买的，遗嘱的内容却是早有安排。她不是怕死，而是对生死都已经看淡，所以不想把时间都纠结在"后事"上，她想早早地安排好，用她特有的方式给后世人一个交代，然后好继续文学创作，不要留下太多的"未完成"。

虽然张爱玲做了解释，但林式同仍旧感到奇怪。她活得好好的，为什么这么早就要立什么遗嘱呢？何况宋淇夫妇，他根本不认识，张爱玲也没有告诉他如何联系宋淇夫妇。

张爱玲嘱咐林式同，如果他不乐意当这个遗嘱执行人可以尽快告诉她，她再另请他人。林式同没有答复张爱玲，因为他感觉自己的母亲比张爱玲要年长很多，都没有任何事情，张爱玲更不会有事了。即使有，也是一件太遥远的事了。接下来的日子里，林式同甚至都忘了张爱玲遗嘱的事。

写完这封遗嘱，张爱玲和林式同几乎不联系了。她还和从前一样，孤独地幽居着，偶尔出去，哪怕见到邻居，她也很少打招呼。此时的她，开始争分夺秒地写作《对照记》和完善二十几年一直创作着的《小团圆》。

为什么把书命名为《小团圆》？可能真的是寄托了张爱玲巨大的希望吧。中国人一向讲究团团圆圆、和和美美，但张爱玲的一生呢？没家没业、没子女，她最大的愿望可能也是团圆，所以书名也必须叫《小团圆》了。本来《小团圆》要和《对照记》一起出版的，但因为她身体的原因一再延后，于是就先出了《对照记》。

《对照记》收录了张爱玲很多真实的过往，里面有许多她标注过的珍藏的老照片。李碧华说："……此批幸存的老照片，不但珍贵，而且颇有味道，是文字以外的'余韵'。"是的，张爱玲也确信，哪怕有一天自己真的离开了人世，有这些照片为证，人们也能看到一个真实的张爱玲。

1993年，张爱玲完成了《对照记》。似乎，《对照记》正是她人生的谢幕。

她之所以借助《对照记》放慢脚步，就是为了跟过去握手、拥抱和告别。从此，她要微笑着接受命运的安排，从此，不必再打捞往事，她不要什么流传，也不要什么永恒，只请这世界接受她一个卑微的说明，有女张爱玲，从民国来，又回到民国去，这也就够了，因为这就是命运的意旨。但如果，她的心曲能够被人赏识和品读，她也是乐意的。

而《小团圆》直到张爱玲去世前都没有写完，只有好友宋淇和皇冠出版社的平鑫涛看过她的手稿。张爱玲在自己的遗嘱中，曾经要求销毁《小团圆》的手稿，但2009年，《小团圆》还是由皇冠出版社出版了。从这本书里，人们可以找到许多关于张爱玲的真实的影子，更有很多"张迷"说，其实《小团圆》就是张爱玲经过艺术加工的个人传记。

1994年，《对照记》获得台湾《中国时报》文学奖特别成就奖，获奖之后，张爱玲特意拍摄了一张照片。在这张照片中，她的眼睛很有神，但非常瘦弱，手里还握着一卷报纸，上面赫然印着"主席金日成昨猝逝"的黑体大字，让人看了不免感到诡异和心惊。难道这是给人们传递一个死亡的信息吗？

这张照片是张爱玲人生中最后一张照片，在《对照记》再版时，放在了尾页。张爱玲还为这张照片特意写了一段话：

> 写这本书，在老照相簿里钻研太久，出来透口气。跟大家一起看同一头条新闻，有"天涯共此时"的即刻感。手持报纸倒像绑匪寄给肉票家人的照片，证明他当天还活着。其实这倒也不是拟于不伦，有诗为证。诗曰：人老了大都／是时间的俘虏，／被圈禁禁足。／它待我还好——／当然可以随时撕票。／一笑。

通过这段话，我们不难看出，她的心已经更加淡泊超然，所以不再害怕时间"撕票",时间埋住她双脚的时候,她孤独而温柔……她在这虚无里,知道结束语和开场白没什么两样,只要在归途选择了平静,那么她就还是她……时间的青睐,无非就是让她看到最初的自己,人生沉醉,甘愿沉浮,她渐渐从偶尔的压抑和恐慌之中醒来。

哪怕她从此旁若无人,世人也记住了她的芳华;哪怕她从此万劫不复,她也值得世人细细地阅读。她的身心放得越是低下,她反而更加高贵,闪烁着动人的光晕……

昨天和今天,生和死,都不会耽搁太久,人生只是刹那芳华,只要不曾辜负;锦年花开,红尘落寞,聚散离合,都不必细说,因为每个人都有圆不了的梦,也都必将回到原地,拾起一个落叶归根的情怀。或者是山,或者是海,或者是任何空旷的所在,都能承载一个涅槃的灵魂。好在终于不再孤独,因为寂寞和孤独都有了巍峨之势。她相信自己是有一条血管跟山或者海连着的,她膜拜它们,所以乐意托付给它们自己的生命……

1994年,皇冠出版社出齐了《张爱玲全集》,共十五册,几乎囊括了她所有的作品。自己创作的作品,来了一个整齐划一的面世,她自然是非常满意的。《张爱玲全集》里的每篇文章都是她亲自校订的,稿件在台北和美国之间不断往返,耗费了她很多精力,但她却是乐此不疲,因为做这项工作也是为了她生命的完美而努力。

爱恨如汪洋,她却了无生息

时空暗哑,她是暗夜中无法逃出的蝶,整个世界都在刹那间跟她一起孤独下来。她想伸长手臂去碰触一下黎明的嘴唇,可是她失败了,她的身体不动了。她的心摩挲着,她想提起自己的脚和双膝,她想站起来,可终于还是徒劳了。她总也不懂,她托付林式同帮她到沙漠中找一座房子,林式同拒绝了……现在,她明白了,就是林式同真的在亚利桑那州或者拉斯维加斯为她找到这样的房子,恐怕她也不能去了,不仅仅是干旱的气候她受不了,就是连孤独她也不能挑战了……她对这个世界的要求已经降到了最低,只要简单、纯粹就可以了。甚至,她可以什么都不要……她只想用最后的力气抱住这个灿烂的夏天,可无奈她已经一触成灰。她干瘪的肉体,她沧桑的皱纹,她特意穿上的赭红色的旗袍……一切的一切都像是要腐烂的样子了……那些曾经的华丽,已经久远得看不到背影,这就是生命的残酷。

命运要求她,就在这个秋天,必须"功德圆满"了。时光不再给她任何攀附的机会,甚至,连她过往的恩怨都给一并抹去了。她来不及黯然神伤,就被带到了通往天堂的极乐之门……

1995年中秋节的那天,林式同突然接到张爱玲房东的电话,说租住在公寓里的中国老太太,可能去世了。林式同不相信,明明前几天还通过电话的,那时候,她听起来并没有什么不妥,她甚至还想着搬迁呢……怎么可能?

林式同匆匆忙忙地赶到洛杉矶西木区的公寓,看到警察、法医和房东都在忙碌着。根据法医的说法,张爱玲已经过世六七天了,主要死因就是心脑血管疾病。林式同感到非常痛心,他知道张爱玲一直有牙病、眼病、皮肤病,还经常感冒。她长期受到这些病痛的困扰,已经不是秘密。但怎么也没料到她会有心脑血管方面的疾病,其实,这才是真正要命的病症。何况她平时饮食单一,长期营养不良,又怎么能抵御得了大病的侵袭呢?

林式同跟警察说明自己的身份,并且出示了张爱玲曾经寄来的遗嘱副本后,警察才放了他进去。除了警察、法医和房东,林式同成了唯一见到张爱玲遗容的人。房间里的日光灯是开着的,电视机却是关着的。她躺在地毯上,身上没盖任何东西,头朝着房门,脸向外,眼和嘴都紧紧地闭着,头发剪得很短，手和脚都自然地平放着。她看起来非常瘦弱，但她的遗容是平静、傲然的，就好像她此时正在深深地睡眠一般，完全看不到她还有过什么挣扎的痕迹，甚至还带着空茫茫的优雅。这优雅是她一贯了的，直到死也没有改变。

她离开了，但任何人也无法看出她对生的依依不舍，也看不出她对死的迫不及待，一切都好像是水到渠成的，而她以淡出的方式慢慢归了零……

她死前是知道自己大限将至的，因为她已经整理好了各种重要的证件和信件，全部装进了手提包里，放在了靠近门口的折叠桌上。

她的房间是空落落的，不仅墙壁上没有什么装饰品，就是屋子里也没有什么家具。地上放着一些纸袋，装着一些她未完成的作品，这些未完成的作品有的写在信封和菜单上，有的写在旧报纸上。

她的浴室里也很简洁，甚至连毛巾都没有，只有纸巾，也许，她没有力气拧毛巾了，只好用纸巾来代替。她的拖鞋也是一次性的，脏了就扔掉，这种拖鞋还有崭新的几大包。

厨房里的餐具也都是一次性的，不是纸的就是塑料的。金属餐具也有，但是全是新的，没有使用过。只有咖啡壶经常使用，因为她每天创作离不开咖啡。

她还曾经租了一个小仓库，放有自己的英文著作和一些重要的手稿，都是用手提袋装着的。林式同以遗嘱执行人的身份整理了小仓库，遵照遗嘱的内容把东西都寄到了香港宋淇夫妇那里，只是宋淇当时也已经病入膏肓，好在他的太太邝文美还能处理与张爱玲有关的事情。

林式同直到这一刻，才算明白张爱玲遗嘱的心意，那就是哪怕她死了，也仍然让他为她的隐私保密，处理她的后事一定要迅速、简单，这和她生前的行事风格是一模一样的。无论活着还是死去，喧哗都是她不能承受的。她不会哭泣，也不需要别人为她而哭泣，她只想保持着这孤独的尊严，去往她该去的地方。她太累了，所以，什么喧嚣和寂寥、欣喜和沮丧，都不是她要关注的了……

当时的媒体发了疯一般质疑林式同处理张爱玲后事的方式,林式同顶着巨大的压力,坚持自己的做法。因为他知道张爱玲之所以先前给他那样的遗嘱,就是要避免她死后乱哄哄的场面。她不要人看她的遗体,也不要照相,不要举行什么葬礼……这些,她都不要。她孤单单地来,也要孤单单地去,如果保全她最后的"孤独",也是对她莫大的尊重……她最后约定的一切,也无非是想把寂寞还给天地而已。苍凉是她生命的基调,那么就让她沉入最后的苍凉吧!

她是孤独的,但却拒绝倾诉,拒绝别人的体恤,哪怕就是死了,也不要别人给她一丝所谓的慰藉。她希望孤独之花最后一次绽放,开放在自己的心灵深处,成为她这一生最好的总结和叙述。哪怕光阴不再流淌,她也有了命运的蓝本。平安喜乐是她要不起的了,那她依然保住一份孤独。

活着时,她在孤独中体会平静;死去时,她在孤独中相遇踏实。一切孤独,只是为了抵达对孤独的依赖,从不改变。

在她最后的路上,在她看不到光明的黑暗里,她和孤独深深拥抱。她要它为自己指点迷津,她要它帮自己摒弃所有人生的负累。向来,她对孤独都有说不清道不明的情愫,到最后,无一例外,她把孤独虔诚地收进了心灵,到死,也是如此……唯有面对孤独,她才会说,来吧,请你来检阅我的忧伤……

1995年9月19日,张爱玲的遗体在洛杉矶惠泽尔市政玫瑰岗墓园火化。1995年9月30日,在张爱玲七十六岁冥诞的那天,她的骨灰由林式同、张错、张信生、高全之及张绍迁、许媛翔等人陪同出海,撒入了太平洋。陪伴她的只有红色和白色的玫瑰花瓣,汽笛长鸣间,是她的魂魄消散了,而不是多年前的香港,她穿着旗袍,提着皮箱,去香港大学读书的日子;也不是她在汽笛声中上了船,离开战乱中的香港的时候……

可是，彼时，是不是会有一些香魂去了上海呢？毕竟，上海是她出生的城市，她曾经在这里写下第一篇文章，爱上生命中的第一个男子……在她许多宁谧的梦境里，上海频繁地出现过……

是不是她也会与胡兰成和赖雅再次相遇呢？只有胡兰成说她是"民国世界的临水照花人"，而这个男子也先于自己十四年离开了人世，死在了日本。赖雅呢？是在自己的国家入土为安的。张爱玲的魂灵和他们是不能相遇的了……生前，她把自己所有的情意都给了他们。死后，她是刻意想要忘记这爱情的沉重和艰难的。此时，他们珍不珍惜自己都不重要了。她爱过，从没有后悔，她伤过，但平和地接受。她岂能不懂人生中的许多事，爱情也好，创作也罢，不是缘分早就安排，就是情非得已。

人生的萧疏，她是体验到的，魂灵的冷香又何必再与过去纠缠。就当那巧笑嫣然的过去只是一个悲怆的偶然，就当这孤独的灵魂只是最后一抹的禅心慧智……不凝视，不转身，不回首，就让这浪涛给自己一段千古绝唱吧。

只是现在，她是真的萎谢了，不过，她依然要独自萎谢，哪怕一个葬礼，她都觉得完全没必要。世界是一道屏障，从此，她跌入轮回里，对着孤独而孤独！

若真的有来生，或者不会孤寂与疏离；若真的有来生，就让整个世界再来与她交涉。就让那桃花流年，继续一过好多年。也许，人生本来就不是禅，就是这最俗常的爱恨情仇，让人尽力地沉入进去，再慢慢地觉醒……

因为懂得，所以慈悲，月亮与大洋做了她的守护者，从此，与她挚爱的文字不离不弃，与她挚爱的人白首不相离。月圆之夜，她出生，同一个月圆之夜，她离开，似乎月亮只为她这样的痴情女子阴晴圆缺、悲欢离合，从此，缠绵于绿水青山……

张爱玲去世的消息引起了华人世界的巨大震动，很多港台和大陆媒体都在显要位置发表了消息,还登载了许多悼念的文章。美国的许多媒体也登载了讣闻,很多人还自发地举行了悼念活动。也许,人们是想无限地放大她、无穷地过滤她,甚至,人们是想让她成为文化的楷模、情感的标杆,再把她放在一个她生前都从未登上过的高度……但这一切都是张爱玲不在意的了,她的灵魂伫立潮头,任洪流激荡,任后人评说。

爱恨如汪洋,她却了无生息,只有她孤独的灵魂开成灿烂的玫瑰,在洋流里翻滚,最后,沉入了那黑夜里。为她而鸣起的汽笛声,仿佛在鸣颂她无法言说的悲戚。大洋深处传递着她的沉默,滚滚洋流中,她的芳华绝代,越发灵动而悠远。去吧,去吧,不必再回头……

哪怕浪花都凋谢了,也不会影响她的长眠。她还是那个穿着复古旗袍的民国女子呵,躲避着世间的喧嚣,活得那么惊世骇俗。她坦然地接受了岁月的认定,只是在这最后的幽秘里,她忘记了这个世界,也忘记了自己……

似乎,依然,听到她带着笑意的软软的声音:"我比较喜欢那样的收梢……"

世界,冷了,清了,她,张爱玲,不在了!

张爱玲年表

1920年，出生于上海。本名张煐。祖父张佩纶，祖母李菊耦（李鸿章之女），父亲张廷众，母亲黄逸梵。

1923年，三岁。父亲在津浦铁路局谋得一英文秘书职位，父母和姑姑张茂渊由上海搬到天津。

1924年，四岁。夏，母亲与姑姑一起出国留学。

1927年，七岁。写下了人生第一部小说。

1928年，八岁。春，父亲带着张爱玲姐弟由天津回到上海。同年，母亲与姑姑由英国返回上海。

1930年，十岁。在母亲坚持下进美国教会办的黄氏小学插班读六年级，同时改名为张爱玲。

同年，父母离婚。

1931年，十一岁。秋，进入上海圣玛利亚女校就读。

1932年，十二岁。母亲动身去了法国。

首次发表短篇小说《不幸的她》于圣玛利亚女校校刊《凤藻》总第十二期。

1933年，十三岁。在圣玛利亚女校校刊《凤藻》上发表第一篇散文《迟暮》。

1934年，十四岁。父亲与继母孙用蕃结婚。

1937年，十七岁。夏，从圣玛利亚女校毕业。

1938年，十八岁。是年底，参加英国伦敦大学远东地区入学考试。

1939年，十九岁。考取伦敦大学，因战事影响，未去成英国，改入香港大学。

冬，在杂志《西风》月刊上发表《天才梦》。

1942年，二十二岁。5月，香港大学停课，张爱玲与炎樱一同返回上海。

9月，与炎樱插班圣约翰大学文科四年级就读。11月辍学，投身写作。

1943年，二十三岁。1月，在英文杂志《二十世纪》发表文章《中国人的生活与服装》。

三四月间，拜访《紫罗兰》月刊主编周瘦鹃。

创作完成小说《沉香屑·第一炉香》，并在《紫罗兰》第2、3、4期连载。后收入1944年版《传奇》。

创作完成《茉莉香片》，发表于上海《杂志》月刊第11卷第4期。后收入1944年版《传奇》。

创作完成《心经》，于上海《万象》杂志连载。后收入1944年版《传奇》。

小说《沉香屑·第二炉香》连载于《紫罗兰》第5期。后收入1944年版《传奇》。

9月，初识苏青。

创作完成《倾城之恋》，于上海《杂志》月刊连载。后收入1944年版《传奇》。

创作完成小说《琉璃瓦》，于《万象》杂志第3年第5期发表。后收入1944年版《传奇》。

创作完成《金锁记》，于《杂志》月刊连载。后收入1944年版《传奇》。

创作完成《封锁》，并发表于上海《天地》第2期。后收入1944年版《传奇》。胡兰成阅读了在苏青主编的《天地》月刊上的张爱玲的《封锁》，得以认识张爱玲。

1944年，二十四岁。1月，连载小说《连环套》于《万象》杂志，共连载六期，后遭腰斩。

2月，初识胡兰成。

小说《红玫瑰与白玫瑰》连载在《杂志》月刊，共连载三期。后收入《传奇》增订本。

8月15日，小说集《传奇》由杂志社出版。

夏秋间，张爱玲与胡兰成结婚。结婚没有仪式，只有婚书为定："胡兰成、张爱玲签订终身，结为夫妇，愿使岁月静好，现世安稳。"

12月16日，由小说《倾城之恋》改编的四幕八场的话剧《倾城之恋》在上海新光大戏院隆重上演。

12月，散文集《流言》由上海中国科学公司出版。

1945年，二十五岁。3月，小说《创世纪》开始在《杂志》月刊连载。后收入1976年台湾皇冠出版社出版的《张看》。

8月，抗日战争胜利，胡兰成逃往江浙一带。

1946年，二十六岁。11月，《传奇》增订本由山河图书公司出版。

12月，开始创作电影剧本《不了情》，直到1947年1月，剧本写完。

1947年，二十七岁。2月，电影《不了情》开始拍摄。

三四月间，申请加入上海文艺作家协会。

6月，胡兰成接到张爱玲的诀别信。

6月中旬，完成了《太太万岁》的电影剧本。

1950年，三十岁。4月，以笔名梁京在《亦报》连载《十八春》，费时一年才完成。

7月，在夏衍的关注下，参加了首届"上海文艺工作者代表大会"。

开始写《相见欢》《色，戒》以及脱胎于《金锁记》的《怨女》。

1952年，三十二岁。4月，获得香港大学注册入学通知。

7月离开内地赴香港。

12月开始供职于香港美国新闻处。

1953年，三十三岁。张爱玲父亲张廷众在上海病逝，享年五十七岁。

1954年，三十四岁。《秧歌》《赤地之恋》先后在《今日世界》连载。

1955年，三十五岁。秋，乘"克利夫兰总统"号邮轮赴美。

开始改写《十八春》，易名为《半生缘》。

1956年，三十六岁。申请到爱德华·麦道伟写作基金会为期两年的写作奖金。

3月，初识赖雅。

8月，与赖雅结婚。

1957年，三十七岁。张爱玲母亲黄逸梵于伦敦去世，享年六十一岁。

1960年，四十岁。7月，加入美国国籍。

1961年，四十一岁。为搜集写作材料，自美国飞往台湾。后经台湾去到香港。从此时直到1965年，为电懋影业公司创作、改编电影剧本多部。

1962年，四十二岁。3月，由香港返回美国。

10月，张爱玲任编剧的电影《南北一家亲》在香港上映。

1964年，四十四岁。开始了小说《小团圆》的创作。

1966年，四十六岁。4月，《怨女》在台湾《皇冠》连载，这也是张爱玲首次将著作交给台湾皇冠出版公司刊载。

1967年，四十七岁。7月，开始了《海上花列传》的英译工作。

10月，赖雅病故，享年七十六岁。

同年，开始了《红楼梦》的考证研究工作。

1970年，五十岁。应邀至伯克利加州大学中国研究中心任研究员。

1973年，五十三岁。在台北《幼狮文艺》刊载《初评红楼梦》。

1975年，五十五岁。在《皇冠》发表《二详红楼梦》。

完成英译《海上花列传》初稿。

1976年，五十六岁。3月，《小团圆》初稿完成。张爱玲散文、小说合集《张看》由香港文化·生活出版社出版。其中收录了《连环套》《创世纪》两篇小说，其余为散文，包括《天才梦》《忆胡适》等。

5月，《张看》由台湾皇冠出版社列为"张爱玲作品系列"第六种，出版台湾繁体字版。

同年，在《联合报》刊载《三详红楼梦》和《〈张看〉自序》。

1977年，五十七岁。8月，《红楼梦魇》由台湾皇冠出版社出版。封面由张爱玲设计，也是她最后一次为自己的书设计封面。

1978年，五十八岁。1月，《色，戒》发表于《皇冠》第12卷第2期，后收入台湾皇冠出版社1983年版的《惘然记》。《赤地之恋》（删节版）由台湾三重市慧龙文化有限公司出版。

4月，《色，戒》刊登在台湾《中国时报·人间》副刊，立刻引来外界对其"歌颂汉奸"的猛烈抨击。

1982年，六十二岁。4月，《海上花列传》连载于《皇冠》杂志，一直连载到1983年11月。

1983年，六十三岁。11月，《海上花列传》由皇冠杂志社出版单行本，题为《海上花列传》。

1984年，六十四岁。8月，电影《倾城之恋》在香港上映，这是张爱玲的小说第一次被搬上大银幕。

1991年，七十一岁。台湾皇冠文化出版有限公司出版《张爱玲全集》典藏版。

收录了《秧歌》《赤地之恋》《流言》《怨女》《倾城之恋》《沉香屑·第一炉香》《半生缘》《张看》《海上花开》《海上花落》《红楼梦魇》《惘然记》《续集》《余韵》等。

同年6月,姑姑张茂渊在上海病逝,享年九十岁。

1992年,七十二岁。2月,在美国立下遗嘱。

秋,张爱玲最后一部作品《对照记》原稿寄达台湾皇冠出版社。

1993年,七十三岁。完成《对照记》。

1994年,七十四岁。《中国时报》颁赠文学奖特别成就奖给张爱玲,张爱玲特地拍了一张手持印有"主席金日成昨猝逝"头条标题的报纸的照片。

1995年,七十五岁。9月8日,中秋节,张爱玲于美国洛杉矶被发现病逝于家中寓所,享年七十五岁。